V&R

Elisabeth Buck

Kommt und spielt

Band 2: Bewegter Religionsunterricht im 3. und 4. Schuljahr

Vandenhoeck & Ruprecht
in Göttingen

Autorin

Elisabeth Buck, Jahrgang 1958, ist Diplom-Musiklehrerin mit Hauptfach Rhythmik und arbeitet im Bereich der Interaktion von Musik, Bewegung und Sprache mit unterschiedlichen Zielgruppen. In ihrer Tätigkeit als Katechetin i.N. hat sie Modelle entwickelt, in denen die Prinzipien von Rhythmik, Psychomotorik und Improvisationstheater in der Religionspädagogik angewendet werden. Sie lebt in Erlau bei Bamberg.

Bibliografische Information Der Deutschen Bibliothek

Die Deutsche Bibliothek verzeichnet diese Publikation in der Deutschen Nationalbibliografie; detaillierte bibliografische Daten sind im Internet über <http://dnb.ddb.de> abrufbar.

ISBN 3-525-61389-X

2., durchgesehene Auflage 2003

Satz: Weckner Fotosatz GmbH | media+print, Göttingen

Illustration: real GESTALTUNG
Reinhold Albert
97522 Sand am Main

Druck und Bindearbeiten: Hubert & Co., Göttingen

Inhalt

Zur Information wird hier eine Übersicht über Themen der dritten und vierten Jahrgangsstufe wiedergegeben, die in »Elisabeth Buck, Bewegter Religionsunterricht, Göttingen 1999« erschienen sind:

Neun Lieder aus diesem Buch sind auf einer CD eingespielt (Bewegter Religionsunterricht – Lieder, erhältlich in Ihrer Buchhandlung, Bestellnummer ISBN 3-525-61201-X). Sie sind in diesem Buch mit dem Symbol ⊙ gekennzeichnet.
Diese CD kann den Einstieg erleichtern, mit den Kindern im Bewegten Religionsunterricht spielerisch musikalisch aktiv zu werden.

Grundsätzliche Erwägungen zum Bewegten Religionsunterricht

1. Einleitung

Viele Erziehende, die sich den Begriff der Ganzheitlichkeit auf die Fahnen geschrieben haben, wünschen sich Schulen, in denen Lernen »mit Kopf, Herz und Hand« geschieht. Abgesehen davon, dass Ganzheitlichkeit ein schillernder Begriff ist, der je nach eigener Weltsicht völlig unterschiedlich gefüllt wird, hat die »Ganzheitlichkeit« häufig da ganz schnell ihr Ende, wo die ganze Kinderschar mit ihren ganzen Körpern das Ordnungsgefühl eines erwachsenen Pädagogen durcheinander bringt. Solange man das Kind nur vom Kopf bis zum Ende des Oberkörpers, also »mit Kopf, Herz und Hand« anzusprechen braucht, solange lässt man sich »ganzheitliche« Pädagogik noch eingehen. Die andere Hälfte des Kindes, vor allem die Beine mit ihrem Hang, unvorhersehbar an immer neue Plätze zu rennen, organisiert man lieber im Sportunterricht.

»Kommt und Spielt« – dieser Titel des dritten Bandes zum Bewegten Religionsunterricht* ist als Denkanstoß gedacht, doch auch die Füße für das Denken zu nutzen. Lernen mit Kopf, Herz, Hand und Fuß, also Lernen durch Bewegung bietet viele Chancen: Äußere Bewegung kann innere Bewegung in Gang setzen. Bewegungslernen, begriffliches Lernen, Erfahrungslernen und sprachliche Auseinandersetzung sind keine Gegensätze. Abstraktion braucht sinnliche Erfahrung, Wertung braucht Standpunktwechsel und Perspektivenwechsel. Bewegungsspiel bietet Möglichkeiten, räumlich-motorisch, kognitiv und emotional mit Themen *umzugehen, sich anzunähern, sich auseinander zu setzen, abzuwägen, Anstöße zu bekommen, neue Wege zu gehen, umzukehren, zu widerstehen, eigene Standpunkte zu finden* usw.

Der Bewegte Religionsunterricht ist ein Konzept, das sich in einem realen und einem symbolischen Bewegungsraum entfaltet:

- Das Kind erlebt sich und seine Welt aktiv durch die eigene körperliche Bewegung. Und so werden auch die religionspädagogischen Inhalte so angeboten, dass Kinder ihnen im Bewegungsspiel begegnen können.
- Inhalte des christlichen Glaubens bringen menschliche Grundhaltungen in Bewegung: Gott kommt zum Menschen und bietet seine bedingungslose Liebe an. Er schenkt Befreiung und Aufbruch.
- Die Kinder können im Bewegungsspiel ihrer eigenen Situation gewahr werden. Sie können im Spiel neue Lebensentwürfe ausprobieren. Sie können über die Bewegungserlebnisse miteinander ins Gespräch kommen und gemeinsam religiöse Fragen und Antworten zur Sprache bringen.

* Band 1: Bewegter Religionsunterricht (Stundenmodelle für die Klassen 1–4), 2. Aufl. 1999; Band 2: Kommt und spielt (Stundenmodelle für die Klassen 1 und 2), 2. Aufl. 2001, Vandenhoeck & Ruprecht, Göttingen.

Auf einen kurzen Nenner gebracht definiert sich der Bewegte Religionsunterricht so:

> Inhalte des Religionsunterrichts werden durch Wahrnehmungs- und Bewegungsspiele erlebnishaft angeboten. Die Erlebnisse werden im Unterrichtsgespräch, durch die Erzählung oder durch eine abschließende besondere Heftgestaltung eingeordnet, reflektiert und bewertet und somit in persönliche, soziale, kirchliche und religiöse Zusammenhänge gestellt.

Um dies im Unterricht umzusetzen, bedient sich der Bewegte Religionsunterricht verschiedener Mittel, die ich im ersten Band (Elisabeth Buck, Bewegter Religionsunterricht) ausführlich dargestellt habe: Das Symbolspiel, verschiedene Formen des Rollenspiels, gestisch-pantomimisches Spiel, Spiel- und Tanzlieder und musikalisches Gestalten, eine körperbezogene Sprache in Erzählung und Gespräch und die sinnesorientierte Heftgestaltung. Diese Mittel des Bewegten Religionsunterrichts sind aufeinander bezogen und ergänzen sich gegenseitig. Es kann aber sicher auch reizvoll sein, einzelne Elemente des Bewegten Religionsunterrichts in eine etwas anders gelagerte Konzeption zu integrieren.

Mit dem Erscheinen des dritten Bandes ist nun der Bewegte Religionsunterricht weitgehend umfassend dargestellt in seiner theoretischen Grundlegung und als Praxiswerk für die Grundschule. Die Theorie ist damit auf alle drei Bände verteilt – zum einen deshalb, weil sich manche Fragestellungen erst nach und nach ergeben haben, zum anderen, um deutlich zu machen, dass sich die Praxisentwürfe nicht von den Gedanken, die dahinter stehen, trennen lassen. Als Rezeptvorschläge für gedankenloses Nachahmen eignen sich die Unterrichtsentwürfe jedenfalls nicht. Wer sie nur als Methoden nutzen will, ohne sich wirklich auf die Grundstruktur des »Denkens in Bewegung« einzulassen, wird dabei nicht glücklich werden.

In diesem Band »Kommt und Spielt 2« sind die häufigsten Unterrichtsthemen für die dritten und vierten Jahrgangsstufen enthalten, wie sie in den verschiedenen Bundesländern Deutschlands und in Österreich für den evangelischen Religionsunterricht vorgesehen sind. Im ersten Band »Bewegter Religionsunterricht« finden sich darüber hinaus noch je ein Themenzyklus zu den Mosegeschichten, zum Begriff »Schuld«, zum Thema »Spuren des Lebens und der Liebe Gottes entdecken« und Unterrichtsentwürfe zur Reformation. Der Band »Kommt und spielt 1« enthält neben einigen grundsätzlichen Kapiteln zum Bewegten Religionsunterricht Unterrichtsentwürfe für die beiden ersten Jahrgangsstufen der Grundschule.

Viele Elemente aus den vorliegenden Unterrichtsentwürfen sind im Förderschulbereich höherer Jahrgangsstufen einsetzbar, besonders Rollenspiele, gestisch-pantomimisches Erzählen, rhythmisch-sprachliches Gestalten und Tanzspiele. Symbolspiele sind bis auf wenige Ausnahmen aufgrund der erforderlichen Transferleistungen für Förderschulen nicht geeignet.

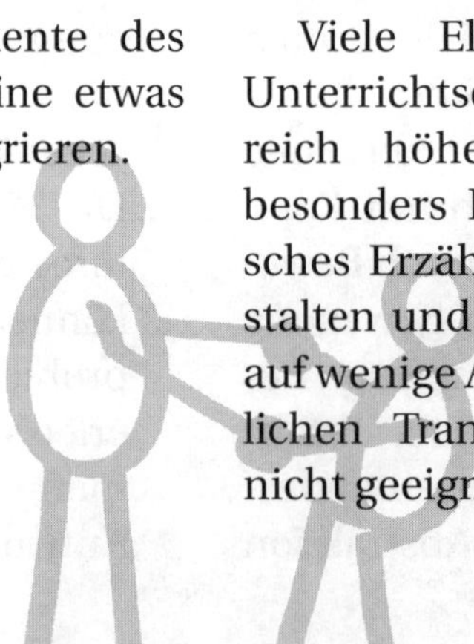

2. Pädagogische Wurzeln: Rhythmik – Motopädagogik – Improvisationstheater

»Die Halbierung des Kindes... Was mir diese Formulierung des Themas suggeriert hat, ist ein Bild, oder soll ich besser sagen, eine lebendige Karikatur des Schulkindes, das sich in meinem Kopf festgehakt hat. Das Bild des Kopffüßlers nämlich: Die Schule richtet ihr Augenmerk auf die Köpfe, ob immer auch auf die Gesichter, bin ich mir nicht so sicher. Von diesen Köpfen, durch Tischplatten abgetrennt, der Aufmerksamkeit entzogen, sind die Beine, die vom Geschehen ausgeschlossen sind und eben deshalb zur Quelle von Störungen werden.

Die Aufmerksamkeit der Köpfe wird permanent unterlaufen vom bloßen Zappeln der Beine, ein Zappeln, das inzwischen so aufdringlich geworden zu sein scheint, dass es bereits wieder zum pädagogischen Thema erhoben wurde. Beim letzten Grundschulkongress waren unter fünfzig angebotenen Arbeitsgruppen drei überlaufen. Und diese drei waren mit den folgenden Titeln angekündigt: ‚Didaktik der Stille', ‚Stille – Konzeptionen und thematische Stilleübungen', ‚Kinder brauchen Ruhe und Lehrer/innen auch'.

Unter dem Kongresstitel ‚Veränderte Kindheit – veränderte Grundschule, wurden als Hauptcharakteristika der neuen Kindheit genannt: unkonzentrierte, zappelige, unter Bewegungsdrang *leidende*, auf Action erpichte Kinder. Bei all dem kann man sich des Eindrucks nicht erwehren, dass die Schule immer noch nichts mit den Beinen und den Körpern der Kinder anzufangen weiß...«[1] So begann Prof. Dr. Klaus Giel seinen Festvortrag zu einem Jubiläum des Münchner Rhythmikons.

Dabei kann man in Europa und den meisten anderen Kontinenten auf eine über hundertjährige Geschichte körperorientierter Reformpädagogik zurückblicken. Dieser Diskrepanz zwischen heutiger Schulwirklichkeit in unserem Land und der Existenz solider »ganzheitlicher« Pädagogikkonzepte stehe ich ratlos gegenüber. Wäre man in den technischen Bereichen unserer Gesellschaft ebenso unflexibel und wenig entwicklungsbereit wie in der real existierenden Schulpädagogik, wir hätten bis heute keine moderne Kommunikationstechnologie und würden noch Brieftauben schicken oder berittene Boten.

Große Schätze gibt es da zu heben in diesen erprobten »ganzheitlichen« Pädagogikkonzepten, die einen grundlegend neuen Denkansatz heutiger Schulpädagogik anbieten könnten sowie Impulse für eine andere Anthropologie des Kindes. Nachfolgend möchte ich drei Richtungen dieser »ganzheitlichen« Pädagogikkonzepte darstellen:

a) Die Rhythmisch-musikalische Erziehung

Um 1907 herum entstand mit der Gartenstadt Hellerau bei Dresden eine Art kleines Utopia: Eine moderne Möbelfabrik wurde gebaut mit einer Wohnsiedlung aus Einfamilienhäusern für die Arbeiter der Fabrik. Es sollte ein selbstständiger Wohn- und Arbeitsorganismus werden mit künstlerisch-handwerklichem Anspruch. Selbstbestimmung, Kultur, Freizeit, Wohnen, Arbeiten und eben eine besondere Erziehung sollten dieser kleinen Ortschaft ihren Charakter geben. Man »... sah in sie eingegliedert die Häuser und Werkstätten von Kunsthandwerkern, Goldschmieden, Malern, Architekten, Schriftstellern, Keramikern, Webern und anderem, emsig und glücklich vor sich hin arbeitendem Weltverbesserervolk.«[2] Den Genfer Musikpädagogen *Emil Jaques-Dalcroze* konnte man dafür gewinnen, die angestrebte besondere Erziehung in Hellerau zu etablieren. Man ließ von Heinrich Tessenow ein Festspielhaus errichten mit einer dazukomponierten Siedlung von Häusern für Lehrer und Schüler. Und dies wurde zu einer Akademie für rhythmische Gymnastik. Mit Schülern und Lehrern aus ganz Europa wurde 1911 der Lehrbetrieb aufgenommen. Künstler aus allen Bereichen statteten dem Experiment Besuche ab, darunter Namen wie Shaw, Kafka, Rilke, Werfel oder Thomas Mann.

Dalcroze hatte sich in Genf während seiner Arbeit als Dozent für Gehörbildung mit folgenden Problemen auseinander gesetzt: Die Mehrzahl seiner Schüler waren zwar virtuose Instrumentalisten, sie konnten Tonleitern in allen Tonarten in rasendem Tempo herunterrasseln. Was dabei aber auf der Strecke blieb, waren musikalische Lebendigkeit, musikalischer Ausdruck und die innere Beteiligung der Schüler. Als leidenschaftlicher Pädagoge konnte sich Dalcroze damit nicht zufrieden geben, sondern suchte einen Weg, seine Schüler über das unmittelbare Erleben zu fördern. Die musikalische Gestalt sollte einverleibt, leibhaftig begriffen werden. Und so entwickelte Dalcroze Übungen, mit deren Hilfe musikalische Elemente körperlich aufgenommen und gestaltet werden konnten. Sein Wunsch war dabei, dass die körperliche Bewegung für seine Schüler so präsent und bewusst werden möge, wie die Zunge den Gedanken folgen kann oder die Stimme einer Melodieempfindung.

Dalcroze ging mit einigen Schülerinnen auf Vorführungsreisen und löste bei Publikum und Presse Begeisterung aus. Auf einer Bühne ließ er neun- bis elfjährige Mädchen spontane Bewegungsimprovisationen zu seinem Klavierspiel gestalten und bezog das Publikum mit ein, so weit es »am Platz« mit Armen, Beinen und Köpfen mittun konnte. Die Zuschauer bezauberte, was diese Kinder – fernab einer Ballettausbildung, stattdessen in ganz eigenen, individuellen Bewegungsstilen – an Kreativität und Wachheit zeigen konnten.

Dalcroze selbst hatte seit einigen Jahren mit Staunen beobachtet, welche »Begleiterscheinung« seine *Bewegungsübungen aus der Musik* mit sich brachten. Kinder wie erwachsene Schüler wurden dabei gefordert und gefördert in einer ganzen Reihe von »Basiskompetenzen«, wie man das heute nennen würde: Flexibilität in körperlicher Bewegungsfähigkeit und geistiger Auffassungsgabe, Sensibilität und Ausdrucksfähigkeit, Selbstständigkeit und Anpassungsfähigkeit, Erfindungsgeist, Reaktionsfähigkeit u.v.m. Obwohl er mit seinem System der »rhythmischen Gymnastik« zunächst noch der Musikerziehung zugeordnet blieb, war ihm doch bald bewusst, dass er damit einen Weg zu einer umfassenden Erziehung eingeschlagen hatte.

Die politischen Ereignisse ließen dann die Stimmung in Deutschland Hellerau gegenüber plötzlich umschlagen. 1914 hatte Dalcroze eine Protestnote von Schweizer Künstlern und Schriftstellern unterschrieben, mit der man sich gegen die Beschießung der Reimser Kathedrale durch deutsche Truppen richtete. Die Frankfurter Zeitung schrieb damals: »Dalcroze ist für Deutschland erledigt.« Außerdem konnte der erstarkende Nationalismus in Deutschland die multinationale Ausrichtung Helleraus nicht akzeptieren. Enttäuscht verließ Dalcroze Deutschland und mit ihm kehrten ca. 500 Schüler aus 14 Nationen in ihre Heimatländer zurück. Die erzieherischen Ideen nahmen sie allerdings mit und entwickelten sie weiter. So kann man bis heute die »Rhythmisch-musikalische Erziehung« oder die »Rhythmik«, wie sie weitgehend verkürzt genannt wird, in Israel ebenso antreffen wie in Kanada, den USA oder in Japan. In nahezu allen europäischen Ländern gibt es Ausbildungsinstitute. In Deutschland kann man seit 1925 »Rhythmik« als Hauptfach an Musikhochschulen studieren und einen staatlichen Abschluss erwerben.

Allerdings sieht man dieses pädagogische Konzept nicht mehr von vorneherein ausschließlich im Fachbereich Musik angesiedelt. Das Wesen der »Rhythmisch-musikalischen« Erziehung liegt in ihrem grenzüberschreitenden Anspruch begründet und in den Beziehungen, die sich zwischen Wahrnehmung, Bewegung, Kunst, Sprache, Individuum und Spielgruppe auftun. So unterschiedlich die Persönlichkeiten waren, die damals ihre Lehrerausbildung in Hellerau erhielten, so unterschiedlich sind auch die neuen Schwerpunkte, die diese Lehrer weiterverfolgten und somit die ursprüngliche »Rhythmische Gymnastik« des Emil Jaques-Dalcroze weiter differenzierten:

Mary Wigman zum Beispiel, nahm als Hellerauer Schülerin entscheidende Impulse mit, die schließlich in ihrer Form des Ausdruckstanzes in den USA mündeten. *Myriam Ramberg* gründete als Tänzerin und Choreografin das »british ballet« in London. *Charlotte Pfeffer* wurde in ihrer heilpädagogischen Arbeit Wegbereiterin der modernen Psychomotorik. *Mimy Scheiblauers* heilpädagogische Entwürfe, die aus der Arbeit mit blinden, gehörlosen und geistig behinderten Kindern entstanden, sind heute aus der Sonderpädagogik nicht mehr wegzudenken. In dieser Reihe ist außerdem *Marianne Frostig* zu nennen, wenngleich sie erst nach der Hellerauer Zeit in Wien-Laxenburg zur Rhythmiklehrerin ausgebildet wurde. (Nach Wien-Laxenburg waren die letzten Dozenten Helleraus übergesiedelt, um das Projekt dort fortzusetzen.) Marianne Frostig ist jedem Psychologen bekannt, der sich mit kindlicher Diagnostik befasst. Weit verbreitet sind der sogenannte »Frostig-Test« der visuellen Wahrnehmung und ihre Förderprogramme zur visuellen Wahrnehmung. (Seltsamerweise blenden die Anwender vielfach auch hier wieder die Körperlichkeit des Kindes aus. Marianne Frostig hat diese Förderprogramme eingebettet in eine umfassende Wahrnehmungs- und Bewegungserziehung. Dennoch kann man bei Umfragen immer wieder feststellen, dass diese Förderprogramme sitzend vor Arbeitsblättern durchgeführt werden.) Marianne Frostig gründete in Los Angeles das Frostig-Center of Educational Therapy, eine Schule für lernbehinderte, verhaltensauffällige und sozial benachteiligte Kinder. *Elfriede Feudel*, nun wieder selbst in Hellerau ausgebildet, lieferte ein umfangreiches Konzept der »rhythmischen Erziehung« für die Grundschule. Die Grundprinzipien der Rhythmik – »vom Begreifen zum Begriff«, »vom Erleben über Aneignen und Verarbeiten zum Ausdruck« – warten darauf, heute endlich in den Schulen umgesetzt zu werden.

Die »Rhythmisch-musikalische Erziehung« oder die »Rhythmik« wird im engeren Sinne definiert als Interaktion von Bewegung, Sprache, Stimme und Musik. Es können im weiteren Sinne aber auch andere Bereiche mit ins Spiel kommen wie bildende oder darstellende Künste. Auch fächerspezifische Unterrichtsthemen aus Heimat- und Sachkunde, Mathematik, Deutsch oder Religionsunterricht können in eine solche Interaktion eingebracht werden, solange sie die Offenheit prozessorientierten Spiels beibehalten statt in ein Stunden-Endziel zu zwängen.

In der Wechselbeziehung von Bewegung, Sprache/Stimme, Musik o.a. werden immer mehrere folgende Entwicklungen gleichzeitig angestoßen:

- Sensomotorische Prozesse
- Soziale Prozesse
- Erkenntnisprozesse (vom Erleben über das Aneignen, vom Erkennen über das Einordnen, Zuordnen, Werten und Benennen zum Ausdruck)
- Musische Bildungsprozesse
- Schöpferische Prozesse (Spontane Improvisation und bewusste Gestaltung)

Der Rhythmiklehrer oder die Rhythmiklehrerin schaffen Situationen, in denen offene, prozesshafte, improvisierte, reflektierte und gestaltete Aktionen durch Musik, Sprache, Bewegung und Spielmaterialien in einer Schülergruppe stattfinden können.

Ein Beispiel:

In folgendem Unterrichtsentwurf werden menschliche Gangarten zu verschiedenen Charakteren von Musik in Beziehung gesetzt.[3]

– Als Aufwärmung wird gemeinsam zu einer beliebigen Folkloretanzmusik im Kreis getanzt. Jeder musikalische Abschnitt wird mit einer anderen Fortbewegungsart gestaltet: Auf einem Bein hüpfen, schlurfen, auf den Zehenspitzen gehen…

Pädagogische Intention: Erwärmung, Einstimmung auf das Thema »Gangarten«, sich in der Gruppe wahrnehmen.

– Die Kinder gehen durcheinander durch den Raum (Regel: Niemand berührt jemand anderes), eine Pauke steht in der Mitte bereit. Immer wieder einmal schlägt ein Kind auf die Pauke und ruft die Bezeichnung einer Gangart, welche die Gruppe sofort übernimmt und ausführt, bis durch einen neuen Paukenschlag mit Zwischenruf die neue Gangart übernommen wird.

Pädagogische Intention: Bereitstellen einer großen Variationsbreite an Gangarten, Flexibilität in der Bewegungsanpassung, das Charakteristische einer Gangart ausdrücken können.

– In einer Art Brainstorming sammeln die Kinder Begriffe aller vorstellbaren und bekannten Fortbewegungsarten »zu Fuß«. Sie schreiben jeden Vorschlag auf ein Pappkärtchen. Anschließend werden alle Kärtchen auf den Boden in die Mitte gelegt und die Begriffe zu Gruppen geordnet, die von einem ähnlichen Grundtempo bestimmt sind und einen ähnlichen Charakter ausdrücken,

z.B. **HASTEN:** eilen, jagen, hetzen, stürmen, rasen…

SPAZIEREN: wandern, schlendern, flanieren,…

TRIPPELN: tippeln, stöckeln, tänzeln…

SCHLURFEN: schlappen, hatschen,…

Pädagogische Intention: Sich spezifischer Grundeigenheiten eines Bewegungscharakters bewusst werden.

– Die Kinder gehen zu Kleingruppen zusammen, sie nehmen sich einen Kartenstapel mit einer Begriffsgruppe und entwickeln passende musikalische Begleitformen, die sie mit dem kleinen Schlagwerk des Orff-Instrumentariums spielen. Die musikalische Gestaltung soll den Charakter ihrer Gangartengruppe wiedergeben können.

Pädagogische Intention: Die metrische Ausdrucksbewegung auf die musikalische Ebene übertragen können, inspiriert von den entstandenen Fortbewegungsgeräuschen.

– Jede Kleingruppe führt ihre musikalische Lösung vor, die Gruppe bewegt sich durch den Raum in der zugehörigen Fortbewegungsart.

Pädagogische Intention: Koppelung von Hören und Sich Bewegen, überprüfen können, ob die musikalische Vorstellung zur Bewegungswirklichkeit passt.

– Jede Kleingruppe entwirft nun zu ihrem Fortbewegungscharakter ein kleines Gedicht oder eine kurze Fantasiegeschichte, die den Bewegungscharakter, das Metrum und den musikalischen Charakter ausdrücken.

Pädagogische Intention: Provokation der Sprachfantasie, bewusste Reflexion des musikalischen und bewegungsbezogenen Charakters.

– Jede Gruppe trägt ihr Gedicht oder ihre Geschichte unter eigener musikalischer Begleitung vor und die übrigen Kinder »tanzen« die angesprochenen Gangarten dazu im Kreis.

Pädagogische Intention: Sprache, musikalische und tänzerische Gestaltung zueinander in Beziehung setzen und noch einmal abschließend vertieft erleben können.

In der Vorschulerziehung, in Musikschulen, in der Schauspielausbildung und in der Sonderpädagogik hat sich die Rhythmik längst etabliert. Meine persönlichen Erfahrungen mit der Integration der Rhythmik in das Konzept des Bewegten Religionsunterrichts zeigen mir, dass es in der Schule ohne Abstriche möglich ist, der Bildung von Kindern durch Interaktion von Musik, Bewegung und Sprache neue Dimensionen zu erschließen.

b) Die Motopädagogik

Das Jahr 1955 gilt als das Geburtsjahr der Motopädagogik. Damals wurde als Praktikant ein Sportstudent Namens *Ernst J. Kiphard* am Westfälischen Institut für Jugendpsychiatrie und Heilpädagogik eingestellt. Dieser Sportstudent brachte ungewöhnliche Erfahrungen mit: Er war Trapezkünstler und artistischer Clown gewesen und hatte beim Zirkus Holzmüller gearbeitet sowie beim Zirkus Carl Althoff. Und so war es für ihn selbstverständlich, auch mit den gehandikapten Kindern der Jugendpsychiatrie das Spielerische und Bezaubernde ungewöhnlicher Bewegungserfahrungen zu erkunden: Trampolinspringen, jonglieren mit japanischen Papierbällen, balancieren auf Schrägen, Buckellandschaften oder Leitern, Geschicklichkeitsspiele mit Luftballons, blinde Orientierung im Raum, Bewegungsbaustellen mit Autoreifen und Pappkartons usw.

Diese »psychomotorische Übungsbehandlung« wurde intensiv begleitet durch Testreihen und diagnostische Beobachtungsverfahren. Beim Trampolinspringen z.B. wurden die Bewegungsprobleme von Kindern mit spastischen Bewegungsstörungen oder Halbseitenlähmungen so sichtbar wie unter sonst keiner Alltagsbedingung. Im Rahmen eines zweijährigen Forschungsauftrages der Deutschen Forschungsgemeinschaft entstand so der Trampolin-Körperkoordinationstest mit einer klar umrissenen diagnostischen Terminologie. Aus der Zusammenarbeit mit *Franz Schilling* entstanden weitere Testverfahren mit normierten Standards, die bis heute fester Bestandteil seriöser Entwicklungsdiagnostik sind.[4] Überhaupt erhielt ab dieser Zeit die wissenschaftliche Erforschung von Bewegungs- und Wahrnehmungsentwicklung sowie deren Störungen einen enormen Schub und mündete in der Gründung des wissenschaftlichen Diplomstudiengangs für Motologie an der Universität Marburg 1983. Ab 1980 hatte Kiphard die Professur für »Prävention und Rehabilitation« am Institut für Sportwissenschaft der Universität Frankfurt inne.

Diese Form der pädagogischen Arbeit mit Kindern bekam zunächst den Namen »psychomotorische Übungsbehandlung« und wurde im Laufe der Jahre vom Begriff »Motopädagogik« abgelöst. »Motopädagogik, Mototherapie, Motopädie und Motologie sind neuere wissenschaftliche Termini für das, was in der Psychomotorik erarbeitet wurde. Das große Gebiet der Motologie umfasst als theoretische Grundlage die Motogenese (Bewegungsentwicklung) sowie die Motopathologie als Lehre der Bewegungsstörungen. Auf diese Grundlagen bauen sich die praktischen Anwendungsgebiete der Motodiagnostik, Motopädagogik und Mototherapie auf. Unter Motopädagogik wird das Konzept einer ganzheitlichen Erziehung und Persönlichkeitsbildung über perzeptiv-motorische Lernprozesse verstanden.«[5]

Dabei steht die Persönlichkeit des Kindes in seiner Individualität im Vordergrund. Die Körperlichkeit des Kindes wird als Ausdruck und Ort seiner gesamten Entwicklung gesehen. Mit »Entwicklung« meint die Motopädagogik dabei die Entwicklung emotionaler, motorischer, sozialer, sensorischer, kreativer und intelligenzbezogener Prozesse. Dabei wird auch das soziokulturelle Umfeld in der Motopädagogik, besonders in der Mototherapie, mit einbezogen. Eltern zu schulen und auf die Stärken ihrer behinderten Kinder aufmerksam zu machen, ist zum Beispiel ein wichtiger Aspekt neben einer intensiven Einzel- oder Gruppentherapie entwicklungsauffälliger Kinder. Außerdem ist typisch für motopädagogische Arbeit, das Lebens- und Spielumfeld der Kinder bewegungsfreundlicher zu gestalten sowie reizvoller für alle Sinne.

Dabei ging es nie und geht es auch heute nicht um gleich bleibende stereotypische krankengymnastische Bewegungsübungen. Die Kinder sollen im Gegenteil in ihrer Erfindungsgabe und in ihrer Entdeckerfreude herausgefordert werden. Sie sollen Lust und Interesse an der Variation bekommen, an immer wieder neuen, unbekannten überraschenden Wahrnehmungserlebnissen und Bewegungssituationen. Entscheidend ist, dass das Kind aktiv selbst gestaltet und mit Lust bei der Sache ist. Es hat sich in aller wissenschaftlicher Begleitung und in aller Praxiserfahrung gezeigt, dass dies die besten Voraussetzungen sind für eine differenzierte und auch umfassende Entwicklungsförderung.

So hat sich zum Beispiel das pantomimische Spiel mit Kindern als eine bedeutende Möglichkeit herausgestellt: »In der pantomimischen Therapie geht es um den Einsatz ausdruckstherapeutischer Mittel innerhalb gezielter spielsituativer Angebote, in denen vitale expressivmotorische Bedürfnisse befriedigt und neurotische Ausdrucks- und Handlungsblockierungen aktiv überwunden werden können. … Alles geht in einer Atmosphäre der Fröhlichkeit, des Lachens und Humors, aber auch der Spannung vor sich… Außer den emotionalen, verhaltensstabilisierenden Effekten sind innerhalb eines pantomimischen Therapieablaufs soziale und kognitive Lerneffekte zu erreichen.«[6] Zirkusspiel, Clownerie oder Trickzaubern sind weitere erlebnispädagogische Formen der Motopädagogik.

Wer einmal hineingeschnuppert hat in die Vielfalt motopädagogischer Möglichkeiten, der kann die bewegungspädagogische Situation unserer Schulwirklichkeiten nur noch als Ödland empfinden. Wie ganz anders zum Beispiel Sportunterricht sein könnte, demonstriert seit 1980 das *Projekt »Traumfabrik«* in Regensburg. Zwar haben viele Bundesländer inzwischen daraus einige Inhalte in ihre Lehrpläne übernommen wie Seilspringen, Frisbee, Sporttheater oder Artistik. Dennoch spricht der Leiter des Projekts, *Rainer Pawelke*, noch immer von der »Sportmisere« und entwickelt eine ganz andere Utopie von Sportkultur-Unterricht. Einige seiner Provokationen dabei heißen schlicht: »Der Schulsport-Unterricht traditioneller Prägung ist zu verbieten,… die Zweckorientierung des Schulsports ist ersatzlos zu streichen,… der Sinn des Sportkultur-Unterrichts ist ‚Spaß' (oder ‚positive Emotionen'), … die Methoden sind situativ einzusetzen,… die Pflicht zur Unterrichtsteilnahme entfällt,... die Noten sind abzuschaffen,... die Bewegungsräume in der Schule sind radikal zu verändern,... die Bewegungszeit in der Schule ist zu erweitern und neu zu strukturieren...«[7] Dabei wird ein Katalog aufgelistet, der Angebote enthält wie Bühnentanz, Meditatives Tanzen, Sporttheater, Zirkus, Aikido, Geländespiele, Abenteuersport, Radfahren, Klettern, Rudern usw. Selbstverständlich haben auch traditionelle Schulsportarten ihren Platz, allerdings mit der Prämisse: Fehler werden zugelassen, Blamage wird vermieden, die Bewegungsaufgaben müssen lösbar sein auch für Ungelenke und Übergewichtige, es gibt keine Ausscheidungsspiele, Fremdbewertung wird zurückgenommen, der Sinn der Aktion muss von den Kindern erkannt werden können und die Bewegungsaktionen der Kinder müssen selbstbestimmt und selbstverantwortlich bleiben.

Naive, blauäugige Spinner, die sich so etwas ausdenken? Pawelke vermerkt in seinem »Goldenen Plan der Sportpädagogik«: »Eine Erziehung zum ‚lebenslangen Sporttreiben' findet durch den traditionellen Unterricht nicht statt. Im Gegenteil: Durch den Schulsport werden viele abgeschreckt, jemals Sport zu treiben. Dabei liegt das Hauptproblem nicht an den Inhalten, sondern vor allem an den Strukturen, die geändert werden müssen. Konkret: Auch die von der Traumfabrik seit 1980 angebotenen Neuerungen wie Bewegungskünste, Jonglieren... werden an der Schulsportmisere nichts ändern, wenn Jonglieren in sterilen Turnhallen stattfindet, zur Pflicht wird, in einer methodischen Übungsreihe im Frontalunterricht gelehrt und bewertet wird. Umgekehrt gilt: Ein Schwebebalken kann zu einem animativen Abenteuergerät mit attraktiven Bewegungsmöglichkeiten werden, wenn Schwebebalkenturnen nicht verpflichtend ist, innerhalb eines offenen Unterrichts angeboten und nicht benotet wird.«

Man wird sich etwas einfallen lassen müssen für die zappelnden Füße unter den Tischen unserer Schulen. Nicht nur, weil jetzt lautstark eine Zunahme von Haltungsschwächen beklagt wird. Sondern es haben sich sowohl Wahrnehmungsleistungen als auch motorische Fähigkeiten der Schulkinder in den letzten Jahren messbar verschlechtert. 1985 wurden in Niedersachsen durch die Universität Hannover mit dem »Diagnostischen Inventar psychomotorischer Basiskompetenzen (DMB)« ca. 300 Schulkinder untersucht und ebenso 1995 ca. 200 Kinder. Beide Untersuchungsreihen wurden miteinander verglichen. Nach dem Zeitraum dieser zehn Jahre wurde bei allen 1995 untersuchten Gruppen eine deutliche Verschlechterung ihrer motorischen Fähigkeiten im Vergleich zu den untersuchten Kindern vor zehn Jahren festgestellt. Ebenso zeigten sich Minderleistungen im Bereich der Tastwahrnehmung, der visuellen Wahrnehmung und im Richtungshören.[8] »Ursachen für diese Defizite können vielfältig sein. ... veränderte Umweltbedingungen... erschweren den Kindern das Sammeln von Wahrnehmungs- und motorischen Erfahrungen. Bei den älteren Kindern sind Störungen in diesem Bereich aber eventuell auch auf ein verändertes Spielverhalten mit zunehmendem Alter zurückzuführen. An die Stelle des Spieles im Sandkasten oder in der freien Natur rücken andere Beschäftigungen, die mehr und mehr ‚drinnen' stattfinden. Außerdem könnte man auch den vermehrten gesellschaftlichen Leistungsdruck in den Schulen anführen, der zu einem zunehmend ‚verkopften' Unterricht führt und zu einer Reduzierung der Bewegungs- und Spielangebote. Darüber hinaus zeigen die Werte eine epochale Veränderung an: Kinder im Jahre 1995 spielen weniger im Freien und machen weniger großräumige Bewegungserfahrungen als Kinder im Jahre 1985.«[9]

Wenn man weiß, dass Bewegungserfahrung und Wahrnehmungsentwicklung besonders den Aufbau der kindlichen Intelligenz beeinflussen, wenn man weiß, dass eine gut ausgebildete Sensomotorik Voraussetzung ist, um Kulturtechniken z.B. wie Lesen und Schreiben zu erlernen[10], dann darf man eigentlich Schule mit ihrer körperignorierenden Praxis nicht mehr beim Alten lassen. Und wenn die Kultusminister entsetzt reagieren, weil Deutschlands Schüler in ihren mathematischen Fähigkeiten europaweit schlecht wegkommen, dann muss man darauf hinweisen, woraus sich mathematisches Denken unter anderem maßgeblich entwickelt, nämlich aus körperlich-räumlichen Bewegungserfahrungen.[11] Die Materialfülle der wissenschaftlichen Forschung und die jahrzehntelange praktische Erfahrung der Motopädagogik sind für jedermann zugänglich. Lehrerausbildung und Bildungskonzeptionen könnten sich daran orientieren. Entscheidend aber wird sein, welches Menschenbild sich in Bezug auf das Schulkind in Kultusministerien und schulpädagogischen Lehrstühlen durchsetzen wird. Entscheidend wird sein, ob man die Körperlichkeit des Kindes als Nebensache ansieht oder ob man sich dafür entscheidet, das Kind als »Bewegungswesen« zu akzeptieren, das von Kopf bis Fuß denkt, von Kopf bis Fuß fühlt und von Kopf bis Fuß handelt.

c) Improvisationstheater

Neben der Rhythmisch-musikalischen Erziehung und der Motopädagogik hat mich noch ein weiteres Gebiet inspiriert und in der Entwicklung des Bewegten Religionsunterrichts beeinflusst: 1994 stieß ich zu einer Gruppe, die Improvisationstheater spielte, zunächst nur für sich, bald aber auch regelmäßig vor Publikum. Wir gingen auf die Bühne, ohne eine Ahnung zu haben, welches Thema, welches Genre oder welche Rolle man spielen würde. Es konnte sein, dass wir singen und tanzen mussten oder irgendeine gewünschte Sprache der Welt simulieren. Vielleicht sollten wir eine Oper entwerfen oder einen absurden wissenschaftlichen Vortrag. Der banale Alltag, wie er sich im Kartoffelschälen oder im Autowaschen zeigt, wurde im Improvisationstheater zum Krimi, zur Tragödie oder zur leidenschaftlichen Liebesszene.

Und wie geht das? Gefeiert wird der momentane Augenblick: Nichts ist geplant. Zuschauer und Schauspieler sind gleichermaßen fasziniert, welche Ideen in den nächsten Minuten von selbst hervorbrechen werden. Die Blamage ist natürlich mit einkalkuliert. Und großartige, besonders gelungene Szenen müssen in diesem Moment genossen werden, denn sie werden niemals mehr auf der Bühne reproduziert werden. Das Publikum darf endlich einmal bestimmen, was gespielt wird. Ein Moderator fragt in die Menge hinein, was gewünscht wird. Aus den Reihen der Zuschauer werden Orte, Zeiten, Themen, Personen und Gefühle herausgerufen, die dann den Spielern als verbindliche Vorgaben dienen. 5 Sekunden haben sie Zeit, sich zu besinnen. Dann beginnt das Spiel, einem Drahtseilakt ohne Netz vergleichbar, das zu mehr Beifallsstürmen hinreißt als fertige Bühnenstücke, die das Publikum sonst nur passiv konsumiert.

Um aber diese Spontaneität bei sich zu entwickeln, um so angstfrei zu werden, dass man sich blank auf die Bühne trauen kann, bedarf es eines bestimmten Weges der Vorbereitung: Improvisationstheatergruppen, wenn sie sich vorbereiten, wenn sie trainieren, spielen! Sie spielen Kinderspiele wie »Ochs am Berg, 1,2,3«, sie spielen blinde Kuh, sie spielen Klatschspiele, sie erfinden Fantasiesprachen oder geben Möbeln und Gegenständen im Raum neue Namen… Grundregeln dabei sind: Ideen der Mitspieler werden aufgenommen und weiterentwickelt. »Abblocken« wird als Regelverletzung gesehen. Die erste spontane Idee oder Assoziation, die einem in den Sinn kommt, wird sofort akzeptiert. Was aber improvisatorisches Spontanspiel stört, das sind: sich Pläne zurechtlegen, ein entferntes Ziel ansteuern, die Zukunft vorausplanen. Exemplarisch folgen einige Möglichkeiten, wie sich Spontaneität entwickeln lässt:

- »Man kommt zu zweit zusammen. Der eine führt eine pantomimische Handlung durch, wie z.B. Boden fegen. Der andere fragt: ‚Was machst du da?' Daraufhin gibt ihm der erste eine völlig absurde Antwort, wie »Ich schmelze Käse für ein Fondue,. Das übernimmt der zweite als Handlungsanweisung und rührt in einem Topf oder raspelt Käse. Wenn ihn nun wieder der Erste fragt, was er da mache, sagt er z.B.: ‚Rad fahren', was der Erste wieder übernimmt, usw.«[12]

- Die Gruppe wählt eine Aktion, für die man eine große Ausrüstung braucht wie z.B. Urlaubsreise, Expedition, Bankeinbruch oder Kindergeburtstag. Zwei Spieler beginnen, für diese Aktion pantomimisch zu packen. Die Gruppe ruft die Namen von Gegenständen ins Spiel hinein, die eigentlich nichts mit der geplanten Aktion zu tun hätten. Aber beide Spieler müssen diese Vorgaben annehmen, sie pantomimisch einpacken und gegenseitig begründen, warum man z.B. um eine Zahnbürste beim Einbruch nicht herumkommt.

- Die Gruppe steht im Kreis. Jeweils ein Spieler erfindet ein Fantasiewort und fragt seinen Nachbarn nach der Bedeutung. A fragt z.B. B: »Was ist ein Granduberzilog?« Ohne sich zu besinnen muss B antworten und sagt vielleicht: »So nennt man die Gesprächsform von Stammtischbesuchern ländlicher Gastwirtschaften.« Nun ist B an der Reihe, ein Wort zu erfinden und fragt vielleicht C: »Kennst du Jefkapille?« C antwortet unmittelbar und kommt möglicherweise auf diese Definition: »Aber ja, Jefkapille nennt man in Norwegen kleine, offene Abwasserkanäle an den Straßenrändern.« usw.

Spielfreude, Offenheit und geistige Flexibilität lassen sich entwickeln durch solche und zahllose andere Spielformen. Es werden fließende Verbindungen hergestellt zwischen vorbewussten, imaginativen Denkvorgängen und körperlichen sowie verbalen Ausdrucksaktionen.

Improvisationstheater wird mittlerweile in ganz Europa und den USA gespielt. Entworfen wurde es als eine Form von Schauspielunterricht in London von *Keith Johnstone.* Seine besondere Art der Improvisation entwickelte er aus dem Fabulieren, dem Geschichten erfinden. Dabei legte er großen Wert auf das freie Assoziieren, auf Wortassoziationen oder intuitive Antwortreaktionen. »Seine gesamte Arbeit diente dazu, im Erwachsenen die Wiederentdeckung der Fantasie zu fördern, die schöpferische Kraft des Kindes wieder aufzuspüren.«[13]

Begonnen hatte er in den fünfziger Jahren des soeben zu Ende gegangenen Jahrhunderts als Lehrer in einem Arbeiterstadtteil mit »schwierigen« Schulkindern. Auf seine Art zu unterrichten reagierten die zuständigen Schulbeamten schockiert und wollten zunächst seine Probezeit nicht verlängern. Das Klassenzimmer hatte er gemeinsam mit den Kindern in einen Iglu verwandelt, um hineinzukommen, musste man durch einen Tunnel von Pappschachteln kriechen. Als regelmäßiges Unterrichtsmaterial verwendeten die Kinder Masken, die sie sich z.B. beim Rechnen aufsetzten und damit nicht mehr durch Versagensängste blockiert waren. Kinder, die sich bisher dem Schreiben verweigert hatten, brachte er dazu, ihre Träume aufzuschreiben. Johnstone brachte eine Schreibmaschine mit in den Unterricht. Er erzählt: »Ich tippte alles genau so ab, wie sie es schrieben, mitsamt den Rechtschreibfehlern – bis sie mich dabei ertappten. In den frühen fünfziger Jahren (und vermutlich auch heute noch) war es eine seltsame Idee, absichtlich Rechtschreibfehler aufzuschreiben – aber es hat funktioniert. Das Drängen, etwas richtig zu machen, kam von den Kindern, nicht vom Lehrer. … Sogar diejenigen, die nicht schreiben konnten, verlangten von ihren Freunden, ihnen jedes Wort zu buchstabieren. Ich setzte den Stundenplan außer Kraft und einen Monat lang schrieben sie stundenlang jeden Tag. Ich musste sie zur Pause aus dem Klassenzimmer hinausjagen. Wenn ich höre, Kinder könnten sich nur etwa zehn Minuten lang konzentrieren, kann ich mich nur wundern. Zehn Minuten, das ist die Konzentrationsspanne eines *gelangweilten* Kindes, und das sind im allgemeinen alle Kinder in der Schule – daher die Ungezogenheit.«[14]

Was mich fasziniert hat am Improvisationstheater Keith Johnstones und was mir wichtige Impulse für den Bewegten Religionsunterricht gegeben hat, war die geistige Abenteuerlust, die sich einem im Improvisationstheater öffnet. Kleinkrämerische Buchhalter der Lehrpläne hatte ich in den Schulen zur Genüge kennen gelernt. Ich hatte auch häufig beobachten können, wie sich neugierige und lernfreudige Kinder mit dem Schuleintritt in lernunwillige, gelangweilte und ablehnende Wesen verwandelten. Außerhalb der Schule habe ich dieselben Kinder in meinen offenen Kindergruppen als hoch motivierte und begeisterungsfähige kleine Theaterspieler, Sänger oder Forscher erlebt. Mit dem Bewegten Religionsunterricht träume ich von einem Abenteuerspielplatz, auf dem die Spielgeräte von den großen Fragen des Glaubens und des Lebens symbolisiert werden. Gedankentabus gibt es nicht, Fragen, die sich nicht einfach lösen lassen, werden nicht beiseite geschoben, sondern bilden die großen Herausforderungen. Stereotypien interessieren nicht. L. erstickt nicht als der Besserwisser die unkonventionellen Gedankengänge der Kinder.

»Frau Buck, wer hat denn den Gott geboren, also ich meine nicht den Jesus, sondern den Gott, wer hat den geboren?«, fragt mich die siebenjährige Nadja. Der achtjährige Gerrett vermutet: »Also, am Anfang von der Welt, da sind vielleicht Außerirdische gekommen und haben den Gott geboren und sind dann wieder fort.« Katrin wirft ein: »Der war doch schon immer da, der Gott.« »Aber was war vor dem ‚Immer', des muss doch mal irgendwann angefangen haben?«, ruft Daniel. Es war eine Diskussion mit Leidenschaft, an die ich mich noch sehr genau erinnere. Nadja musste allerdings eine ent – »täuschende« Erfahrung machen. Als ich äußerte, dies sei für mich eine der schwierigsten Fragen der Welt und ich glaubte nicht, dass es einen Erwachsenen gäbe, der darauf wirklich eine Antwort wüsste, meinte sie: »Aber Frau Buck, du musst das doch wissen, du weißt doch alles!« Irgendein Kind, so glaube ich mich zu erinnern, sagte dann: »Auf die Frage weiß nur der Gott selber eine Antwort.«

Erfahrungen oder Begegnungen mit dem Improvisationstheater können diesen Mut vermitteln, dass Offenheit und Spontaneität nicht in die Verunsicherung führen, sondern gerade den Themen über Gott und die Welt ihre Tiefe und ihre Weite geben können.

Außerdem bietet das Improvisationstheater einen sehr großen Fundus an Rollenspielformen, Theaterelementen oder sozialen Begegnungsspielen, aus dem man für den Bewegten Religionsunterricht nach Herzenslust schöpfen kann. [15]

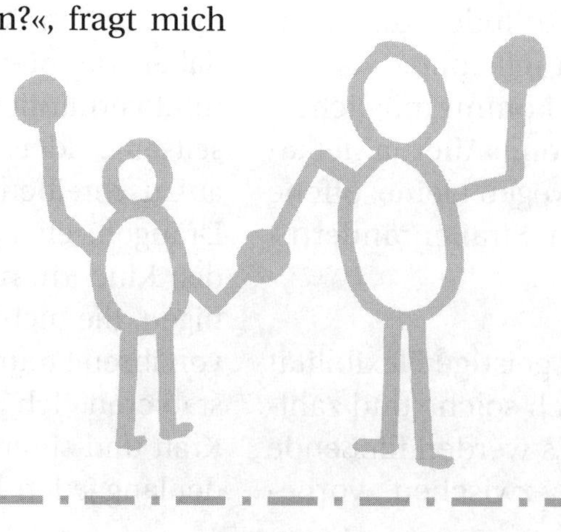

3. Woher die Ideen nehmen? Aus der Werkstatt des Bewegten Religionsunterrichts

»Mir fällt immer nichts ein, wenn ich mir selbst Bewegungsspiele zu einem Unterrichtsthema ausdenken sollte.« Solche Ratlosigkeit begegnet mir immer wieder bei Lehrerinnen und Lehrern während meiner Fortbildungsseminare. Und sie fragen mich: »Wie kommen Sie bloß auf solche Ideen?« Allerdings kommen die Gedanken bei den meisten Zauderern dann doch in Bewegung, wenn sie sich auf ungewohnte Arten zu denken einlassen.

Die grundsätzliche Unterrichtsvorbereitung bleibt selbstverständlich unverzichtbar als erster Schritt, um den gewählten thematischen Inhalt fachlich zu erschließen:

Theologisch-fachwissenschaftliche Sachanalyse, fachdidaktische Analyse, Bedenken der Situation und Voraussetzungen der Unterrichtsbeteiligten, der räumlichen und zeitlichen Bedingungen, die Einordnung des ausgewählten Themas in die Gesamtintentionen des Religionsunterrichts...[16] Darüber hinaus dienen dem Bewegten Religionsunterricht besondere Überlegungen, welche die Fragen und Dimensionen eines Unterrichtsthemas in die leibliche Welt des Kindes hineintragen helfen. Denn es geht nicht einfach darum, nur Methoden auszuwählen, die vielleicht trocken erscheinenden Ergebnisse der Fach- und Sachanalyse für Kinder schmackhaft zu machen.

Stattdessen ist es der Inhalt selbst, der durch seinen Bewegungsgehalt zur Gestaltung des Wahrnehmungs- und Bewegungsspiels hinführt.

Dabei lasse ich mich auf folgende Denkwege ein, von denen ich mich bei jeder neuen Unterrichtsthematik u.a. leiten lasse:

Ich denke in Bewegungen.
Ich forsche bei jedem Thema nach:

Wo steckt da die Bewegung drin?
Was ist die Bewegung des Inhalts,
was bringt uns in Bewegung?
Oder: Wie lässt sich der Inhalt in
symbolischer Bewegung ausdrücken?
Welche Bewegung bestimmt
momentan unseren Alltag?
Was ist die Bewegungssituation, die
manche Lebenskrisen kennzeichnet?
usw.

Außerdem suche ich nach gängigen Sprachelementen, mit denen man inhaltliche Fragen umschreiben könnte: Redewendungen, Metaphern, Sprichwörter, poetische Umschreibungen. Diese Sprachelemente entstammen in der Regel aus einem weitgehend unbewussten, kulturellen Sprachschatz großer Bevölkerungsschichten, der Sinndeutungen und Bewertungen mit enthält. Darin verdichtet finden sich Beschreibungen sinnlicher Wahrnehmungen, räumliche oder zeitliche Bestimmungen und Bewegungsvorgänge.

Ein Beispiel:

Mit einer Gruppe Grundschullehrerinnen, die Religionsunterricht erteilen, arbeite ich zur Pfingsterzählung aus Apg 2:

»Und als der Tag der Pfingsten erfüllt war, waren sie alle beieinander an *einem* Ort. Und es geschah plötzlich ein Brausen vom Himmel wie eines gewaltigen Windes und erfüllte das ganze Haus, da sie saßen. Und es erschienen ihnen Zungen, zerteilt, wie von Feuer; und er setzte sich auf einen jeglichen unter ihnen und sie wurden alle voll des Heiligen Geistes und fingen an zu predigen in anderen Zungen, wie der Geist ihnen gab auszusprechen...«

Besonders die beiden erwähnten Naturphänomene, die der Textschreiber heranzieht, um das Unerklärliche der Gottesbegegnung zu umschreiben, reizen uns, frei dazu zu assoziieren. (Es heißt ja nicht, ‚*es kam ein gewaltiger Wind*‘ oder ‚*es erschienen Feuerzungen*‘, sondern der Autor der Apostelgeschichte sucht nach Worten und findet mit den Beschreibungen ‚wie…‘ Phänomene, die ahnen lassen, was die Freunde um Petrus berührt haben könnte.)

»*Und es geschah plötzlich ein Brausen vom Himmel* wie *eines gewaltigen Windes.*«

(Apg 2, 2a)

Die Assoziationen der Frauen dazu waren:

Der Wind weht, wo er will. **Der Wind, der Wind, das himmlische Kind.**
Windbruch Sturmschäden Sturmwarnung
jemand bringt einen frischen Wind herein
Der Hurrikane reißt Häuser mit sich
sturmgeknickte Bäume **Der Wind wirbelt alles durcheinander**
Blätter tanzen im Wind Sturm der Entrüstung
Windbestäubung *im Auge des Sturms* STÜRMISCHE LIEBE
stürmische Begrüßung sein Fähnchen nach dem Wind hängen
Frischer Nordwestwind bringt Aufklärung *Sturm bläst Hüte vom Kopf*
Sturm deckte Dächer ab *Orkan entwurzelte Bäume*
der Sturm rüttelt an den Fensterläden
sturmfreie Bude **Windstille** in Windeseile *Sturmflut*
Wenn’s um Lichtmess stürmt und schneit, ist der Frühling nicht mehr weit.
Sturm- und Drang-Zeit IM STURMSCHRITT bei Wind und Wetter DER WIND HAT SICH GEDREHT da weht jetzt ein anderer Wind
Aufwind **Gegenwind** Rückenwind
Da bläst mir kalter Wind entgegen ***wind of change***
NACH DEM STURM IST NICHTS MEHR, WIE ES WAR.

Nach diesem Assoziations-Sturm, dem *Brainstorming*, entstand folgendes Gespräch:

»Also hat dieses Pfingsterlebnis die Gemeinschaft dieser Männer und Frauen ganz schön durcheinander gewirbelt.« »Ja, sie haben sich wohl ganz neu zurechtfinden müssen.« »Wind deckt ja auf, sie konnten also nicht mehr nach außen abgeschlossen unter sich bleiben.« »Da frage ich mich, ob allen so wohl dabei war. Sie haben ja jetzt gar nicht mehr gewusst, was auf sie zukommen wird. Ist da nicht die Gefahr, dass sie wie die Blätter im Wind jetzt haltlos herumschweben?« »Ich meine, es kommt ja darauf an, ob man diese Bewegung mehr als Wirbelwind versteht oder als Gegenwind oder als Rückenwind. Wenn der Petrus den Mut hatte, sich als einfacher Fischer öffentlich hinzustellen und eine Rede zu halten, hat er das vielleicht eher als Rückenwind erlebt.« »Oder als Aufwind!« »Ja, oder als Aufwind.« »Aber ich denke schon auch, dass da manches fest Gefügte, an das man sich gewöhnt hat, dass manche Sicherheiten da weggebrochen sind.« »Ja, vielleicht sogar die Meinung, den Glauben hat man fest im Besitz…« »Und wenn man den Glauben fest im Griff hat, kann man ihn auch andren Leuten auf den Kopf schlagen!« »Da hätte man sich im Laufe der Kirchengeschichte öfter an Pfingsten erinnern sollen, dann wäre es vielleicht nicht zu Hexenverbrennungen und Kreuzzügen gekommen!« »Na ja, also immerhin hat der Petrus da ja schon sehr selbstbewusst gepredigt.« »Er hat aber da nicht mehr das Schwert in der Hand wie noch in der Passionserzählung!« »Es ist noch eine andere Umschreibung in der Pfingstgeschichte, ich glaube, die brauchen wir jetzt, sonst bleibt das ganze ein Eissturm, der zum Sturmangriff bläst.«

Und so assoziieren die Frauen zum nächsten Bild:

»*Und es erschienen ihnen Zungen, zerteilt,* wie *von Feuer.*« (Apg 2, 3a)

Feuer und Flamme sein. **Feuersbrunst** mit glühenden Wangen
da springt ein Funke über Feuerwalze
feuriger Liebhaber FUNKENMARIECHEN
EIN WÄRMENDES HERDFEUER Flächenbrand **brennende Liebe**
Feuer unterm Hintern machen *Gluthitze*
die Sonne glüht *Wutentbrannt* FEUERBESTÄNDIG
anfeuern Feuer speiender Drache mit Feuereifer
feuerrot
Feuerschlucker *Freudenfeuer* **Brandstifter**
Feuertaufe
Feuerwasser **Feuerzangenbowle** Glühwein (Gelächter)
Feuerwerk flammende Rede Leuchtfeuer LEUCHTENDE AUGEN
Leuchtrakete Feuerwehr Lagerfeuer
Fackeln und Nazis **zündeln** Wärme
feuerrotes Haar
der große Brand von London **FEUERSTUHL**
ein zündender Gedanke

Und weiter geht das Gespräch:

»Also steckt doch in dem Feuer auch eine große Zerstörungskraft!« »Ich denke an die Bilder des Krieges in Hamburg. Diesen schrecklichen Feuersturm, den die Feuerwalze ausgelöst hat.« »Aber ich glaube, deshalb taucht das Wort ‚wie von Feuer' nicht in der Erzählung auf. Weil – mit diesen Zungen ist es irgendwie kontrolliert, eingebunden. Ich stelle mir das eher so vor, wie Feuerzünglein auf einer Öllampe. Sonst wäre da eher von einem wütenden Feuer oder einer Feuersbrunst die Rede.« »Also doch eher das Leuchtfeuer und das wärmende Feuer?« »Ja, und vielleicht der Funke, der übergesprungen ist, der dann zu der flammenden Rede geführt hat.« »Und zu der Begeisterung. Da steckt doch das Wort vom ‚Geist' mit drin.« …

Gemeinsam macht sich später die Gruppe daran, die Bewegung im Text aufzuspüren. Als Ergebnis stellt sich für die Teilnehmerinnen die »Choreografie« der Pfingsterzählung so dar:

1. *Stabilisierung, Bestätigung, Standortbestimmung, Wiederherstellung der Ordnung*
   Die Anhänger des Jesus kehren nach dem Himmelfahrtserlebnis nach Jerusalem zurück, pflegen sich im Obergemach eines Hauses aufzuhalten, sind *'stets beieinander einmütig im Gebet'*, vervollständigen die Apostelzahl nach Judas' Desaster wieder auf zwölf. (Apg 1)
2. *Unerwartetes Ereignis bricht über die abgeschlossene Menschengruppe herein. Große Zäsur!*
   Das Ereignis haben nicht die Anhänger des Jesus selbst inszeniert, weder, indem sie sich Mut zugesprochen haben, noch, indem sie sich in Ekstase gebracht haben. Es *'geschah'*, wurde also als ein Gottesereignis erlebt, nicht von Menschen gemacht. (Apg 2, 1-2)
3. Gott *berührt* die Menschen, *wirbelt auf, bläst* gewohnte Ordnungen *über den Haufen*, gibt *Rücken*wind.
   Dieses *Brausen vom Himmel, wie eines gewaltigen Windes, das das ganze Haus erfüllte*, bis in die letzten Winkel und Ecken, wird für die kleine Gruppe Christen zum »wind of change«, der sie »hinausbläst« zu den anderen Menschen und ihnen Rückenwind gibt.
4. Ein Funke *springt über* von Gottes gutem Geist auf die Freunde des Jesus. Sie gewinnen an *Ausstrahlung*, die Gesichter leuchten.
5. Sie *gehen nach draußen, bringen* eine Nachricht, die *Sprengkraft* in sich trägt, *teilen* sich in einer Vielfalt *mit*, die *Kontakt* ermöglicht zu den verschiedensten Individuen.
   Petrus erklärt in seiner flammenden Rede, dass dieser Jesus, der kürzlich zu Tode gefoltert wurde, der erwartete Messias sei, der von Gott versprochene Retter, der die Welt erneuern wird und Gott bei den Menschen wohnen lässt. Diesen Jesus habe Gott auferweckt... Die multinationale Menge, die diese Rede hört, kann in ihren verschiedenen Sprachen verstehen, kann damit etwas *anfangen*, kann *erfassen*. Die Rede löst aber auch Tumult aus und Diskussionen.
6. Viele lassen sich *anstecken*, der Funke *springt* auch auf sie *über* und bringt für ihr Leben *»wind of change«*, die erste Gemeinde *findet sich zusammen.*

Die Teilnehmerinnengruppe kommt über diese inhaltliche Bestimmung von Bewegung zu folgendem Darstellungsspiel:

PFINGSTSPIEL

Innerhalb eines engen Stuhlkreises sitzt die Hälfte der Gruppe dicht zusammengedrängt am Boden. Über sie gebreitet ist ein großes schwarzes Tuch. Versteckt unter den Rändern des schwarzen Tuches liegen Chiffontücher in vielen Farben. Drei bis vier Mitspielerinnen stehen in einer Ecke des Raumes als Klanggruppe zusammen. Sie beginnen, auf Handtrommeln oder Pauken zu reiben, mit Rasseln und anderen passenden Instrumenten einen immer dichteren und lauteren Klangteppich zu produzieren. Die restliche Gruppe läuft in eigenem Tempo und in verschiedenen Richtungen um den Stuhlkreis herum. Allmählich geht die Klanggruppe mit ihren Instrumentalklängen in ein zügiges Metrum über. Nach einem Triangelschlag aus der Klanggruppe zieht die Gruppe im Stuhlkreis nun das schwarze Tuch nach innen, nimmt die leuchtend farbigen Chiffontücher in die Hände und geht singend mit dem Metrum der Klanggruppe aus dem Stuhlkreis hinaus, auf die außen Gehenden zu. Die Chiffontücher werden in großen Bögen schwingend zum Gesang mitbewegt und wem man begegnet, übergeben. Die Chiffontücher werden nach und nach auf dieselbe Weise immer weiter gereicht.

Singen könnte man dazu:

- EG 433, »Wir wünschen Frieden euch allen« in verschiedenen Sprachen mit Textveränderungen: Wir bringen Leben (Liebe) (Freiheit) euch allen. Jeder könnte es in einer anderen Sprache singen, in Englisch, Französisch, Spanisch, Italienisch, Lateinisch etc.[17]

Die Analyse des Bewegungsgehaltes eines jeweiligen Lehrplanthemas oder eines biblischen Textabschnittes lässt sich von folgenden Fragen leiten:

- Wie bewegt sich hier Gott auf die Menschen zu?
- Wie werden hier Menschen in Bewegung gesetzt?
- Wie bewegt/verändert sich die Situation (von welcher verfahrenen, eingefahrenen oder beständigen Ausgangssituation weg in welche Richtung)?
- Wie lassen sich all diese »Bewegungen« sprachlich beschreiben? Wie doppeldeutig sind die gefundenen Sprachformeln (reale motorische Bewegung beschreibend und mentale, psychische, soziale… Bewegungen meinend).
- Was kann mich in meiner Lebenssituation in Bewegung bringen?
- Wo finde ich Parallelen zum Leben der Kinder? Können die Bewegungen des Themas auch *Anstöße* für die Kinder bedeuten?
- Wie kann ich die oben abgefragten »Bewegungen« choreografisch inszenieren als Tanzspiele, Musikspiele, Rollenspiele, Symbolspiele oder Wahrnehmungsspiele?
- Wie muss ich meine entwickelten Inszenierungen organisieren, damit sie sich in der Klassen- und Unterrichtssituation verwirklichen lassen?
- Welche Anstöße könnten sich aus den so entstandenen Spielerlebnissen für das Gespräch mit den Kindern ergeben?

Dabei sollte man sich bewusst bleiben, dass die in den Unterricht mitgebrachten vorbereiteten Entwürfe nur Arbeitshypothesen sind. Die Kinder werden wieder Bewegung hineinbringen und damit Veränderung!

4. Mit dem Körper hören – Bewegung als Aufmerksamkeitshilfe

Manche Lehrer träumen sogar nachts davon: Sie möchten ihren Schülern wichtige Dinge sagen oder sie möchten vor einem Lehrerkollegium ihre Meinung vertreten, aber es hört ihnen niemand zu. Im »wachen« Leben kann sich das als realer Albtraum darstellen: Kinder hören nicht zu, sie überhören, hören weg, »hören« nicht auf, obwohl wir uns doch so bemühen, sie »aufhorchen« zu lassen. Wir strengen uns nach Kräften an, die Flüchtigkeit unserer Worte aufzuhalten, und doch müssen wir häufig hilflos feststellen: Es ging wieder einmal zu einem Ohr hinein und gleich zum anderen Ohr hinaus.

Augen kann man schließen. Um uns die Ohren zuzuhalten, brauchen wir beide Hände, die wir dann für nichts andres mehr zur Verfügung haben. Und so haben wir uns innere Strategien angeeignet, Hörbares auszublenden: Wir können innerlich die Ohren schließen. Wir können Stimmen, Geräusche, Töne ausblenden und unsere Aufmerksamkeit, zum Beispiel weitgehend unbehelligt von der Stimme eines Lehrers, anderen Interessengebieten zuwenden. In vielen Situationen des Lebens macht diese Fähigkeit durchaus Sinn. Ich muss in der Lage sein, aus einem akustischen Bombardement einzelne Stimmen oder Geräusche herauszuheben und andere zu ignorieren. Nur so können Mütter von Babys und Kleinkindern sofort reagieren, wenn ihnen die Stimme ihres Kindes eine Notlage signalisiert und nur so können wir in einem Restaurant Gespräche führen trotz eines großen Stimmengewirrs um uns herum.

Im Laufe unsres Lebens lernen wir, was für uns wichtig genug ist, um hinzuhören. Berühmtes Beispiel dafür ist der so genannte »Ammenschlaf«: Mütter von Säuglingen erwachen, wenn die Stimme ihres Kindes ertönt. Es kann jedoch durchaus sein, dass der Schlaf solcher meist erschöpfter Mütter durch ein Gewitter oder das Martinshorn einer Feuerwehr nicht unterbrochen werden kann.

Wir lernen aber ebenso, was wir besser überhören sollten: »Langweiliges« zum Beispiel, Monologe von Menschen, bei denen wir immer wieder die Erfahrung machen, dass sie uns anöden, oder schwer verständliche Erklärungen, die uns ratlos zurücklassen mit einem Gefühl: »Das werde ich nie verstehen« – für all diese Bereiche haben wir häufig Techniken des Weghörens entwickelt.

Kindern geht es dabei nicht anders. Langweiliges und schwer Verständliches können sie höchst erfolgreich ausblenden. Das betrifft nicht nur Reden von Erwachsenen, auch Gleichaltrigen hören Kinder nicht zu, wenn diese zu langatmigen, uninteressanten Vorträgen ausholen. Das ist ja ein häufiges Problem von Unterrichtsgesprächen, dass rhetorische Fähigkeiten und Aufmerksamkeitsbereitschaft der Kinder untereinander nicht immer kompatibel sind.

Auch seelische familiäre Belastungen und innere nicht verarbeitete Bilder aus Filmen können die Aufmerksamkeit eines Kindes so stark binden, dass es sozusagen keine Kapazitäten mehr frei hat, sich auf die Erzählung von L. oder auf Gesprächsbeiträge anderer Kinder zu konzentrieren.

»Wer Ohren hat zu hören, der höre!« Schon Jesus machte klar, dass nicht automatisch hört, wer auch hören kann. Hören, zuhören, hinhören, aufhorchen, anhören, sich einhören, erhören, dies alles erfordert die Zuwendung der ganzen Person. Es erfordert die Bereitschaft, sich einzustellen, abzuwägen, und wenn es lockt, sich zu öffnen und einzulassen. (Wenn allerdings keine Freiheit zur Entscheidung zwischen Hören und Weghören besteht, kann man unter Umständen schon in den Grenzbereich zur »Hörigkeit« gelangen und das Gebiet des willenlosen »Gehorchens« ist auch nicht weit.) Psychische Situation und Hören sind nicht voneinander zu trennen.

Ohren kann man also nicht zuklappen wie Augen. Darum haben wir Menschen uns Methoden geschaffen, die uns vor unangenehmen Höreindrücken schützen können. Wir leben in einer Zeit, in der wir massivem Schallhagel ausgesetzt sind. Es tönt aus Lautsprechern in den Kaufhäusern, es tönt in vielen Familien schon ab 6 Uhr morgens der »Gutelaune-Funk« aus dem Radio, es tönt durch Autos, Presslufthämmer und Kreissägen. Wie verständlich, wenn Kinder sich abschirmen.

Manche Pädagoginnen und Pädagogen versuchen verzweifelt, um die Aufmerksamkeit der Kinder wie ein Showmaster oder ein Werbefachmann zu buhlen. Es ist ein massiver Erfolgsdruck, dem man sich aussetzt, wenn man mit der bunten Welt der Spielzeug- oder Süßwarenwerbung konkurrieren möchte. Man kann nie genug Videos oder Diaserien, Computerlernprogramme oder bunte Arbeitsmappen anbieten – der Wunsch der Kinder, weiterzuzappen wird immer schneller sein.

»Hören, zuhören, hinhören, aufhorchen, anhören, sich einhören, erhören, dies alles erfordert die Zuwendung der ganzen Person« – so habe ich es eben ausgedrückt. Und: »Es erfordert die Bereitschaft, sich einzustellen, abzuwägen, und wenn es lockt, sich zu öffnen und einzulassen.« Die Zuwendung der ganzen Person, die gesammelte Präsenz, beginnt zunächst einmal bei uns als Lehrende. Das bedeutet für mich: Ich bin da, bei den Kindern, im Unterricht ganz gegenwärtig und nicht etwa in Gedanken schon zwei Schritte weiter. Ich nehme die Kinder wahr, ich höre ihnen ernsthaft und aufmerksam zu, auch außerhalb des Unterrichts. Ich höre offen zu und blende nicht aus, was nicht in mein Unterrichtsraster hinein gehört. Ich gewähre den Kindern ein offenes Ohr für ihre Klagen, für ihre Empörungen und auch, wenn sie Vertrauen fassen, für ihre Nöte. Ist es nicht eine weit verbreitete Lehrerkrankheit, gerne und lang zu reden, aber nicht zuhören zu können, was Kinder oder Eltern wirklich erzählen möchten? Ich behaupte: Pädagogen, die nicht zuhören können, werden grundsätzlich nur wenig Gehör finden.

Aber auch das Ausdrucksverhalten von L. entscheidet mit darüber, ob Kinder zuhören können:

Körpersprachliches Ausdrucksverhalten von L.

Um bei Kindern Gehör zu finden, müssen sich L. verbal beschränken und ihren Körperausdruck entfalten. Wenn ich nicht will, dass Kinder in meinem Unterricht lernen wegzuhören, dann werde ich unnötige Monologe vermeiden.

Regelmäßige Ordnungsanweisungen zum Beispiel lassen sich durchaus nonverbal mitteilen:

- Möchte ich, dass die Kinder einen Stuhlkreis bilden, reicht ein waagrecht in die Luft gezeichneter Kreis und ein Wink zu dem Kind, das als erstes mit seinem Stuhl kommen soll.
- Ein rotes Tuch, das L. im Unterricht immer bei sich trägt, kann man als Schluss-Signal für Bewegungsspiele oder Gruppenaufgaben etablieren: »Jedes Mal, wenn ich mit dem roten Tuch winke, bedeutet das: *Schluss, aus, vorbei, zurück auf den Platz, du bist dabei.*«
- Die Unterrichtsstunde kann sofort mit einem Lied begonnen werden, ohne dass man erst eine Ansprache über das Ruhigwerden o.Ä. halten muss.

Der Wortschwall vieler L. über organisatorische Fragen entwertet das gesprochene Wort und erzieht die Schülerinnen und Schüler zum Weghören. So wenig Wörter wie möglich und präzise, klare Körpersprache: So erhöht sich für L. die Chance, bei den Kindern Gehör zu finden.

Und für die wirklich wesentlichen Dinge, die ich sagen möchte, gilt: Drücke ich mich als L. im Unterricht beim Reden auch körpersprachlich aus, biete ich damit eine zuverlässige Übersetzungshilfe für alle Kinder an, die sich beim Zuhören schwer tun. Im Übrigen: Ob ich etwas gestisch-pantomimisch ausdrücken kann oder nicht, gibt mir auch wichtige Hinweise darauf, welche sprachliche Art der Vermittlung von Inhalten für Kinder erfassbar ist und welche nicht.

Um nicht missverstanden zu werden: Unterrichten kann nicht bedeuten, vor der Klasse als »Schauspieler« ständig nur eine körpersprachliche Theatervorstellung zu geben und die Kinder zum passiven Zuschauen zu verurteilen.

Die Kinder müssen aktiv werden dürfen, wenn Hören ein psychisch-aktiver Vorgang ist, wie ich es oben angedeutet habe. Wenn ich möchte, dass Kinder gesammelt zuhören, dann muss ich auch das Spezifische der kindlichen Person berücksichtigen: Kinder sind Bewegungswesen, sie denken mit dem Körper. Sie erschließen sich ein Verständnis von sich und der Welt im Spiel ihrer motorischen Handlungen, in ständigen Wechselbeziehungen zwischen Bewegung, Sinneserlebnissen und Sprache. Wenn ich dieser entwicklungsbedingten Wesensart der Kinder Raum gewähren will in meinem Unterricht, dann biete ich ihnen an, *mit dem Körper zu hören.* Das kann in mehreren Formen geschehen:

Sensomotorische Aktivierung als Integrationshilfe von Hörreizen

Hörreize werden im Verbund mit anderen Sinneserlebnissen er-»fahren«, be-»griffen« und ver-»arbeitet«. Kleine Kinder lernen Wörter für Personen, Gegenstände, Handlungen oder Eigenschaften über jene Erlebnisse, bei denen Hören, Erfühlen, Riechen, Schmecken usw. miteinander verbunden sind. Sie lernen Klänge und Geräusche einzuordnen, wenn sie in Bewegungshandlungen mit Klängen und Geräuschen umgehen können. Ein Beispiel: Das Wort »glitschig« verstehen lernen gelingt nur über Erfahrungen der Haut mit glitschigen Materialien oder über Erfahrungen, bei denen man auf glitschigem Boden ins Rutschen kommt.

Unsere Sprache verrät, dass wir Schallformen mit Erfahrungen aus anderen Sinnesbereichen koppeln: Wir sprechen von einem hellen und einem dunklen Klang, obwohl Schall nichts mit Licht zu tun hat. Wir sprechen von einer weichen oder einer harten Klangfarbe, obwohl man Schall nicht anfassen kann. Man spricht von einer kalten oder einer warmen Stimme, obwohl Schall keine Temperatur hat.

Jane Ayres, die Begründerin der sensorischen Integrationsförderung spricht sogar davon, dass isolierte optische und akustische Sinneseinwirkungen bei kleinen Kindern keinen nennenswerten Beitrag zur Entwicklung liefern. Sie weist darauf hin, dass sich die Grundordnung des Hirnnervennetzes in den ersten Lebensmonaten hauptsächlich durch Hautwahrnehmung, durch Gleichgewichts- und Bewegungswahrnehmung herausbilde. Das bedeutet: Visuelle und auditive Wahrnehmungsfunktionen entwickeln sich erst auf der Grundlage taktiler und kinästhetischer Erfahrungen. Es müssen unzählige Tast- und Berührungsreize, Schaukel- und Bewegungserfahrungen im frühkindlichen Gehirn registriert, ausgewertet und koordiniert werden. Nur in diesem Verbund können sich diese Erfahrungen mit optischen und akustischen Informationen zu höheren Wahrnehmungskomplexen ausbilden[18]. Bei Erwachsenen werden diese umfassenden Sinneserfahrungen im Gehirn bei aktuellen Hörwahrnehmungen immer mit repräsentiert. Frühere Erlebnisse des Schmeckens, Riechens, Schauens, Tastens, Bewegens oder der Balance werden mit dem neu ankommenden Hörreiz in Verbindung gebracht. Das Verstehen von Sprache ist also gekoppelt mit dem multisensorischen Erfahrungsschatz des Gehirns.

So stellt sich die Frage, ob nicht auch Schule einen »multisensorischen« Erfahrungsschatz fördern und entwickeln könnte, wenn dieser Erfahrungsschatz das Potenzial von Verstehen und Verarbeiten wesentlich mitbestimmt. Warum nicht den Sportunterricht erweitern zu einem Erfahrungsfeld der Sinne wie es in der Motopädagogik seit einem halben Jahrhundert nahezu vergeblich gefordert wird?

Wann werden die Schulhöfe endlich zu anspruchsvollen Spielplätzen? Und nicht zuletzt müsste hier auch in der Schularchitektur (natürlich auch in der Gestaltung der Innenräume) umgedacht werden. Eine sensorisch ansprechende Schule und ein Unterricht, der über Sinneserlebnisse zum Sinnverständnis führt, dienen in einem sehr umfassenden Sinn einer Entwicklung der kindlichen Höraufmerksamkeit.[19]

Höraufmerksamkeitshilfe durch Koordination von Hören und Bewegen

Wenn Kindern ihre Höraufmerksamkeit immer wieder entgleitet, wenn sie sich leicht ablenken lassen oder wenn sie vor sich hin träumen, dann nützen Appelle relativ wenig. – »Jetzt konzentriere dich doch endlich und hör mir zu!« – Es liegt meist nicht am mangelnden guten Willen eines Kindes, wenn eine solche Aufforderung nur sehr kurze Wirkung zeigt. Man könnte solch auditive Konzentrationsschwäche mit der Situation eines Segelschiffs ohne Steuerung vergleichen. Jeder zufällige Windstoß bestimmt die Fahrtrichtung, es gibt keinen Steuermann, der das Schiff am Abdriften hindert, keiner, der den Weg selbstbestimmt gestaltet.

Man kann jedoch dem Kind Möglichkeiten anbieten, den Posten des Steuermanns wieder zu besetzen. Dies kann geschehen, wenn das Kind Gelegenheit bekommt, das Hören *zu erfassen, zu begreifen, festzuhalten,* damit *umzugehen* und sich dem Gehörten *zu stellen* usw. Durch eigene, aktive Bewegungshandlung bindet das Kind seine Höraufmerksamkeit an das momentane, reale Geschehen. Kiphard drückt das so aus: »Die mototherapeutischen Interventionen zielen darauf ab, das akustisch wahrnehmungsschwache, unkonzentrierte, vergessliche Kind über konkrete motorische Handlungserfahrungen zum besseren Erfassen abstrakter Wortgebilde und Satzkonstruktionen zu befähigen.«[20]

Der Bewegte Religionsunterricht ist durchgehend darauf ausgerichtet, das Hören der Kinder durch Bewegung auf das Zentrum des gemeinsamen Unterrichtsgeschehens zu richten. In vielen Situationen wird das Hören mit der Bewegung zusammengeschlossen als eine Einheit: Kinder gebärden zu Liedern oder gestalten Erzählungen simultan durch gestisch-pantomimisches Spiel mit[21]. Orte, Berufe oder Lebenssituationen werden durch gestisch-pantomimisches Darstellen vorgestellt oder eingerichtet. Mithilfe von Mimik und Gestik können L. und Kinder dem gesprochenen Wort seinen Gegenwartsbezug verleihen.

Beispiel: Den kleinen, aus dem Nest gefallenen Vogel, Thema eines Unterrichtsgesprächs, kann man imaginär in einer Hand halten und mit dem Zeigefinger der anderen Hand vorsichtig über den Vogelrücken streichen: »So weich und leicht ist er. Fühlt ihr, wie schnell sein kleines Herz klopft? …« Wechselt der Gesprächsstoff aber vielleicht zum Thema »Besitzgier«, können Kinder und L. einen unsichtbaren Gegenstand mit beiden Händen umschließen und an die Brust gepresst halten. Man wird höchstens einmal sich selbst einen Blick zwischen die Hände gewähren und dann, nach misstrauischen Seitenblicken, sich rasch abwenden: »Meins! Gehört nur mir! Darf keiner sehn!« Die beiden verschiedenen gestischen Bewegungserlebnisse können das Gespräch weiter tragen. Vielleicht fällt Kindern auf, dass ein Vogel niemandem gehört als sich selbst, dass er ersticken würde, wenn man ihn so habgierig an sich drücken würde. usw.

Den Denkansatz, der hinter dem Schlagwort »mit dem Körper hören« steht, kann man mit einem abgewandelten Sprichwort zusammenfassen: *Wer nicht hören kann, darf fühlen.* Alle Bewegung, mit der ein Kind sich seiner selbst versichert – alle Bewegung, mit der ein Kind die dingliche und gedankliche Welt kennen und verstehen lernt, führt dazu, das Hörbare zu erfassen und zu verarbeiten.

5. Und die Disziplin? – Vom Umgang mit schwierigen Kindern

Anderen Kindern stellen sie ein Bein, sie zwicken ihre Nachbarn, sie kennen einen immensen Beleidigungswortschatz, sie bekritzeln das Gemälde des Nachbarkindes, sie kommen vom Gang auf die Toilette nicht mehr wieder, sie halten sich nicht an die Regeln, auf die man sich ansonsten in der Klassengemeinschaft geeinigt hat.

Diese schwierigen Kinder fordern uns heraus, sie kosten Kraft und sie nehmen uns und den übrigen Kindern oft die Freude am Unterricht. Wenn man gleich mehrere solcher Kinder in der Klasse hat, kann konstruktives Unterrichten manchmal unmöglich werden. Solange man die Kinder mit schriftlichen Aufgaben am Platz fixiert hält, solange man mit visuellen Bildern wie Overheadfolien oder Dias fesseln kann, lässt sich dabei noch am ehesten ein lehrerzentrierter Unterricht durchhalten, der die gefährlichen Klippen umschifft. Aber wer wagt mit einer Klasse voller »Chaoten« tatsächlich Bewegten Religionsunterricht? Sind nicht vielleicht Rollenspiele, Tanzspiele, Spiel mit Orff-Instrumenten oder symbolische Inszenierungen und gerade die daraus folgenden Gespräche nur etwas für Klassen mit geordneten Kindern? Ich meine nicht! Auch »anstrengenden«, nervenden oder aggressiven Kindern möchte ich nicht vorenthalten, mit ihren Bewegungskompetenzen im Religionsunterricht anzukommen.

Wenn man die schwierigen Kinder samt ihrer persönlichen und familiären Situation näher kennen lernt, stellt sich sehr häufig heraus: »Störer« sind diejenigen, denen zuhause nicht genügend Zuwendung und Akzeptanz zukommt. Das ist eine Binsenweisheit. Fataler Weise geschieht ihnen in der Schule wieder das Gleiche: Sie katapultieren sich in der Anerkennung der anderen an den Rand.

Mehr noch als von L. anderer Unterrichtsfächer ist hier eine besondere, eine sozusagen »fachspezifische« Haltung der Religionslehrerin und des Religionslehrers gefordert: Jesus wendet sich genau denjenigen zu, die am Rand oder gar außerhalb einer Gemeinschaft stehen. Er fühlt sich gerufen zu denen, die unter Liebesmangel leiden müssen. Religionslehrerinnen und -lehrer versuchen, diese Zuwendung Gottes zu vermitteln und werden gerade an dem Punkt glaubwürdig oder unglaubwürdig, wie sie mit den »Verstoßenen« umgehen. Das Dilemma, in dem sich alle Beteiligten befinden, ist aber: Schule ist kein Ort der Freiwilligkeit. Schwierige und ausgeglichene Kinder müssen sich mit L. gemeinsam zu einer fremdbestimmten Zeit an einem fremdbestimmten Ort aufhalten, und sie sind dazu »verurteilt«, in dieser Zeit miteinander leben zu müssen. Die Psychodynamik eines Gruppengeschehens, wenn Menschen einander unausweichbar zugeordnet sind, überfordert die Kompetenzen von L.

So verschieden, wie schwierige Kinder in ihrer Individualität sind, so vielschichtig, wie sich die Gruppendynamik einer Klasse entwickelt, so komplex, wie die Persönlichkeit von L. und pädagogischer Stil sich darstellen, wird klar: Es gibt keine Patentlösungen und es wird nur selten eine radikale Wende zur Verbesserung geben. Stattdessen wird es immer ein langer Weg in kleinen Schritten sein. Von vielen Versuchen, pädagogische Auswege aus dem Dilemma zu finden, werden immer einige erfolglos sein. Zur Entlastung frustrierter Lehrerinnen und Lehrer möchte ich sagen: Es ist menschlich, als L. im Unterricht zu scheitern. Es ist unmenschlich, alles richtig machen zu müssen. Gott ist kein Schulrat und verurteilt uns nicht, wenn uns zuweilen alles aus der Hand gleitet. Diese Entdeckung Luthers in der Reformation gilt auch für uns L. Wenn wir unseren Kindern im Unterricht vermitteln möchten, dass wir mit Gott an unserer Seite immer wieder einen neuen Anfang wagen können, gilt das auch für uns. Jeder Tag ist ein neuer Tag, jede Unterrichtsstunde ist eine neue Unterrichtsstunde. Und wenn ich das Klassenzimmer betrete, werden die Karten neu gemischt. Dann brauche ich nicht mehr den alten Kaffee von gestern neu aufzukochen. Wenn christlicher Glaube vom Geschenk der Vergebung geprägt ist, dann gilt das auch, wenn ich meinen schwierigen Schulkindern entgegentrete. Und das aller Realität zum Trotz!

Die Realität zeigt uns: »Du bist so! Ich habe dich erlebt. Du wirst wieder so handeln. Alltag ist, dass Menschen sich nicht ändern.« In den meisten Fällen ist das wahrscheinlich wirklich richtig. Aber christlicher Glaube ist immer auch eine Gegenbewegung, ein »Dennoch« und »Trotzdem« gegen allen Augenschein.

Diese Utopie des täglichen Neuanfangs lässt sich gestalten, pflegen und »kultivieren« auf verschiedene Weise. Einige dieser Möglichkeiten möchte ich erläutern:

- *Selbstprüfung:*

  Ich frage mich: »Brauche ich selbst, für meine »Persönlichkeitsstruktur« äußere Ordnung? Bin ich in meinem Selbstwertgefühl gefährdet, wenn es im Unterricht chaotisch wird? Wovor habe ich Angst, was könnte mir passieren?

- *Beziehungen aufbauen und pflegen:*

  Es führt kein Weg daran vorbei, zu den »schwierigen« Kindern eine Beziehung der Zuwendung aufzubauen jenseits ihrer Störrituale. Gerade schwierige Kinder sind ja häufig beziehungsgestört, d.h. sie haben z.T. gelernt, Zuwendung durch Erpressung (Terror) zu erzwingen, oder ihr auffälliges Verhalten ist nichts anderes als die Suche nach spürbarem Kontakt aufgrund von Erfahrungen, dass Erziehende immer weiter zurückweichen oder sich sogar entziehen. Der Teufelskreis der Unterrichtsstörung wird immer wieder neu belebt durch das Bemühen der schwierigen Kinder, Aufmerksamkeit zu erringen. Sie fühlen sich grundsätzlich zu wenig wahrgenommen und geschätzt. So holen sie sich eben das Interesse der anderen durch »Störaktionen«. Diesen Teufelskreis gilt es aufzubrechen: Außerhalb der »Störsituationen« kann man einen informellen Kontakt zu den schwierigen Kindern herstellen. Vor Unterrichtsbeginn, in den Pausen oder während selbstständiger Arbeitsphasen der Klasse, kann man versuchen, mit diesen Problemkindern in ungezwungene Plaudereien einzutreten. Man kann sie persönlich begrüßen, man kann an Themen anknüpfen, in denen diese Kinder Fachleute sind, man kann sich erkundigen, warum heute ein Verband an der Hand ist etc.

Ein Beispiel:

Jonas[22] wird von allen Kindern seiner Klasse abgelehnt. Niemand will neben ihm sitzen, keines will mit ihm gemeinsam eine Spielaktion durchführen. Er wiederum schlägt, zwickt, fällt über andere her, schmiert Kleber in andere Hefte, schmeißt sich im Sitzkreis zu Boden, wenn wir ein gemeinsames Gespräch führen wollen und beginnt laut zu pfeifen. Meinen verbalen Aufforderungen, sich an die Regeln zu halten, zeigt er sich nicht zugänglich.
Eines Tages bemerke ich, dass er über ein großes Wissen über Dinosaurier verfügt. Ich bitte ihn, mir doch das nächste Mal ein Dinosaurierbuch mitzubringen. In der Pause vor unserer nächsten Religionsstunde schauen wir uns gemeinsam das Buch an und er erzählt mir von seinen Lieblingsdinosauriern.
Von da an nehme ich mir bewusst Zeit für ihn, vor der Unterrichtsstunde und während der Zeiten, in denen die Kinder, z.B. bei der »Heftwerkstatt«, mit sich selbst beschäftigt sind. »Bist du denn wieder ganz gesund? Du hustest ja noch ganz arg.« »Was hast du denn da für ein Bild auf deinem Pullover? Ist das ein Hund oder ein Bär?«

»Du, Jonas, dieses Pokémon-Bild kenne ich nicht, weißt du, wie es heißt?« …

Im Sitzkreis lege ich nun Wert darauf, dass Jonas neben mir sitzt. Vor der Klasse vertrete ich das öffentlich: »Ich habe den Jonas gerne neben mir sitzen. Ich mag das.«

Nach ein paar Wochen beginnt er, sich zuweilen an die gemeinsamen Regeln zu halten, wenn ich ihn darauf hinweise. Nach etwa einem halben Jahr vereinbare ich mit ihm folgende Abmachung: Er solle versuchen, Freunde zu gewinnen, das ginge aber nur, wenn es anderen Kindern in seiner Nähe gut ginge, also wenn er rücksichtsvoll mit ihnen umgehe. Und ich würde im Gegenzug versuchen, in der Klasse für ihn zu werben, dass sie ihn in ihre Gemeinschaft aufnehmen könnten. Nach dieser Absprache unter vier Augen machen wir der Klasse unsere Abmachung bekannt.

Es trifft sich, dass kurz darauf die Geschichte von Abraham und Lot Unterrichtsthema ist. Jonas erhält die Rolle von Abraham bei einem ritualisierten Rollenspiel. Er kann Lot großzügig die Wahl des Landstrichs anbieten und sorgt dann als Sippenvater für seine Leute. Jonas bekommt einen Picknickkorb mit Brötchen und Saftbechern. Liebevoll und umsichtig teilt er unter seiner »Familie« und seinen »Knechten« auf.

Von Monat zu Monat ist er weniger fixiert auf seine Störerrolle sondern verhält sich nachdenklich und wild in ausgeglichenerem Maße, ähnlich wie die meisten andren Kinder seiner Klasse. So wird meine Kraft frei für einen neuen Buben, der nach 1½ Jahren zu uns stößt:

Er ist für seine Jahrgangsstufe drei Jahre zu alt und überragt die meisten der Klasse um zwei Köpfe. Rolf[22a] kann keine 5 Minuten an seinem Platz bleiben, er kommt nicht mit seinem Stuhl zum Sitzkreis, reiht sich nicht in das Kinderpublikum ein, wenn andere ein Rollenspiel vorführen. Bei Bewegungsspielen hampelt er stereotyp als Roboter herum und grimassiert. Er trifft für ein Kind seines Alters ungewöhnliche Aussagen. Als wir mit dem Thema »Frieden« arbeiten, sagt er: »Mit mir ist die ganze Welt im Krieg.« Bei anderer Gelegenheit meint er: »Ich bin von Gott verflucht.« Oder »Ich bin der letzte Dreck für alle.« Die erste Woche sind die Mädchen von ihm fasziniert und wollen neben ihm sitzen. Aber bereits ab der zweiten Woche ist ihre deutliche Ablehnung Rolf gegenüber zu spüren.

Auch mit ihm suche ich Gelegenheiten der persönlichen Kommunikation, der individuellen Zuwendung. In der dritten Woche schenke ich ihm einen Schlüsselanhänger. Es ist eine Sanduhr mit der Aufschrift »Meine Zeit steht in deinen Händen.« Rolf ist sehr überrascht. Anscheinend bringt es ihn kurzzeitig aus der Fassung, das jemand die Ablehnungs- und Abgrenzungsrituale durchbricht.

Wir sind noch mitten drin in dieser Phase der Beziehungsbaustelle. Ein Beispiel möchte ich noch anfügen. Am Ende einer besonders schwierigen Stunde gehe ich zu ihm, als er seine Schultasche packt. Ich sage: »Heute war's nicht leicht für uns alle, gell, Rolf? Ich bin mir aber sicher: Nächste Woche kommen wir besser miteinander zurecht. Ich freue mich darauf, wenn du kommst. Ich mag dich nämlich gern.« Seine Antwort geht mir nicht mehr aus dem Kopf: »Des hat noch nie jemand zu mir gesagt, dass er mich mag.« (!)

»Das bedeutet selbstverständlich nicht, dass aggressives Verhalten grundsätzlich hingenommen werden soll, was eher zur Verstärkung der Aggressivität führen kann. Aber dem Kind zu vermitteln, ich akzeptiere dich als Person, vielleicht sogar, ich mag dich, auch wenn du dein Verhalten nicht immer zügeln kannst, ist für die meisten Kinder eine völlig neue und wichtige Erfahrung.«[23]

Noch einmal: Beziehungen zu schwierigen Schülern aufzubauen und zu pflegen bedeutet, jeden Tag neu zu beginnen, auch Verletzungen und Kränkungen ruhen zu lassen. Es bedeutet, immer wieder nach dem Vorbild des Jesus von Nazareth den totalen Neuanfang wagen. »Ich begegne dir neugierig!« Dabei wird es auch wichtig sein, dem Humor Raum zu geben, der viele Situationen entschärfen kann und uns helfen könnte, manches nicht so wichtig zu nehmen. Kinder empfinden es als zauberhaft, wenn Erwachsene mit ihnen lachen und nicht über sie, wie sie es zu Hause so oft erleben.

Regeln etablieren

Zu Ritualen und Regeln finden sich im zweiten Band dieser Buchreihe[24] ausführliche Hinweise. Die Regeln werden gemeinsam mit der Klasse am Schuljahresanfang vereinbart und gelten von da an als objektiv. Sie können von allen Kinder immer wieder eingefordert werden. Es liegt also nicht am Gusto von L., ob Regeln gelten oder nicht, sondern Regeln sind das Geländer, das allen Kindern Sicherheit ermöglicht und sie vor Leid im Unterricht schützen soll: »Frau Buck, mir ist es zu laut, ich habe heute Kopfweh.« »Der Thomas war schon dran, gell Frau Buck, erst müssen die anderen noch an die Reihe kommen.« …

Kindgemäße Dramaturgie des Unterrichts

Der Spannungsbogen des Unterrichts muss sich an den Kindern orientieren und nicht am vorher zurecht gelegten Unterrichtsplan. Einige Kriterien kann man allerdings schon in der Gestaltungsplanung berücksichtigen:
Lebhafte und ruhige Phasen müssen sich abwechseln. Keine langatmigen Monologe. Spielerklärungen müssen knapp und übersichtlich sein. Nonverbale Aufmerksamkeitsfänger sind zu bevorzugen! (Siehe Kapitel 4). Der Einstieg in jedes neue Unterrichtselement sollte über einen kurzen Wahrnehmungsreiz erfolgen statt über eine ausführliche verbale Erklärung.

Beispiele:
- *Ein Geräusch hörbar machen.* »Woran erinnert euch das?«
- *Einen Beutel herumreichen, in dem ein Gegenstand versteckt ist.* »Nicht verraten, nur fühlen. Wenn alle getastet haben, sprechen wir darüber.«
- *Eine pantomimische Bewegung vorführen.* »Ratet mal. Erkennt ihr es?«
- *Mit einem Reim, zu dem man rhythmisch klatscht, beginnen.* Ihn wiederholen, bis er allen geläufig ist.
- *Ein Rätselzeichen an die Tafel malen.*
- *Einen Gegenstand in die Mitte stellen,* der in einer Erzählung eine Rolle spielt.

u.v.m.

Wenn beim Gespräch Unruhe aufkommt, weil einige den anderen nicht mehr zuhören können, könnte man mit einem gestisch und rhythmisch begleiteten Lied (körpereigene Instrumente) eine kurze Zäsur setzen und mit einer knappen Impulsfrage das Gespräch wieder in Gang setzen.

Der Wechsel von besonders lauten und bewegten Phasen zu ruhigen, spürenden Unterrichtsprozessen ist am ehesten geeignet, den kindlichen Aufmerksamkeitsspannen gerecht zu werden.

Beispiel:

Die Geschichte vom brennenden Dornbusch wird mit folgendem Bewegungsspiel bearbeitet:
In die Mitte werden verschiedene Gegenstände gelegt (Stifte, ein Schwamm, vielleicht ein paar Steine, kleine Äste…). Die Gegenstände werden mit einem Tuch überdeckt, dazu wird in eine Vase ein Dornzweig gestellt.
Jeweils vier bis fünf Kinder durchlaufen folgenden Spielablauf: L.: »Solange ich auf meiner Trommel spiele, stampft und trampelt ihr durch das Klassenzimmer. Wir erinnern uns daran, dass auch Mose in unserer Geschichte oft jähzornig durchs Leben getrampelt ist. Wenn die Trommel schweigt, bleibt ihr stehn und lauscht.« Laut und lebhaft geht es zu, bis der Trommelklang verstummt.
L. flüstert: »Jetzt kommt zum Dornbusch, zieht eure Schuhe aus, stellt euch vorsichtig auf das Tuch und fühlt mit euren Füßen. Ja, als der Mose seine Schuhe ausziehen musste, hat er plötzlich den Wüstenboden gespürt, den Sand, kleine Steinchen, nichts mehr mit ‚durchs Leben trampeln', ganz feinfühlig werden seine Füße, er staunt und lauscht, wie Gott zu ihm spricht.« …

Stimme und Ausstrahlung von L.

Auch die Klangfarbe der Sprechstimme von L. hat Einfluss auf die Reaktion schwieriger Kinder und auf die Disziplin der Klasse. Kinder sind Seismografen für den Anspannungsgrad und die Stimmung von L. Verkrampfte L., die mit hochgezogenen Schultern, vorgestrecktem Kopf und enger, zu hoher Stimme sprechen, übertragen ihre Überspannung auf die Kinder. Kinder atmen mit und imitieren unbewusst ihre erwachsenen Vorbilder. Nur so können sie ja ihre familientypischen Dialekte, Klangfarben und Gangarten bis hin zur Mimik übernehmen. Auch L. haben daran ihren Anteil.

Aber auch Unterspannung, Kraftlosigkeit, zu leise und undeutlich artikulierte Sprechweise sowie uneindeutige Körperhaltung irritieren Kinder, und das kann sie dazu bringen überzureagieren.

Und versteckte Aggressionen von L. wirken sich besonders nachteilig aus: Wenn L. sich innerlich ärgert, aber nach außen lächelt und sagt: »Würdet ihr jetzt bitte leise sein?«, dann überträgt er mit Sicherheit seine Aggressionen an die Kinder, die sie dann weniger versteckt wieder zutage treten lassen. Ärger muss sichtbar werden. Es ist für die Kinder authentischer, wenn sich L. stattdessen mit beiden Beinen fest auf den Boden stellt, ihnen im wörtlichen Sinne die Stirn bietet und ernst, durchaus auch mit schärferer Stimme z.B. auf Regel Nr. 1 verweist: »Für alle gilt: Wir hören einander zu. Wer etwas sagen möchte, meldet sich. Jetzt habe ich die Ines nicht verstehen können. Marcus, du schweigst jetzt! So, bitte Ines, erzähl' noch einmal.«

Räumliche Übersichtlichkeit

Auch die Sitzordnung kann Unruhe stiftend wirken. Ist sie zu unübersichtlich? Kann ich vielleicht nicht mit allen Kindern Blickkontakt aufnehmen? Wirkt das Mobiliar zu unruhig? Wie können wir das Klassenzimmer klarer strukturiert einrichten? Ist vielleicht die Akustik zu hallend? Sollte man mehr schallschluckende Textilien in den Raum bringen? Man könnte z.B. einen kleinen Teppich in die Mitte des Sitzkreises legen…

Die Eigenheiten von Jungen und Mädchen berücksichtigen

Jemand hat einmal die Jungen als »die letzten Indianer unserer Gesellschaft« bezeichnet. Jungen definieren sich in der Gruppe über die alten archaischen Männereigenschaften: Körperkraft, Körpergeschicklichkeit, Aggression, Schnelligkeit und Mut. Daran hat keine Emanzipationsbewegung etwas ändern können. Manche Buben suchen ihre Identität schwerpunktmäßig in einer Sportart wie z.B. Fußball oder Karate, in der sie diese archaischen Eigenschaften leben können. Rangordnungen werden immer wieder über Ringkämpfe neu geordnet. Unterlegen zu sein ist für die meisten Jungen eine existenzielle Katastrophe. Selbst die nachdenklicheren oder auch die unsicheren oder sportlich ungeübten Buben können sich dem nicht entziehen, denn sie werden von ihresgleichen gnadenlos nach den alten »Jägerkriterien« beurteilt.

Die Abgrenzung von den Mädchen wird besonders ab der zweiten, dritten Jahrgangsstufe intensiv und plakativ betrieben. Von allen muss jederzeit gesehen werden, dass man sich vom andren Geschlecht distanziert. »Frau Buck, ich muss dir ein Geheimnis verraten,« flüstert mir der 8-jährige Justus zu, »alle Mädchen sind plemplem!« Jungen und Mädchen wollen sich bei Kreis-Tänzen nicht an den Händen fassen, das ist die Regel und das ist normal.

(Übrigens: Das Tanzspiel mit Musik lieben die meisten Mädchen und sie leiden sehr darunter, wenn es von Jungen gestört wird. Und so empfiehlt es sich, zumindest beim Tanzen die Geschlechter zu trennen. Z.B. können zuerst die Mädchen das Tanzspiel durchführen und die Jungen begleiten mit Rasseln, Trommeln oder Kastagnetten, anschließend tanzen jene Jungen, die möchten, und die übrigen Kinder unterstützen wieder die Musik mit Rhythmusinstrumenten.)

»Iiii, ich fass doch keine Mädchen an.« – Den Kampf gegen solche Ausrufe aufzunehmen, bringt meiner Erfahrung nach wenig. Auch wird es immer wieder heißen: »Ha, ha, ha, der … sitzt neben einem Mädchen!« Unbenommen davon finden viele dieser Jungen Gefallen an einzelnen Mädchen und möchten gerne mit ihnen zusammen sein. Nichts aber ist demütigender, als wenn es die anderen Jungen entdecken und es frei herausrufen: »Der Tillman ist in die Sarah verliebt!« Reaktion ist in der Regel eine heftige Schlägerei.

Mädchen sind ja bekanntlich im Durchschnitt die Sprachgewandteren, was das Regeln von Hierarchien, von Spielvereinbarungen oder von Intrigen betrifft. Der Schlägerei von Buben entspricht das verbale Herabsetzen und die wortgewandten Streitereien der Mädchen oder auch das subtile Tuscheln gegen andere.

Es sollte heute selbstverständlich sein, dass Mädchen zu selbstbewussten, den Jungen ebenbürtigen Menschen heranwachsen können. Benachteiligungen, Skepsis und mangelnde Akzeptanz Kindern gegenüber, weil sie Mädchen sind, kann bei keinem Pädagogen mehr toleriert werden. Da liegt noch viel Arbeit vor uns und wir sind noch weit davon entfernt, Mädchen wie Buben gleiche Chancen zu bieten. Ich habe aber den Eindruck, dass man über diesem Bemühen die speziellen Probleme der Jungen aus den Augen verliert. Die archaischen männlichen Grundwerte, von denen sich die Jungen nach wie vor leiten lassen, sind weit, weit von der Wirklichkeitswelt der Erwachsenen entfernt. Was Männlichkeit bestimmt, ist heute so plural und indifferent wie unsere gesamte Gesellschaft. Männliche Vorbilder entziehen sich den Kindern häufig, eine Vielzahl der Jungen wächst ohne Vater auf. Das führt immer wieder dazu, dass Jungen in ihrer Orientierungslosigkeit Fantasievorbilder aus den Medien übernehmen, die allerdings für den Reifungsprozess der Kinder keine Vorlagen anbieten können.

Die Körperorientierung des Bewegten Religionsunterrichts kann zumindest den Jungen, »unseren letzten Indianern«, einen Ort bieten, in dem sie sich mit ihrer dominanten Leiblichkeit angenommen fühlen dürfen. Ihre »Wildheit« zu kastrieren, kann nicht der Wunsch verantwortungsvoller Pädagogen sein.

Und damit beginnen schon Entschärfung und Deeskalation mancher kritischer Unterrichtssituationen, dass ich als L. das »Typische« des Jungeseins zu akzeptieren beginne: Nämlich das Interesse, über die eigene Körperlichkeit sich selbst zu finden.

II Praxis des Bewegten Religionsunterrichts für die dritte und vierte Jahrgangsstufe der Grundschule

Unterrichten ist eine sehr persönliche, individuelle Art, Schülerinnen und Schüler auf ihrem Lernweg helfend zu begleiten. Jeder Unterricht trägt die typische Handschrift der Lehrerpersönlichkeit. So wird auch der Bewegte Religionsunterricht von L. zu L. ganz unterschiedlich angeboten werden. Die vorliegenden Stundenbeispiele sollen Anregungen geben und die eigene Fantasie der Unterrichtenden beflügeln. Alle Beispiele sind in jahrgangsübergreifenden Unterrichtssituationen in Schulklassen von überschaubarer Größe erprobt worden. Für Klassen von über dreißig Kindern müssten etliche der Spielvorschläge modifiziert werden.

Die Inhalte der vorliegenden Stundenbeispiele orientieren sich an den Lehrplänen mehrerer Bundesländer Deutschlands und Österreichs für den evangelischen Religionsunterricht (siehe Anhang).

Die Stundenbilder sind nicht speziell entweder für die dritte oder die vierte Jahrgangsstufe ausgewiesen, da in den verschiedenen Bundesländern Themenzyklen einzelner Jahrgangsstufen jeweils anders aufeinander aufbauen.

In manchen der vorliegenden Unterrichtsentwürfe greift »*Tilly*« in das Gespräch zwischen Kindern und L. ein (Im Folgenden durch angezeigt). Dabei handelt es sich um eine Puppenfigur (Handpuppe oder Tütenpuppe), die eine eigenständige Rolle als kritische, neugierige Impulsgeberin spielt. (Näheres dazu im ersten Band »Bewegter Religionsunterricht«, S.32.)

1. Ermutigung und Selbstvertrauen

➪ **Didaktischer Hinweis.** Das Märchen von den Bremer Stadtmusikanten passt in unsere Zeit, als wäre es für unsere Leistungsgesellschaft eigens gedichtet worden. Weil sie nicht mehr genügend Leistung erbringen, werden die vier Tiere sozusagen ausgemustert. Sie sind »nicht mehr gefragt«, man hat sie »abgeschrieben«. Und als sie sich zufällig gegenseitig über den Weg laufen, bilden sie aus der Not heraus eine Selbsthilfegruppe. Es ist eines der bekanntesten deutschen Märchen wohl gerade durch die charakteristische Tierpyramide, die überall sofort erkannt wird, selbst wenn man die Handlung des Märchens nicht mehr so genau kennt. Dieses vertraute Bild wird zum Einstieg einer Themenreihe, die sich mit der Frage beschäftigt: Selbstvertrauen – schön und gut. Aber was ist, wenn ich mich selbst nicht so großartig finde, wenn ich auch nicht den Erwartungen der Umgebung entspreche – wenn ich mich als Versager erlebe – als ungenügend? Es fällt oft schwer, dieses reale Gefühl vor sich selbst und vor anderen zuzugeben. Dabei bestimmt es oft ganz erheblich das Verhalten vieler Kinder und auch Erwachsener im Umgang mit ihren Mitmenschen.

In der Erfahrungswelt des christlichen Glaubens öffnet sich ein Freiraum, in dem man Schwächen vor sich selbst zugeben darf ohne die Angst, »ausgemustert« zu werden. Im Gegenteil, Gott gibt sich als einer zu erkennen, der gerade auf der Seite der Schwachen steht. Die Kinder werden diesen Zuspruch als das Erkennungszeichen christlicher Botschaft erleben: »Und wenn du an dir nichts Schönes finden kannst: Für Gott bist du jemand Besonderes. Du bist ihm wert, dass er dich total liebt.« Diese Liebesgeschichte ahnend zu begreifen ist der Boden, auf dem Selbstvertrauen wachsen kann. [25]

1.1. Die Bremer Stadtmusikanten: Vier, die keiner brauchen konnte

Material. Evtl. pro Kind ein Zettelchen oder Kärtchen, das mit einem Tiernamen der Bremer Stadtmusikanten beschriftet ist (Es geht aber auch ohne – siehe unten). Rassel, Schlaghölzchen, Handtrommel, Altxylophone, pro Kind ein DIN A4-Bogen dunkles Tonpapier und je ein weißes DIN A4-Blatt, Scheren, Kleber.

Akustisches Bewegungsspiel. Von Kinder- und Familienfreizeiten bekannt und beliebt ist das lebhafte Tierstimmenspiel »Bremer Stadtmusikanten«: Jedes Kind bekommt einen der vier Tiernamen zugewiesen (Esel, Hund, Katze, Hahn). Die Namen müssen aber geheim verteilt werden. So kann L. jedem Kind das jeweilige Wort ins Ohr flüstern. Oder es werden Kärtchen verteilt, die jeweils mit einem Tiernamen beschriftet sind. Jede Tiersorte wird gleichmäßig vergeben.

Nun müssen sich die Kinder nach dem Startsignal zu Formationen der Bremer Stadtmusikanten zusammenfinden – und zwar nur, indem sie ihre Tierstimme ausstoßen. Menschliche Sprache ist verboten. Die Gruppen suchen und finden sich also nur über ihr »I-Ah«, »wau«, »miau« oder »kikeriki«. Jede Gruppe, die sich findet, bildet die berühmte Tierpyramide: Zuunterst sitzt das »Esel«-Kind auf seinem Stuhl. Ihm auf dem Schoß sitzt der »Hund«, auf dessen Schoß die »Katze« und ganz oben sollte dann der »Hahn« Platz nehmen. Bleiben Kinder übrig, weil die Klasse nicht durch vier teilbar ist, bilden sie, notfalls mithilfe von L., das Räuberhaus.

Bei diesem lauten und lustigen Spiel ist es besonders wichtig, ein Schlusszeichen zu vereinbaren, noch bevor das Spiel selbst erklärt wird. Dieses Schluss-Signal bringt alle dann wieder zur Ruhe und auf ihre eigenen Plätze zurück.

Erzählung. Die Bremer Stadtmusikanten[26]:
Es hatte ein Mann einen Esel, der schon lange Jahre unverdrossen die Säcke zur Mühle getragen hatte, dessen Kräfte aber nun zu Ende gingen, sodass er zur Arbeit immer untauglicher wurde. Da dachte der Herr daran, ihn aus dem Futter zu schaffen. Aber der Esel merkte, dass kein guter Wind wehte, lief fort und machte sich auf den Weg nach Bremen; dort, meinte er, könnte er ja Stadtmusikant werden. Als er ein Weilchen gegangen war, fand er einen Jagdhund auf dem Wege liegen, der jappte wie einer, der sich müde gelaufen hat.

»Nun, was jappst du so, Packan?«, fragte der Esel. – »Ach«, sagte der Hund, »weil ich alt bin und jeden Tag schwächer werde und auch für die Jagd nicht mehr tauge, hat mich mein Herr totschlagen wollen. Da hab ich Reißaus genommen. Aber womit soll ich nun mein Brot verdienen?« – »Weißt du, was«, sprach der Esel, »ich gehe nach Bremen und werde dort Stadtmusikant. Geh mit und lass dich auch bei der Musik annehmen. Ich spiele die Laute und du schlägst die Pauke.« Der Hund war's zufrieden, und sie gingen weiter.

Es dauerte nicht lange, so saß da eine Katze an dem Weg und machte ein Gesicht wie drei Tage Regenwetter. »Nun, was ist dir in die Quere gekommen, alter Bartputzer?«, sprach der Esel. – »Wer kann da lustig sein, wenn's einem an den Kragen geht«, antwortete die Katze, »weil ich nun alt bin, meine Zähne stumpf werden und ich lieber hinter dem Ofen sitze und spinne, als nach Mäusen herumzujagen, hat mich meine Frau ertränken wollen. Ich habe mich zwar noch fortgemacht, aber nun ist guter Rat teuer: Wo soll ich hin?« – »Geh mit uns nach Bremen, du verstehst dich doch auf die Nachtmusik, da kannst du ein Stadtmusikant werden.« Die Katze hielt das für gut und ging mit.

Darauf kamen die drei Landesflüchtigen an einem Hof vorbei, da saß auf dem Hof der Haushahn und schrie aus Leibeskräften. »Du schreiest einem durch Mark und Bein«, sprach der Esel, »was hast du vor?« – »Weil morgen zum Sonntag Gäste kommen, so hat die Hausfrau doch kein Erbarmen und hat der Köchin gesagt, sie wollte mich morgen in der Suppe essen, und da soll ich mir heut Abend den Kopf abschneiden lassen. Nun schrei' ich aus vollem Halse, solang ich kann.« – »Ei was, du Rotkopf«, sagte der Esel, »zieh lieber mit uns fort, wir gehen nach Bremen, etwas Besseres als den Tod findest du überall. Du hast eine gute Stimme, und wenn wir zusammen musizieren, so wird es gut klingen.« Der Hahn ließ sich den Vorschlag gefallen und so gingen alle vier zusammen fort.

Stadtmusikantenrap. In einer Formation, die der Reihung der Bremer Stadtmusikanten ähnelt, bauen sich die Kinder zu einem Kreis geordnet auf: Auf Stühlen stehend (Hahn), auf dem Boden stehend (Katze), kniend (Hund) und auf dem Boden sitzend (Esel).

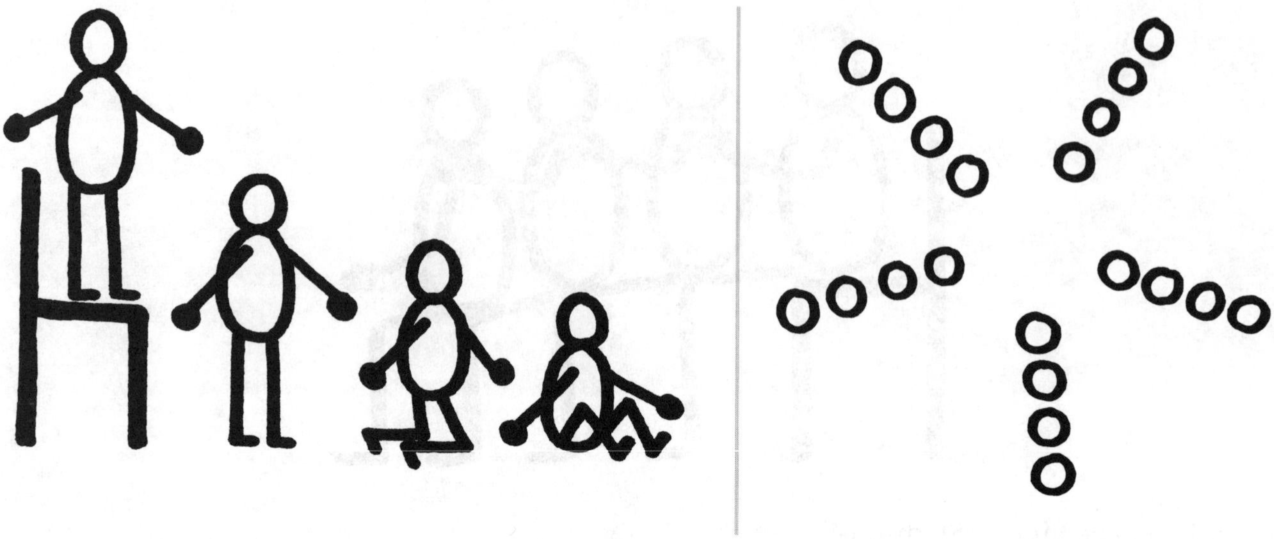

Kinder, die übrig bleiben, setzen sich in die Mitte und spielen im Taktmetrum mit Instrumenten des kleinen Schlagwerks. Alle klatschen bzw. patschen mit den Händen auf den Boden und sprechen im Rap-Stil, L. spricht vor, die Kinder wiederholen Zeile für Zeile folgenden Vers[27]:

Ich bin zu **gar** nichts **zu** gebrau**chen**, :II
— • • — — — — —

würde am **lieb**sten **un**ter**tau**chen. :II
• • — — — — — — —

Wenn es heißt »Geh **weg**!«, ° :II
• • • • — °

tut man **so**, als **wä**re ich **Dreck**. ° :II
— — — — • • — — °

Gibt es irgend**je**mand, ° **der** mich einfach **mag**? :II
• • • • • • ° • • • • —

Und **kommt** für **mich** einmal ein **bes**serer **Tag**? :II
— — — • • • • • • —

L.: »Man hat den Esel einfach nicht mehr gebraucht. ‚Weg mit ihm!', hat man gesagt. Und so müssen jetzt die Kinder, die an vorderster Stelle sitzen, ihren Platz verlassen, die drei dahinter rutschen nach, dann wird der Stuhl an letzter Stelle frei für die Kinder, die von ihrem Platz vertrieben wurden.«

Wieder wird der Rap-Text mit Vorsprecher und Echo-Chor gesprochen, bis erneut die vordersten Kinder von ihrem Platz »verjagt« werden und die dahinter Aufgereihten nachrutschen usw. – bis alle einmal durchgewechselt haben.

Erzählung.
L.: »Weiter geht es mit dem Märchen!«
Sie konnten aber die Stadt Bremen in einem Tag nicht erreichen und kamen abends in einen Wald, wo sie übernachten wollten. Der Esel und der Hund legten sich unter einen großen Baum, die Katze und der Hahn setzten sich in die Äste, der Hahn aber flog bis in die Spitze, wo es am sichersten für ihn war. Ehe er einschlief, schaute er sich noch einmal nach allen vier Windrichtungen um und sah in der Ferne ein Fünkchen brennen. Er rief seinen Gesellen zu, es müsste nicht gar weit ein Haus sein, denn es scheine ein Licht. Da sprach der Esel: »So wollen wir uns aufmachen und hingehen, denn hier ist die Herberge schlecht.« Der Hund meinte: »Ein paar Knochen und etwas Fleisch dran täten mir auch gut.« Also machten sie sich auf den Weg nach der Gegend, wo das Licht war, und sahen es bald heller schimmern, und es wurde immer größer, bis sie vor ein hell erleuchtetes Räuberhaus kamen. Der Esel, als der Größte, näherte sich dem Fenster und schaute hinein. »Was siehst du, Grauschimmel?«, fragte der Hahn. – »Was ich sehe? Einen gedeckten Tisch mit gutem Essen und Trinken, und Räuber sitzen daran und lassen sich's wohl sein.« – »Das wäre was für uns«, sprach der Hahn. »Ja, ja, ach, wären wir da!«, sagte der Esel. Da ratschlagten die Tiere, wie sie es anfangen müssten, um die Räuber hinauszujagen, und fanden endlich einen Weg. Der Esel musste sich mit den Vorderfüßen auf das Fenster stellen, der Hund auf des Esels Rücken springen, die Katze auf den Hund klettern, und endlich flog der Hahn hinauf und setzte sich der Katze auf den Kopf. Wie das geschehen war, fingen sie alle auf ein Zeichen an, Musik zu machen: Der Esel schrie, der Hund bellte, die Katze miaute, der Hahn krähte. Dann stürzten sie durch das Fenster in die Stube hinein, dass die Scheiben klirrten. Die Räuber fuhren bei dem entsetzlichen Geschrei in die Höhe, meinten nicht anders, als ein Gespenst käme herein, und flohen in größter Angst in den Wald hinaus. Nun setzten sich die vier Gesellen an den Tisch, nahmen mit dem vorlieb, was übrig geblieben war, und aßen, als wenn sie Wochen hungern sollten.

Wie die vier Spielleute fertig waren, löschten sie das Licht aus und suchten sich eine Schlafstelle, jeder nach seiner Natur und Bequemlichkeit. Der Esel legte sich auf den Misthaufen, der Hund hinter die Tür, die Katze auf den Herd bei der warmen Asche und der Hahn setzte sich auf den Hahnenbalken; und weil sie müde waren von ihrem langen Weg, schliefen sie auch bald ein. Als Mitternacht vorbei war und die Räuber von weitem sahen, dass kein Licht mehr im Haus brannte und auch alles ruhig schien, sprach der Hauptmann: »Wir hätten uns doch nicht sollen ins Bockshorn jagen lassen«, und hieß einen von seinen Gesellen hingehen und das Haus untersuchen. Der Räuber fand alles still, ging in die Küche, ein Licht anzuzünden, und weil er die glühenden, feurigen Augen der Katze für glosende Kohlen ansah, hielt er ein Schwefelhölzchen daran, dass es Feuer fangen sollte. Aber die Katze verstand keinen Spaß, sprang ihm ins Gesicht, spie und kratzte. Da erschrak er gewaltig, lief und wollte zur Hintertür hinaus, aber der Hund, der da lag, sprang auf und biss ihn ins Bein, und als er über den Hof an dem Misthaufen vorbeirannte, gab ihm der Esel noch einen tüchtigen Schlag mit dem

Hinterfuß. Der Hahn aber, der von dem Lärm aus dem Schlaf geweckt und munter geworden war, rief vom Balken herab: »Kikeriki!« Da lief der Räuber, was er konnte, zu seinem Hauptmann zurück und sprach: »Ach, in dem Haus sitzt eine gräuliche Hexe, die hat mich angepfaucht und mir mit ihren langen Fingern das Gesicht zerkratzt. Und vor der Tür steht ein Mann mit einem Messer, der hat mich ins Bein gestochen. Und auf dem Hof liegt ein schwarzes Ungetüm, das hat mit einer Holzkeule auf mich losgeschlagen. Und oben auf dem Dache, da sitzt der Richter, der rief: ‚Bringt mir den Schelm her!' Da machte ich, dass ich fortkam.«

Von nun an getrauten sich die Räuber nie mehr in das Haus. Den vier Bremer Musikanten gefiel's aber so gut darin, dass sie nicht wieder heraus wollten.

Miteinander singen und musizieren. Vom Lied »Die Bremer Stadtmusikanten« von Hans Poser singen die Kinder zunächst folgenden Vers (Melodie siehe unten) und dann die Originalstrophen von H. Poser:

1. *Wir sind die wohl bekannten*
   ausgedienten Querulanten.
   Unser Leben ist nun eben
   andren keinen Pfennig wert.
   Keiner will uns sehen,
   lasst uns gehen, hört:
   I-a, wau wau, i-a, wau wau,
   miau, kikriki!

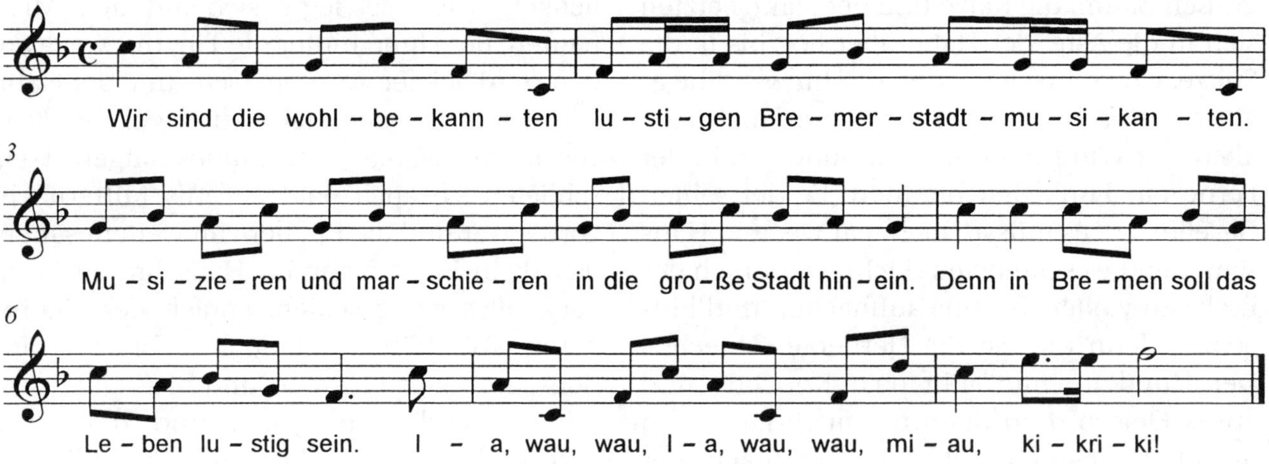

Begleitform mit dem Xylophon:

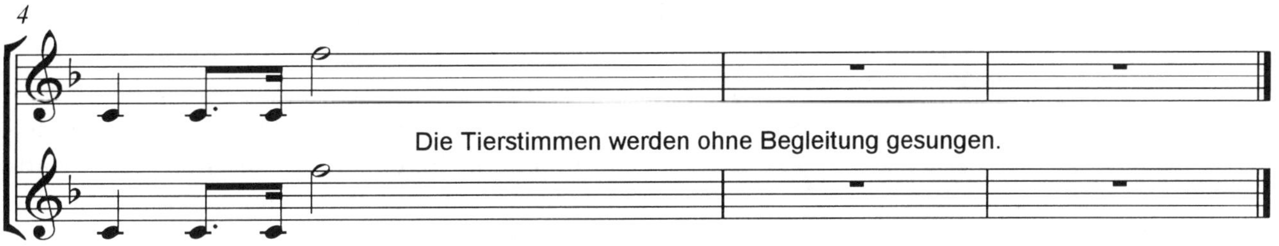

3. *Wir sind die wohl bekannten,*
lustigen Bremer Stadtmusikanten!
(Esel) *Muss mich plagen,*
Säcke tragen
und darf niemals müßig sein.
Doch in Bremen soll das
Leben lustig sein. I-a, wau wau…

4. … (Hund) *Muss stets bellen,*
Räuber stellen
und darf niemals schläfrig sein…

5. … (Katze) *Muss mich plagen,*
s'Mäuslein jagen,
und wär es auch noch so klein…

6. … (Hahn) *Muss mich schinden*
und verkündigen
schon den ersten Sonnenschein…

Text und Melodie: Hans Poser, von der Fidula-CD 4408 »Märchenlieder und Songs für Kinder«, Fidula-Verlag, Boppard/Rhein und Salzburg

Gespräch. Tilly: »Na, das hat mich ja ziemlich an gestern erinnert, euer Märchen von den alten Tieren: Meine Schwester sollte mir nämlich helfen, mein Zimmer zu entrümpeln. Und da nimmt sie doch tatsächlich meinen alten Stoffesel und sagt: ‚Der sieht ja völlig vergammelt aus! Den hast du doch schon ewig. Also den müssen wir wegschmeißen.' Ich kann euch sagen, ich hab meiner Schwester was gehustet! Von wegen! Meinen alten Stoffesel wegschmeißen! ‚Da können wir dich auch gleich wegschmeißen, weil du zurzeit Pickel im Gesicht hast und letztes Jahr in der Schule sitzen geblieben bist!', hab ich zu ihr gesagt. Da ist sie beleidigt abgezogen.« L.: »Na, wer wäre da wohl alles auf der Abschussliste, wenn es danach ginge: Nur wer schön ist, und wer viel leistet, nur der wird akzeptiert? Zählen wir mal zusammen auf?«

Heftwerkstatt. Aus dunklem Tonpapier schneidet jedes Kind die Umrisse der Bremer Stadtmusikanten als Scherenschnitt. Im Unterrichtsheft wird eine rechte Heftseite ausgelassen und auf die Rückseite dieser leeren rechten Heftseite werden die Figuren aufgeklebt. Auf die leer gebliebene rechte Heftseite schreiben die Kinder:

Rätsel: *Wer ist das? Vier, die niemand mehr haben wollte. Sie sind Freunde geworden und haben sich dann eben gemeinsam das Leben schön gemacht. (Auflösung: Halte diese Seite gegen das Licht und du weißt, wer gemeint ist.)*

Die Seite mit den aufgeklebten Tieren wird dann mit einem weißen DIN A4-Blatt überklebt, sodass der Scherenschnitt nur im Gegenlicht sichtbar wird und ansonsten verborgen bleibt.

1.2. Gott steht auf der Seite der Schwachen

Material. Xylophon und Instrumente des kleinen Schlagwerks. Pro Kind mindestens ein DIN A4-Papierbogen, evtl. Zeitungspapier, einige Sicherheitsnadeln, pro Kind ein Getreidehalm oder ein Schilfstängel oder ein Schaschlikspießchen aus Holz, pro Kind ein Stück selbstklebende Klarsichtfolie. Evtl. Tischdecke, Blumen, Kerzen, Schalen mit Obst und Gebäck, Saftbecher, Mineralwasser oder Limonade, Tonträger mit folkloristischer Tanzmusik.

Miteinander singen und musizieren. Die Kinder wiederholen die erste und zweite Strophe des Liedes von den Bremer Stadtmusikanten und musizieren dazu mit Xylophonen und Schlagwerk-Instrumenten.

Symbolspiel. Aus Gegenständen, die sich im Klassenzimmer finden, bauen L. und die Kinder gemeinsam einen »Supermann« oder eine »Superfrau«. Z.B.: L. hält einen Besen verkehrt herum. Über das Bürstenteil des Besens, das nun nach oben zeigt, wird eine Jacke gehängt. Den haarigen Teil kann man aus Hygienegründen zuvor mit Zeitungspapier umwickeln. Als Kopf wird der ausgeleerte Papierkorb übergestülpt. Die Jacke kann mit Sicherheitsnadeln rutschfest befestigt werden. Auf Papierbögen schreiben die Kinder »Supereigenschaften« (Vielleicht wählen die Kinder »stark« oder »schlau«, »schön«, »schnell«, »reich«, »berühmt«, »beliebt« …). Jeweils ein Kind liest eine solche Eigenschaft vor und stopft dann damit Ärmel und Brust der Jacke aus. Ist die Jacke mit allen Eigenschaften gemästet, stehen die Arme prall von der Besenpuppe ab. Man kann den Papierkorb noch mit einem Grinsegesicht versehen (bemalter Papierbogen wird mit Klebstreifen aufgeklebt) und fertig ist der »Supermensch«.

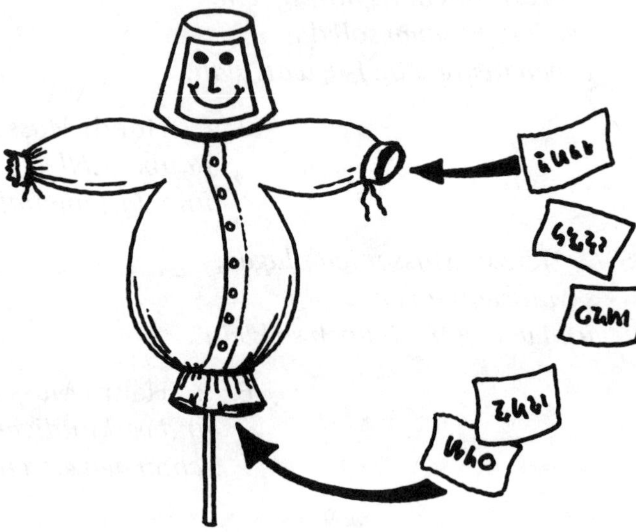

Gespräch. Tilly erzählt von ihrem Wunschtraum: »Einmal in einer Fernsehserie mitspielen, das wäre das Höchste! Ich müsste halt nur ein bisschen abnehmen, 'ne coolere Frisur bräuchte ich natürlich auch und schicke Klamotten. Dann lauf ich durch die Straßen und ein Filmproduzent würde mich sehen und sagen: ‚Genauso jemand wie dich brauche ich für meinen Film.' Also das mit den Klamotten will meine Mama einfach nicht einsehen. Na ja, und meine Zähne sind etwas krumm. Hm, und lange Beine hab ich auch nicht. Und außerdem werd, ich immer rot, wenn ich aufgeregt bin.« L.: »Was meint ihr, wie müsste man sein, dass einen alle toll finden? Also, ein paar Eigenschaften habt ihr dieser Vogelscheuche ja schon in die Ärmel gepackt, dass sie jetzt so dasteht mit stolz geschwellter Brust.« …

Symbolspiel. L.: »Was ist, wenn man nichts von diesen Eigenschaften hat?« Die Kinder ziehen der »Supermann«-Puppe wieder alle Blätter aus der Jacke, sodass die Arme wieder schlaff herunterhängen.

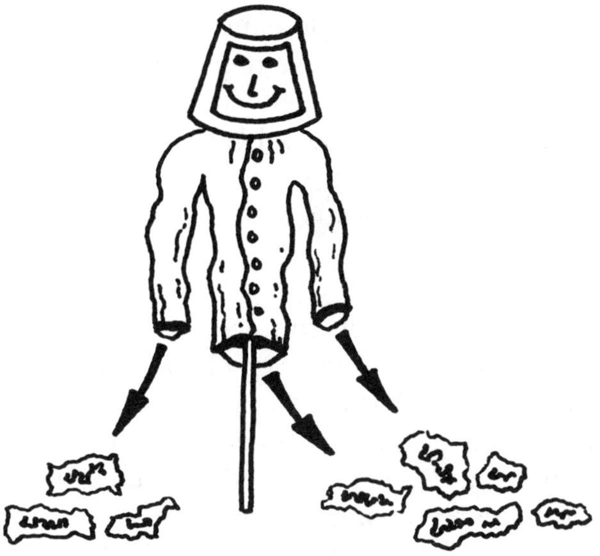

L. hält nun den Besenstiel leicht schief und erzählt dazu: »Gott hat sich die Menschen doch ausgedacht. Vor ein paar tausend Jahren haben Leute aufgeschrieben: ‚Gott machte den Menschen so, dass er ihm ähnlich war.' Wer ist denn ähnlich wie Gott? Ich bin bestimmt kein solcher Supermensch. Wenn wir ein bisschen wie solche Jammerlappen sind (L. hebt einen Ärmel der Puppe hoch und lässt ihn wieder fallen), dann interessiert sich Gott bestimmt nicht mehr für uns. Oder?

Erzählung. Lk 14, 15-24[28]

Sehnsüchtig hebt der Bettler den Kopf und sieht zu den erleuchteten Fenstern hinauf. Musik klingt heraus. »Einmal nur einen Blick in dieses Herrenhaus werfen können…«, murmelt er. Er zieht seinen Mantel fest um seine Schultern. Er sinkt wieder in sich zusammen und schlurft weiter. So braucht er sich kaum zu bücken, wenn er am Boden ein paar Abfälle findet. Manchmal ist etwas dabei, was er essen kann.

»He, du!« Jemand spricht ihn an. Der Bettler zuckt zusammen. Er wendet den Kopf. Da steht ein Diener vor ihm. »Der ist doch aus dem Herrenhaus!« Der Bettler duckt sich. Er wartet auf Schläge. Das ist er so gewohnt. Fast jeden Tag wird er irgendwo verjagt. Meistens von den Dienern reicher Herren. Aber was ist das? Der Diener reicht ihm die Hand, fast bittend! »Komm!«, sagt er und lächelt. »Mein Herr lädt dich ein. Er gibt ein großes Festessen!« Und schon hat der Diener ihm den Arm um die Schultern gelegt und führt ihn zum Tor. Heller Kerzenschein empfängt sie. Der Bettler kneift die Augen zusammen. Da eilt ihm der Hausherr entgegen. Er nimmt die Hände des Bettlers in seine Hände: »Herzlich willkommen! Tritt ein, komm, setz dich. Hier ist dein Platz.« Ein Sessel wird dem Bettler hingeschoben. Langsam setzt er sich. Auf der äußersten Kante bleibt er sitzen. Er schämt sich seiner Lumpen. »Du brauchst dich nicht zu schämen! Hier, iss und trink!« Der Hausherr selbst gießt ihm den Becher voll Wein.

Immer mehr Gäste betreten den Festsaal. Keiner trägt teure Kleider. Geflickte Jacken, manche Hosen zu kurz, schief getretene Schuhe. Mancher ist zu klein gewachsen, manche haben einen krummen Rücken, einer zieht sein gelähmtes Bein nach. Der Bettler kennt sie. Mit dem ganz schüchternen kleinen Mann war er oft am Zaun des Herrenhauses gestanden. »Wir werden da nie dazugehören«, hat der kleine Mann dann immer gesagt, und: »Das ist das Haus für die Reichen und Schönen.«

Aber es sind nicht die Reichen und Schönen, die jetzt der Hausherr alle persönlich willkommen heißt. Nein, der Bettler atmet tief durch: Es sind alles Leute, die im Leben immer nur am Rand gestanden haben.

Stunden später sitzt der Bettler zurückgelehnt im Sessel, als wäre er schon immer hier zu Hause gewesen. Er plaudert angeregt mit dem Hausherrn und seinen Tischnachbarn. Seine Backen sind gerötet vom Lachen und vom roten Wein. Immer wieder nimmt er sich vom gebratenen Lamm, von den Weintrauben und den Feigen, er wippt mit den Fußspitzen im Takt der Musik. Doch ab und zu hält er inne und fährt sich mit der Hand über die Augen: »Träume ich? Ist dieses Fest hier wirklich für mich, für mich, den Bettler? Diese herrlichen Braten, die Kerzen, die Musik, das Lachen des Hausherrn?« Verstohlen wischt er sich die Freudentränen von den Backen.

Gespräch. L.: »Eine solche Geschichte hat Jesus einmal erzählt. Ihr könnt euch vielleicht denken, wen er mit dem Hausherrn gemeint hat? ... In der Bibel steht an vielen Stellen etwas über diese Wesensart von Gott: Wer liest für mich von den beiden Kärtchen die Sätze vor, die ich in meiner Bibel gefunden habe?«

Ein Kind liest die Stelle vor:

> Über Gott wird gesagt:
> »Das geknickte Rohr wird er nicht zerbrechen.«
> (Jes 42, 3a)

L.: »Das geknickte Rohr! Wieder so ein Rätsel. Versuchen wir, es gemeinsam zu lösen...« Mit den Kindern sucht L. Situationen, in denen Menschen davon sprechen, dass sie sich geknickt fühlen. Das Bild eines geknickten Rohres kann vielleicht auch zu folgenden Assoziationen führen: Jemand ist zusammengebrochen, jemand hat keinen Mut mehr, aufrecht durchs Leben zu gehen durch Krankheit, Kränkungen, »Schicksalsschläge«...

Ein anderes Kind liest später das zweite Kärtchen vor:

> In der Bibel sagt Gott von sich:
> »Ich bin größer als das Weltall und wohne im Verborgenen. Und ich wohne bei denen, die sich geknickt, traurig und enttäuscht fühlen. Denn ich will gedemütigte Menschen stärken und Niedergeschlagene ermutigen.«
> (Übertragung von Jes 57, 15b)

Miteinander singen und musizieren.

Das geknickte Rohr — Text/Melodie: Elisabeth Buck

Begleitform mit dem Xylophon:

Heftwerkstatt. Jedes Kind erhält einen Getreidehalm, einen Schilfstängel oder ein Schaschlikspießchen aus Holz. Dieser Halm oder Stängel wird leicht angeknickt, so, dass er zusammenbleibt und nicht in zwei Teile zerbricht. Der geknickte Halm wird ins Heft geklebt und evtl. für eine bessere Haltbarkeit mit einem Stück Klarsichtfolie überklebt. Beschriftet wird diese Seite mit dem Text:

Wer angeschlagen ist oder sich am Ende fühlt, der wird oft von anderen verachtet. Gott ist anders. Er sagt: »Ich bin größer als das Weltall und wohne im Verborgenen. Und ich wohne bei denen, die sich geknickt, traurig und enttäuscht fühlen. Denn ich will gedemütigte Menschen stärken und Niedergeschlagene ermutigen.« *(Übertragung von Jes 57,15b)*

Miteinander feiern. Es wäre schön, wenn sich eine Unterrichtsstunde anschließen könnte, die das »große Gastmahl« in Jesu Gleichnis erlebbar macht mit einem kleinen Klassenfest: Alle Tische werden zu einer großen Tafel zusammengeschoben oder in den Sitzkreis wird ein großes Tischtuch ausgebreitet. Vielleicht können Eltern zum Festessen etwas beisteuern: Obstkörbe, Gebäck usw. Blumen werden auf die Tischdecke gelegt, Teelichter oder Kerzenleuchter gehören dazu, ebenso Saftbecher für Mineralwasser oder Limonade etc. Abschließend, wenn »die Tafel aufgehoben wurde«, könnte man gemeinsam tanzen. (Einen Folkloretanz, den die Kinder bereits kennen, vielleicht auch aus dem Sportunterricht.)

1.3. Gott gibt uns Wind unter unsere Flügel

Material. Pro Kind ein Bogen DIN A4-Papier, ein Rolle Klebstreifen, farbiges Tonpapier, Scheren, Kleber, Rassel, Handtrommel, Glockenspiel

Symbolspiel. Die Kinder basteln aus DIN A4-Blättern Papierflieger. Im freien Spiel testen sie die Flugeigenschaften ihrer Flugzeuge oder sie schießen sie sich gegenseitig zu. Am Ende dieser Spielphase, auf ein vereinbartes akustisches Signal hin, lässt jedes seinen Flieger zu L. segeln, der sie nacheinander mit einem Klebstreifen an der Fensterscheibe befestigt.

Flugzeugfaltanleitung A

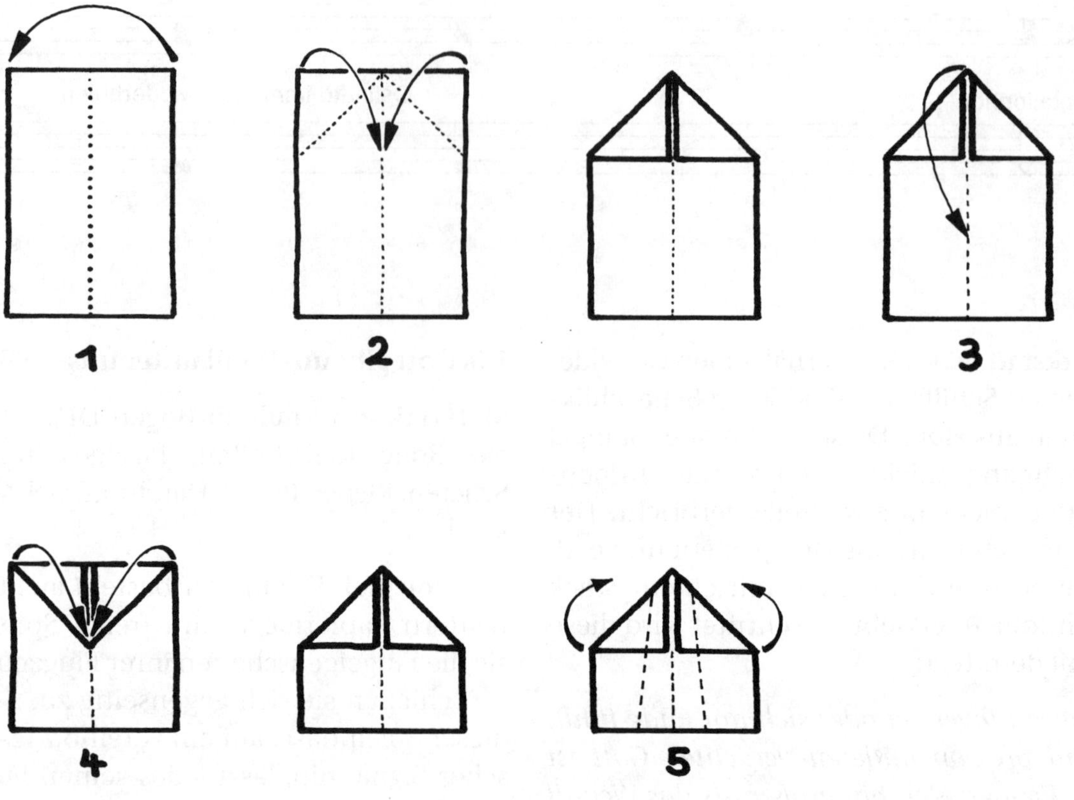

Flugzeugfaltanleitung B

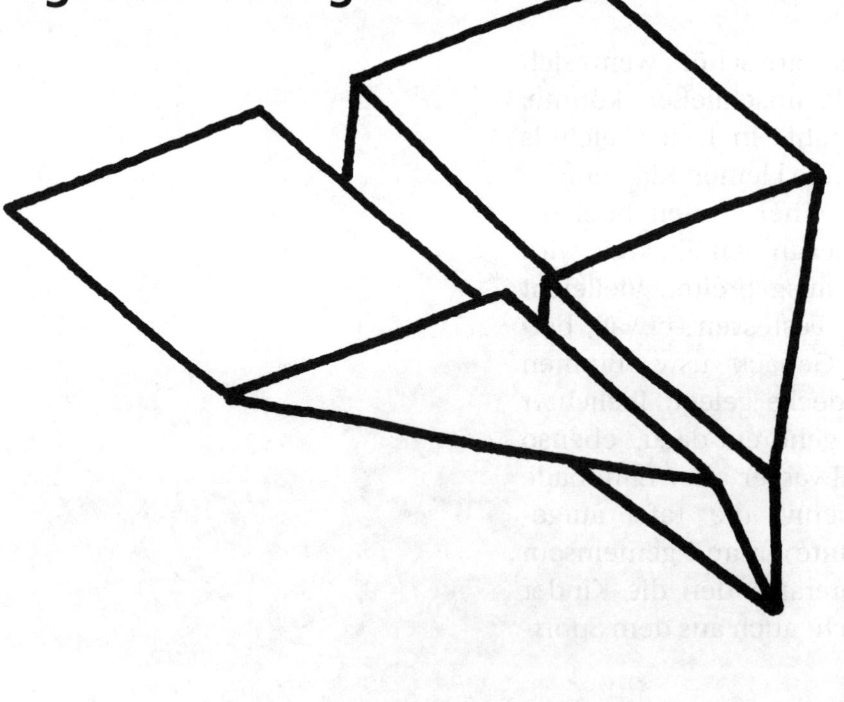

Gespräch. L.: »Habt ihr schon mal Drachenflieger gesehen? … Seltsam ist: An manchen Tagen kommen sie nicht vom Boden hoch und an manchen Tagen segeln sie hoch hinauf. Habt ihr eine Ahnung, woran das liegt? … Unsere Papierflieger sind ja alle irgendwann einmal auf den Boden gestürzt. Das wäre schön gewesen, wenn in unserem Klassenzimmer dann ein kleiner Wind gekommen wäre und hätte unsere Flieger wieder in die Luft gehoben.« …

Erzählung. L.: »Horcht auf, ich erzähle euch eine Fabel aus Afrika: Siwingu, der junge Adler, ist aus dem Nest gefallen. Eigentlich ist er schon fast ausgewachsen, aber er weiß noch nicht, wie das Fliegen geht. Er hat nur ein wenig über den Nestrand sehen wollen und dabei das Gleichgewicht verloren. Nun hockt er unter dem Affenbrotbaum und weiß nicht, wohin. Die Schlange Achjetuk hat ihn längst erspäht und sie kriecht hungrig um ihn im Kreis. ‚Noch ein Weilchen', sagt sie, ‚dann bist du schwach genug, dass ich dich fressen kann. Gib dir keine Mühe, zum Fliegen taugst du nicht…' ‚Aber ich bin doch ein Adler!', flüstert Siwingu voll Angst. ‚Pah!' lacht Achjetuk. ‚Ein Adler, der nicht fliegen kann, ist ein Nichts! Du kannst froh sein, dass du mir wenigstens zur Mahlzeit dienst.' Sie kriecht jetzt schnurstracks auf Siwingu zu und öffnet ihr Maul weit, um ihn zu verschlingen. Der Wind aber hat genug gesehen und gehört. Er schwingt sich herab, bläst dem jungen Adler unter die Flügel und Siwingu erhebt sich mit einem stolzen Schrei in die Luft.«

Gestisch-pantomimisches Spiel. Einzelne Kinder liegen wie der junge Adler Siwingu am Boden. Die Rassel ertönt (gespielt durch ein Kind oder durch L.) und L. spricht dazu: »*Wie sagte doch die Schlange? ‚Gib dir keine Mühe, zum Fliegen taugst du nicht.'*« Die Rassel wird lauter, bis ein frisches Windgeräusch ertönt (Stimme und Reibegeräusch von der Handtrommel) sowie Glockenspielklang-»Wellen«. Der Rasselklang bricht damit abrupt ab und die »Adlerkinder« erheben sich, breiten die Arme aus und laufen mit Flugbewegungen durchs Klassenzimmer. L. singt dazu zur Melodie von »Gott, auch wenn ich schwach bin…« aus der vorhergehenden Unterrichtseinheit:

Flieg mit frischem Wind
unter deinen Flügeln,
flieg und breite deine Schwingen aus.
Flieg mit frischem Wind
unter deinen Flügeln.
Gleite durch die Wolken
und flieg wieder gut nach Haus.

Mit dem Satz »…flieg wieder gut nach Haus« kehren die »Adlerkinder« zu ihrem Stuhl zurück. Das Spiel durchläuft mehrere Durchgänge, bis jedes Kind einmal Adler war und alle das Lied nach und nach mitsingen können.

Gespräch. Tilly erzählt: »Meine Mama sagt immer zu mir, wenn ich über irgendwas frustriert bin: ‚Komm, lass nicht so deine Flügel hängen.' Bin ich dann wie so ein junger Adler, dem der Wind unter den Flügeln fehlt? Kennt ihr das Gefühl überhaupt? Was drückt euch denn so manchmal nieder? … Hm, ganz schön viel, was es alles gibt, das uns den Wind aus den Segeln nimmt. Das wäre ja toll, wenn einfach so ein Wind käme und würde uns anpusten und wir hätten auf einmal wieder neuen Mut. Hey, Frau/Herr … (Name von L.), das wär doch was für deinen Gott, von dem du uns immer erzählst. Macht der nicht sowieso das Wetter?« L.: »Also, Tilly, jetzt mal langsam. So wie du dir das vorstellst – ganz so ist es nicht. Aber wenn ich eins von Gott verstanden habe, dann das, dass er uns bestimmt nicht niederdrücken will, sondern dass er sich wünscht, dass wir flügge werden. Wenn du dir klar machst, dass er dich lieb hat und in allen Schwierigkeiten zu dir hält, dann kann das wie Wind unter deinen Flügeln sein, dann kann dich das mutig machen.«

Miteinander singen und musizieren.

Begleitform wie bei Lied »Gott, auch wenn ich schwach bin«, Seite 47.

Heftwerkstatt. Die Kinder schneiden einen selbstgemalten Adler (oder von Kopiervorlage M1) aus, den sie anschließend nur am Rumpf in ihr Heft kleben, die Flügel müssen beweglich und aufklappbar bleiben. Unter den einen Flügel schreiben sie: *Es gibt vieles, was uns niederdrückt und mutlos macht.* Die Fläche unter dem andren Flügel beschriften sie mit dem Text: *Menschen, die Gott erwarten, kriegen neue Kraft, dass sie auffliegen wie mit Flügeln ein Adler.*

(Nach Jesaja 40, 31a)

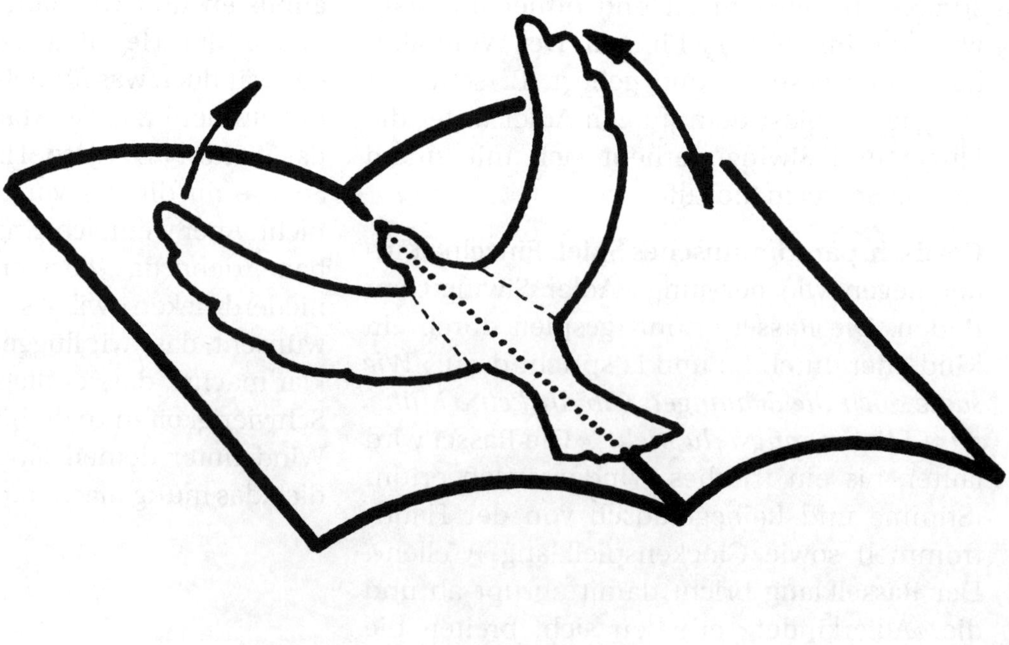

Kopiervorlage M1

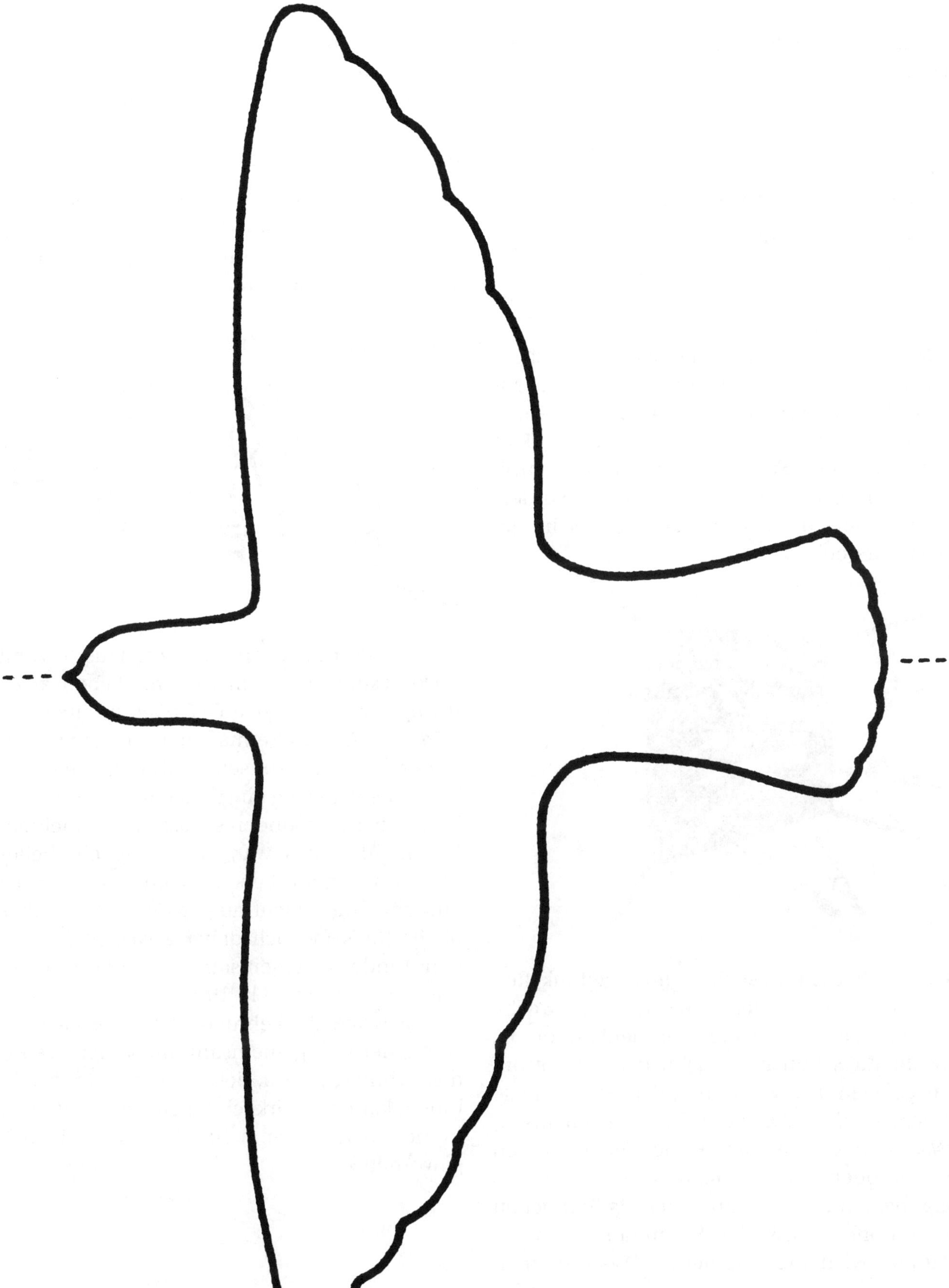

2. Miteinander das Weihnachtslicht entdecken

2.1. Jesus sagt: Ich bin das Licht der Welt (Joh 8, 12)

Material. Taschenlampen, Overheadprojektor, verschiedenfarbiges Transparentpapier, Scheren, Klebestifte, Goldpapier, pro Kind ein schwarzer DIN A4-Tonpapierbogen, Klebstreifen.

Wahrnehmungsspiele (Lichtspiele). Im abgedunkelten Raum (evtl. Medienraum):
- Mit Taschenlampen Lichtkegel über die Decke huschen lassen.
- Mit Transparentpapier das Licht der Taschenlampen farbig erscheinen lassen. Verschiedenfarbige Lichtkegel einander fangen lassen.
- Auf den eingeschalteten Overheadprojektor verschiedene Figuren legen, die aus farbigem Transparentpapier geschnitten wurden. Die Kinder ordnen die Leuchtbilder immer wieder neu an.

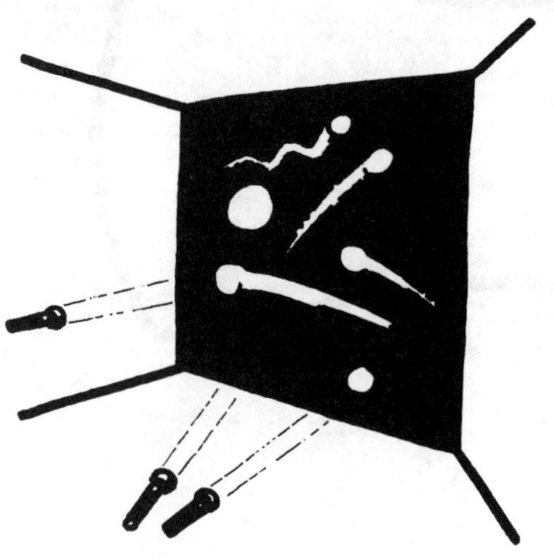

Gespräch. Die Kinder sitzen im abgedunkelten Raum im Kreis. In der Mitte ist eine schwache Lichtquelle (Kerze oder Taschenlampe). L.: »Habt ihr schon mal erlebt, dass der Strom ausgefallen ist, wenn draußen stockdunkle Nacht war? ... Was habt ihr da gemacht? ... Was wäre, wenn man keine Kerzen finden würde oder keine Streichhölzer? ... Also, ich glaube, ich würde dann lieber ins Bett gehen und hoffen, dass der Strom am nächsten Morgen wieder funktioniert. ... Was kann man denn alles nicht mehr machen, wenn alles dunkel ist und man kein Licht hat? ... Mir persönlich ist dann mulmig zumute. Und euch? ... Jedenfalls bin ich sehr froh, wenn mir dann jemand leuchtet. Und ihr?«

Wahrnehmungsspiel. Im abgedunkelten Raum wird aus Stühlen ein Hindernisparcours aufgebaut. Jeweils ein Kind leuchtet mit einer Taschenlampe anderen den Weg, sodass sie ohne anzustoßen durch den Hindernisparcours gelangen können.

Erzählung mit Gespräch. Zachäus erzählt rückblickend, wie sein früheres Leben *zwielichtig* verlief, wie er im »*Trüben* fischte«, wie er *dunkle* Geschäfte machte und wenig Hoffnungs*schimmer* zu sehen waren, weil ihm jeder aus dem Weg ging. Zachäus: »Aber dann ist ja etwas Besonderes passiert in meinem Leben. Also, das war, als würde ein heller Schein in mein Leben fallen und mir ist tatsächlich ein Licht aufgegangen. Wisst ihr's noch? Ihr seid doch dabei gewesen! ...« Mit den Kindern gemeinsam wird der Evangeliumsbericht aus Lk 19,1-10 zusammengetragen, wobei der Lehrer die Rolle des Zachäus spielt, der sich gemeinsam mit seinen Freunden erinnert... »Tja, liebe Freunde, im Nachhinein kann ich wirklich sagen, Jesus hat Licht in mein Dunkel gebracht. Mein Leben ist hell geworden.«

Miteinander singen und Musizieren. EG 268, Vers 1 »Strahlen brechen viele aus einem Licht, unser Licht heißt Christus...«. Licht und Strahlen werden von den Kindern mit Triangeln und Glockenspielglissandi musikalisch ausgedrückt.

Glissando: Gleitend über die Metallplättchen streifen.

Heftwerkstatt. Die Kinder schlagen mithilfe des Lehrers den Vers Joh 8,12 in einer Bibel nach und schreiben ihn an die Tafel. Auf einer Heftseite gestalten sie mit Goldpapier eine Sonne oder Kerzenlicht. Ein schwarzer DIN A4-Tonpapierbogen wird am Innenbruch der Heftseite mit Klebstreifen befestigt. In die schwarze Seite wird ein Loch geschnitten, durch das nun das Goldpapier der darunter liegenden Seite hindurch funkeln kann. Der Bibelvers Joh 8,12 und evtl. der vorhergehende Liedvers werden dazugeschrieben.

Gespräch. Tilly: »So einen Lichtblick könnt ich schon manchmal gebrauchen. Es gibt bei mir Tage, da hab ich lauter dunkle Gedanken. Neulich hab ich in Mathe 'ne Fünf geschrieben. Mein Papa hat gesagt, solang ich net besser werd in Mathe, solang darf ich net zum Fußball Spielen gehn. Dabei weiß ich gar net, wie ich in Mathe besser werden soll. Ich schieb da zurzeit echt keinen Durchblick. Und da spieln die andern jetzt dauernd ohne mich Fußball und ich kann schaun, wo ich bleib. Und wenn dann noch meine Oma ständig an mir herum meckert und meine Katze ein paar Tage nicht mehr heimkommt und ich schon Angst hab, dass sie überfahren worden ist, also dann ist es, wie wenn nur noch dunkle Wolken über mir hängen. Kennt ihr des auch? ... Was macht ihr dann damit? ... Meine Oma sagt manchmal: ‚Wenn du denkst, es geht nicht mehr, kommt irgendwo ein Lichtlein her.' Also mich regt der Spruch fürchterlich auf! Manchmal kommt nämlich kein Lichtlein her! Was denkt ihr da drüber? ...«

2.2. Wir zünden Kerzen an, um uns an das Kommen Jesu zu erinnern

Material. Tonträger, CD oder Kassette mit der Sinfonia aus dem Weihnachtsoratorium von J. S. Bach, BWV 248 (z.B. CD Klassik zum Entspannen 2, Ruhe mit Bach, 1990 The Decca Company Limited, London, 440 082-2, LC 0171), mehrere Kerzen mit Standhaltern, Streichhölzer, Metallophon.

Unterrichtsgang in die Kirche oder zum Schuladventskranz, um von dort aus Kerzenlicht ins Klassenzimmer zu tragen.

Miteinander tanzen. Zur »Sinfonia« aus dem Weihnachtsoratorium von Johann Sebastian Bach tanzen die Kinder im Kreis Seit-Anstell-schritte. In der Mitte stehen mehrere Kerzen. Nach und nach werden einzelne Kinder durch Kopfnicken aufgefordert, eine Kerze nach der anderen anzuzünden. Der Lichtschein in der Tanzmitte verstärkt sich also allmählich.

Erzählung. L. erzählt »das Lumpenpack« aus »Der Heiland ist geboren« von Marta Wild.[29]

Zusammenfassung:

Marie und Klara kommen ganz aufgeregt vom Spielen nach Hause. »Ganz fremde Leute sind bei Meiers eingezogen!«, ruft Marie. »Es ist Lumpenpack!«, kräht Klara dazwischen. »Und wahrscheinlich betteln sie!«, ergänzt Marie. »Aber Kinder, wer sagt denn so etwas?«, fragt die Mutter. Marie und Klara erzählen, dass vor der versammelten Schar der Nachbarskinder ein offener Wagen, beladen mit schäbigen Möbeln, vorgefahren sei. Mit dabei sei eine Familie mit drei Kindern gewesen. Alle Zuschauer hätten ihren Spott über die ärmlich gekleidete Familie ausgegossen, die mit verkniffenen Gesichtern ihre Möbel abgeladen habe. Die Mutter meint, als Marie und Klara fertig erzählt haben: »Denkt, wie es euch zu Mute wäre, wenn wir in ein fremdes Dorf ziehen müssten und ein Haufen Kinder würde um euch herumstehen und unfreundliche Worte sagen!« »Ich würde ihnen die Zunge herausstrecken!«, ruft Klara keck. »Und wir hätten überhaupt kein Lumpenfuder, wir hätten schöne Möbel!« … »Nicht alle Kinder haben Eltern, die genug Geld verdienen, und nicht allen geht es so gut wie euch!«, antwortet die Mutter. Nach diesem Gespräch gehen die Mädchen an ihre Hausaufgaben. Abends, beim Abendessen wird auch dem Vater vom Einzug der fremden ärmlichen Familie erzählt. Der Vater möchte sich beim Vermieter der Familie erkundigen, ob man da nicht vielleicht helfen könne. Am nächsten Tag erfährt der Vater tatsächlich mehr: Die fremde Familie heißt Hermann und sie sind durch eine lange Zeit der Arbeitslosigkeit in die Armut hineingeraten. Jetzt habe Herr Hermann wieder einen Arbeitsplatz und ganz langsam könne es wieder aufwärts gehen. Klara, Marie, Mutter und Vater beschließen, den Hermanns jetzt so kurz vor Weihnachten eine Freude zu bereiten. Mutter kauft rote Wolle, Marie und Klara stricken Fausthandschuhe. Als die Fäustlinge fertig sind, werden sie mit Süßigkeiten gefüllt. Und während dann die Mutter zu Hause den Weihnachtsbaum schmückt, wobei sie die Kinder nicht brauchen kann, geht der Vater mit Marie und Klara zu Hermanns. Einen Korb haben sie dabei mit den Fausthandschuhen für jedes Kind und den Süßigkeiten und der Vater trägt die Geige unter dem Arm. Familie Hermann ist völlig überrascht. Und als die Geschenke übergeben sind, als man miteinander ins Gespräch gekommen ist und miteinander zur Geige ein paar Weihnachtslieder gesungen hat, ist das Eis gebrochen. Hermanns spüren, da gibt es Menschen, denen sie willkommen sind und ihre drei Kinder haben die ersten Freunde gefunden. Nun kann es Weihnachten werden – nein, damit ist es Weihnachten geworden.

Gespräch. Tilly erzählt, dass sie letztes Jahr kurz vor Weihnachten recht unglücklich war, weil sich das spezielle »Weihnachtsgefühl« nicht bei ihr einstellen wollte. »Haben es arme Leute leichter, sich zu freuen? Wie ich klein war, hat meine Oma immer gesagt: ‚Das Schönste an Weihnachten ist, wenn die Kinderaugen so leuchten.' Jetzt sagt sie das nicht mehr. Jetzt beklagt sie sich, dass ich gar nicht richtig dankbar bin an Weihnachten. Hey, was soll das dann sein, das Weihnachtslicht, wenn mir so trübsinnig zu Mute ist? …« Im Gespräch werden ganz »unweihnachtliche« dunkle Situationen zusammengetragen. L. könnte die Kinder darauf aufmerksam machen, dass gerade da Jesus uns ganz nahe sein will. Weihnachten ist nicht ausschließlich da, wo man eine gelungene Familienfeier mit Zimt- und Tannenduft, mit Puppenstube und Herzklopfen erlebt. Sondern Weihnachten ist da, wo man in dunklen Stunden wissen darf: Gott stellt sich auf meine Seite, er liebt mich mit bedingungsloser Zärtlichkeit, ich bin nicht allein. Dann kann es für mich heller werden.

Miteinander singen oder sprechen. EG 16, Verse 1 und 4 (Die Nacht ist vorgedrungen).
Mit einem Bordunklang vom Metallophon zu jedem Taktanfang könnte man die Melodie begleiten. (Beginnt die Melodie mit dem Intervall g - c, wird der *Bordun aus f und c gebildet*, denn dann bewegt sich das Lied in f-Moll bzw. dorisch auf f. Allerdings muss für den Schlusston der Melodie der Bordun verlassen werden. Mit folgenden Klängen zum Schlusston der Melodie endet die Begleitung: g - c als Zusammenklang und dann g - d als Endklang.)

Selbst inszeniertes, thematisch angestoßenes Rollenspiel. Die Kinder entwickeln in Kleingruppen kleine Szenen, in denen dunkle Stunden zum Ausdruck kommen. Für jede Szene wird eine Kerze angezündet.

Beispiele, die als Spielanstoß auf Kärtchen geschrieben an die Kinder verteilt werden könnten:

Eine Familie feiert Weihnachten auf gepackten Kartons. Ihr wurde die Wohnung gekündigt und sie muss in eine viel kleinere und hässlichere Wohnung einziehen. Die Szene beginnt, indem ein Kind fragt: »Mama, wieso haben wir in diesem Jahr keinen Weihnachtsbaum?«

Eine Mutter feiert Weihnachten mit ihren Kindern ohne den Vater, weil der vor kurzem nach vielen Ehestreitigkeiten ausgezogen ist. Die Szene beginnt, indem ein Kind fragt: »Wie soll ich denn meine elektrische Eisenbahn aufbauen. Wieso ist der Papa nicht da?«

Alte Menschen feiern Weihnachten in einem Altenheim und erhalten keinen Besuch von ihren Angehörigen. Die Szene beginnt, indem ein Kind, das einen alten Menschen spielt, sagt: »Jetzt habe ich den ganzen Tag gewartet, dass mein Sohn mich besuchen kommt.«

Eine afrikanische Familie, deren Asylgesuch abgewiesen wurde, feiert Weihnachten in Abschiebehaft. Die Szene beginnt, indem ein Kind sagt: »Ich höre die Glocken läuten. Warum können wir nicht zum Weihnachtsgottesdienst gehen wie letztes Jahr?«

Obdachlose feiern Weihnachten unter einer Brücke. Die Szene beginnt, indem ein Kind sagt: »Früher habe ich auch mit meiner Familie Weihnachten gefeiert. Wie sollen wir denn Weihnachten feiern, wenn wir in keinem Haus wohnen und kein Weihnachtsessen haben?«

Miteinander singen oder sprechen. Die Kinder stehen um die Kerzen im Kreis, fassen sich an den Händen und gehen im langsamen Tempo singend oder den Vers sprechend (EG 16, Verse 1 und 4 mit Ostinato).

2.3. Der Stern zeigt den Weisen den Weg zum Stall (Mt 2,1-12)

Material. Transparentpapier, Scheren, Klebstreifen, pro Kind ein DIN A4-Tonpapierbogen, Gummiringe, »geheimnisvolle« sinfonische Musik (z.B. Arabischer Tanz aus der Nussknacker-Suite op.71a von Peter Tschaikowsky), Tonträger, Metallklinger wie Glockenspiel – Glissandi/Triangel/Fingercymbeln etc., Schlaghölzchen, Holzblock - Trommel oder Kastagnetten, pro Kind ein Stück Goldpapier, Kleber.

Bildnerisches Gestalten. Aus Transparentpapier schneiden die Kinder viele kleine Sterne und kleben sie ans Fenster. Eine Arbeitsgruppe gestaltet einen großen Stern, der sich deutlich von den anderen Sternen unterscheidet. Auch dieser große Stern wird ans Fenster gehängt.

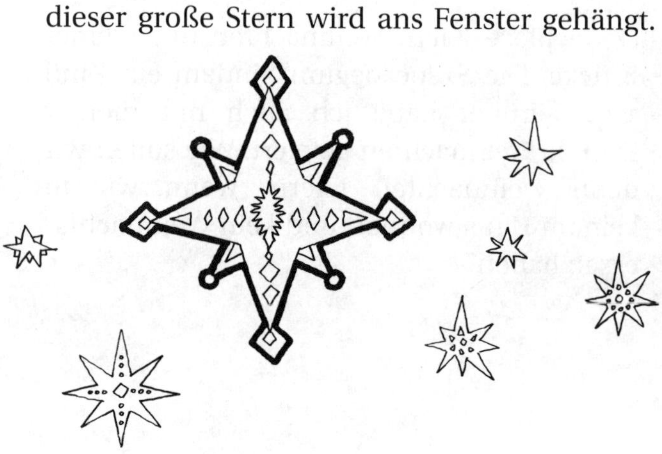

Illustrierendes Rollenspiel. Jedes Kind rollt einen DIN A4-Tonpapierbogen zu einer Röhre zusammen und zieht einen Gummiring darüber. Zu einer geheimnisvollen sinfonischen Musik, die leise im Hintergrund zu hören ist, spielen die Kinder nun Astronomen, die mit ihren Fernrohren den nächtlichen Himmel beobachten. L.: »So, liebe Kollegen, wie jede Nacht gehen wir wieder auf das Dach unseres Hauses. Wir beobachten die Sterne und stellen unsre Berechnungen an.« (Alle betrachten durch ihre Röhren die Sterne am Fenster.) L. regt die Kinder dazu an, sich gegenseitig auf Beobachtungen aufmerksam zu machen: »Oh, seht ihr den Stern rechts oben am Himmel, der war gestern noch etwas tiefer zu sehen. Er wird seine Bahn langsam neben dem kleineren Stern ziehen…«

Erzählung. Haben die Kinder den großen Stern in ihr Spiel mit einbezogen, schließt sich die Erzählung (Mt 2,1-12) im Stuhlkreis an, die weiter gemeinsam gestisch-pantomimisch mit gebärdet wird. Z.B.:

»Tatsächlich, da habt ihr ja einen ganz neuen Stern entdeckt, der ist ja viel größer und heller als alle anderen. Solch einen Stern haben wir noch in keiner Nacht gesehen. Kommt, wir müssen uns zusammensetzen und überlegen, was das zu bedeuten hat! Also, selbst unsre Großväter haben einen solchen Stern nie gesehen. Das kann doch nur bedeuten, dass etwas ganz Besonderes passiert ist. Da muss ein neuer König geboren worden sein. Ein Friedenskönig, der die Welt verändern wird. Was hält uns hier noch, kommt, wir müssen da hin, in genau die Himmelsrichtung, in welcher der Stern steht. Der Stern wird uns führen. Lasst uns packen. Wir beladen unsre Kamele und Pferde mit unserem Gepäck. Ach ja, und natürlich müssen wir dem König Geschenke mitbringen. Was sollen wir ihm schenken? Gold, natürlich. Und edle Gewürze und Kräuter, Weihrauch und Myrrhe. Es wird eine weite Reise.

– Einige Wochen später –

Also, jetzt haben wir den König Herodes in Jerusalem befragt. Wenigstens haben seine Wissenschaftler herausgefunden, dass wir nach Bethlehem müssen. Ein merkwürdiger Mann ist das aber schon, der Herodes! Ganz blass ist er geworden, als wir nach dem neugeborenen König gefragt haben. Und plötzlich hat er ganz freundlich geredet: Wir sollen ihm Bescheid sagen, wenn wir das Kind gefunden haben! Da stimmt doch irgendetwas nicht! Wer weiß, vielleicht hat er Angst, dass ihm dieses Kind den Thron streitig macht..., na ja, jetzt müssen wir aber weiter. Halt, da steht der Stern still – über einem Stall! Was soll das bedeuten, kommt, wir gehen rein! Ja schaut euch das an, da liegt ein Baby in einem Futtertrog, daneben ist seine Mutter... das ist der neugeborene Friedenskönig. Kommt, wir knien nieder vor ihm, gebt ihm unsere Geschenke, Gold, Weihrauch und Myrrhe...«

Miteinander Singen und Musizieren. Die Kinder lernen und singen das Lied EG 52, Verse 1 und 4. (Wisst ihr noch, wie es geschehen?) Sie begleiten das Lied mit Instrumenten, die das Glitzern von Sternen symbolisieren können. (Glockenspiel – Glissandi / Triangel / Fingercymbeln etc.)

Heftwerkstatt. Aus Goldpapier schneiden die Kinder nach der gleichen Technik wie oben einen Stern. Auf dunklen Hintergrund kleben die Kinder den Stern in ihr Heft, daneben malen sie die orientalischen Gelehrten, wie sie die Geschenke bringen. Evtl. kann man auch noch eine Fotokopie von EG 52 einfügen.

Gespräch. Tilly: »Wieso waren die denn mit einem Kind in einem Schuppen zufrieden? Da machen sie so eine weite Reise und bringen Gold mit – und dann sowas! Also ein König in einem Palast würde doch besser passen! In fast jedem Märchen kommt ein anständiger König vor. Die haben sich doch ihre schönen Gewänder in dem Viehstall schmutzig gemacht! Und hingekniet haben sie sich auch noch! Wieso haben die glauben können, dass dieses Baby da der Friedenskönig sein soll? Könnt ihr mir des mal erklären? ... Und warum machen gerade diese Männer sich auf so einen weiten Weg und im Palast in Jerusalem kommt keiner hinter dem Ofen vor? ... Ich frage mich, ob ich damals zu diesem Stall hin gegangen wäre. Und ihr?«

Miteinander singen mit pantomimischem Spiel. Die Kinder singen den 4. Vers des Liedes EG 52. Sie begleiten mit Instrumenten, die das Klappern von Pferdehufen nachahmen (Schlaghölzchen, Holzblocktrommel oder Kastagnetten). Jeweils eine Gruppe von vier bis fünf Kindern spielt dazu als pantomimisches Rollenspiel den Text des Verses mit.

Könige aus Morgenlanden kamen reich
und hoch geritten,
dass sie auch das Kindlein fanden.
Und sie beteten es an
und sie beteten es an.
Text: Hermann Claudius 1939

2.4. Das Licht des Weihnachtssterns bedeutet: Jesus ist für uns geboren, er ist Gottes Geschenk an uns

Material. Eine in Geschenkpapier verpackte Schachtel, pro Kind ein roter Bogen Tonpapier DIN A4 (M2) und je 1/2 m Geschenkband, Scheren, Kleber, eine Futterkrippe oder eine Holzkiste, pro Kind eine Kerze oder ein Teelicht, eine größere Kerze, Fingercymbeln und Triangeln. Für die Heftwerkstatt weiterhin: Stroh, Goldpapier, Stoffreste…

Symbolspiel. Eine in Geschenkpapier verpackte Schachtel wird reihum gegeben. L. spricht: »Was ist das liebste Geschenk, das wir jemandem schenken? …«

Heftwerkstatt. Eine Geschenkverpackung, die man öffnen und schließen kann, wird ins Heft an der Unterseite festgeklebt. Siehe M2.

Erzählung. »Hier, trink noch ein wenig vom heißen Tee!« Der alte Joel reicht dem fremden Jungen den dampfenden Becher. Stumm trinkt der junge Mann und sieht dabei hinauf in den klaren Sternenhimmel. Aus hellen Augen beobachtet Joel aufmerksam, wie der Fremde seine Hände am Becher wärmt. »Wie heißt du?«, fragt Joel und wirft noch ein Stück Holz ins Feuer. Der junge Mann zuckt kurz zurück, als die Funken des Feuers jetzt nach allen Seiten stieben. Aber dann rückt er näher ans Feuer: »Ich bin Matthias. Danke, alter Hirte, dass du mich an deinem Feuer sitzen lässt und mich bewirtest.«

Eine Zeit lang schweigen beide, nur das Knistern und Knacken des Feuers durchbricht die Stille der Nacht und manchmal ein leises Blöken der Schafe, die noch nicht ganz zur Ruhe gekommen sind. Joel beugt sich zur Seite und holt einen Beutel zu sich heran. Er öffnet ihn und holt ein Stück Fladenbrot heraus. Er bricht das Brot in zwei Teile und reicht Matthias eine Hälfte.

»Verzeih, wenn ich so viel frage,« beginnt Joel, »aber hier in der Einsamkeit trifft man nicht viele Leute. Und so höre ich gern etwas Neues. Wo kommst du her und wohin willst du? Du bist jung und hast sicher viele Pläne für deine Zukunft!« Matthias wendet sein Gesicht ab. »Da sehe ich schwarz!«, sagt er leise, »Ich habe keine Zukunft.« Joel nimmt seine Decke, steht auf und legt sie Matthias über die Schultern. Hinter Matthias Rücken bleibt Joel stehen. Freundlich sieht er auf ihn herunter, klopft ihm sacht auf die Schultern und sagt: »Du kannst es mir ruhig erzählen, auch wenn du keinen Lichtblick erkennen kannst. Ich habe viele dunkle Stunden erlebt.« Er setzt sich wieder neben Matthias und beide sehen sie ins Feuer.

»Mein Vater hat vor kurzem unseren Hof an meinen älteren Bruder übergeben«, sagt Matthias schließlich. »Ich wollte Schmied werden, aber kein Meister hat mich genommen. Dann habe ich es bei einem Schreiner versucht, auch der wollte mich nicht. Weißt du, das ist mir alles so bekannt vorgekommen.

Kopiervorlage M2

Mein Bruder hatte immer Freunde um sich. Ich bin schon immer abseits gestanden. Für mich ist kein Platz auf dieser Welt!« Joel nickt. Jetzt holt er ein Stück Käse aus seinem Beutel und auch den Käse teilt er mit Matthias. »Da passen wir zusammen«, lächelt Joel. »Als Hirte ist es mir nie anders ergangen. Hirten stehen im Abseits. ‚Schafsgesindel' nennen uns die Leute aus der Stadt. Ich mag Menschen wie dich. Wir stehen im Schatten, nicht im Rampenlicht.«

Wieder schweigen sie beide. Joel nimmt einen kurzen Ast, er zieht ein Messer aus seinem Gürtel und beginnt am Ast zu schnitzen. Und dann beginnt er leise zu pfeifen, ein kleines fröhliches Lied. Matthias sieht ihm zu. Nach langer Zeit, als aus dem Ast schon fast ein Holzlöffel geworden ist, sagt Matthias: »Wenn du, wie ich, im Schatten stehst, warum sieht du nicht finster aus?«

Joel legt sein Messer aus der Hand und deutet zum Himmel hinauf. »Lange ist's her, ich war so jung wie du. Es war eine Nacht wie heute. Da, mitten am Nachthimmel leuchtet es auf einmal, strahlende helle Gestalten erscheinen. Sie reden – oder singen sie? ‚Keine Angst!', rufen sie. ‚Wir bringen freudige Nachricht: Für euch ist heute der Retter geboren, der versprochene Messias, der euer Leben hell machen wird.' Wenn du mich fragst, das damals, das waren Engel, die Gott zu uns Hirten geschickt hat.«

Ungläubig schüttelt Matthias den Kopf. »Das sind doch Fantastereien. Engel kommen doch nicht zu Hirten, zu, wie sagst du? – ‚Schafsgesindel'.« Joel lacht: »Pass auf, es wird noch schöner! Wir haben uns auf die Suche gemacht, ich, und noch ein paar ältere Hirten. Denn diese Engel haben etwas von einem Kind in einer Futterkrippe gesagt, in Windeln gewickelt, das solle der versprochene Weltenretter sein.«

Matthias runzelt skeptisch die Stirn: »Und, habt ihr etwas gefunden?« »Ein neugeborener Säugling in einem Viehstall! Es war in Windeln gewickelt und lag in einer Futterkrippe.« Unwillig wickelt sich Matthias in die Decke ein und legt sich nieder, um zu schlafen. »Ja, ja,« murmelt er »wenn man alt wird, verliert man auch noch seinen Verstand.«

Joel erzählt weiter, ohne auf den Spott zu achten. »Später bin ich ihm wieder begegnet, dem Jesus von Nazareth, als er längst erwachsen war. Die Menschen auf der Schattenseite, die Verlierer haben ihn interessiert. ‚Gott ist nahe denen, die sich im Finstern fühlen', das hat er immer erzählt.«

Auch Joel zieht seinen Mantel enger um sich und legt sich hin. Seinen Kopf legt er auf den Beutel. Dann sagt er noch, wie zu sich selbst: »Im Leben ist mir nichts geschenkt worden. Aber dass dieser Jesus bei uns Hirten geboren wurde, dass war Gottes Geschenk an uns Schattengestalten.« In dieser Nacht reden sie nichts mehr, aber sie liegen beide noch lange wach.

Gespräch. L.: »Wenn ihr gefragt würdet: ‚Was war für Joel das schönste Geschenk in seinem Leben?', wie würdet ihr das jemand erzählen, der noch nie etwas von Weihnachten gehört hat?

Symbolspiel. Eine Futterkrippe oder eine Holzkiste wird in den Stuhlkreis gestellt. Jedes Kind erhält eine Kerze oder ein Teelicht. In die Krippe wird eine größere Kerze gestellt und angezündet. Der Reihe nach wird jedes Kind mit einem Spruch aufgefordert, seine Kerze am Krippenlicht anzuzünden und auf dem Boden um die Krippe herum abzustellen:

Wenn du einsam bist und dein Leben ist dunkel:
(Wenn du traurig bist und dein Leben ist dunkel:
Wenn du Fehler gemacht hast und dein Leben ist dunkel:
Wenn du enttäuscht bist / mutlos bist / Angst hast / Sorgen hast / weinst …)

Gemeinsam:

Gott will in unsrer Nähe sein und bringt uns seinen hellen Schein.
Er schenkt sich uns als kleines Kind, damit wir nicht alleine sind.
Fürcht, euch nicht, seht das Licht!
Kommt zum Stall, singt mit Schall.
Gott vertreibt Dunkelheit.
Vorbei die dunkle Zeit.

Der Spruch wird mit körpereigenen Instrumenten begleitet. Bei den Worten »Heller Schein«, »Licht« und »vorbei die dunkle Zeit« spielen außerdem Fingercymbeln oder Triangel. Ist die Schulklasse sehr groß, stellen die Kinder in Gruppen von 4 bis 6 Personen ihre Kerzen gemeinsam um die Krippe auf.

Heftwerkstatt. In die »Geschenkverpackung« im Heft gestalten die Kinder nun aus Stroh, Goldpapier, Stoff usw. eine Krippe mit Jesuskind. Nun kann man also das »verschnürte Paket« öffnen und die Krippe betrachten zu der dazu gesetzten Überschrift: »*Das wertvollste Geschenk der Welt*«.

3. Zum Frieden anstiften

3.1. Engel bringen die Friedensbotschaft von Gott zu den Menschen

➪ **Didaktischer Hinweis.** Es ist die Regel, dass ein Großteil der Kinder täglich mit den Nachrichten im Fernsehen Kriegsbilder mitbekommt. Nur selten sprechen Eltern mit ihren Kindern darüber. Meist sind die Kinder mit ihren Ängsten dazu allein. Sehr häufig machen sich die Kinder Sorgen, auch bei uns könne ein solcher Krieg losbrechen. Kinder dürfen durch den Religionsunterricht eine Ahnung bekommen von der Friedenshoffnung des christlichen Glaubens, auch wenn alle Realität dagegen spricht. Als Traumbild, als Wunschbild, als Utopie kann eine »Welt im Frieden« zum Leitbild des Handelns werden. Das Gegenteil wäre: »Wieso soll ich mich für Frieden anstrengen, wenn Menschen doch immer Kriege anzetteln werden.« In den Unterrichtsentwürfen mit dem Thema »Zum Frieden anstiften« können sich die Kinder damit auseinander setzen, dass Gott einen Gegenentwurf zum kriegerischen Leben anbietet: *»Frieden auf Erden, … denn euch ist heute der Retter geboren.«* Die Gottesnähe, die durch die Geburt des Menschenkindes Jesus konkret wird, wird der Anfang eines Friedensweges für ganz persönliche Lebensgeschichten: »Du brauchst nicht mehr um dich schlagen und um dein Lebensrecht kämpfen, denn Gott spricht dir dein Lebensrecht zu. Du bist geliebt und dir gehört die Welt. Darum kannst du friedlich Lebensräume teilen…«

Material. Weltkarte, aus Papier geschnittene Pfeile, Overheadprojektor, 5 bis 7 ausgeschnittene Engelsfiguren aus Papier (ca. 7 cm hoch), Tapetenrolle, Wachsmalstifte, Kerzen, Plakatkarton, Scheren, Kleber, für jedes Kind etwas Buntpapier, Watte und einen Papierstreifen (1/4 längs geschnittenes DIN A4-Papier weiß).

Gespräch. L. legt in die Mitte des Sitzkreises eine Weltkarte und legt aus Papier geschnittene Pfeile dazu. Im Gespräch tragen die Kinder zusammen, wo überall auf der Welt momentan Krieg geführt wird. Zu den entsprechenden Ländern der Weltkarte legen sie die Pfeile. (Der Umgang mit Landkarten ist natürlich hier nicht altersgemäß. Allerdings gibt es meiner Erfahrung nach in jeder Klasse ein bis zwei Kinder, die ihrem Alter in diesem Bereich voraus sind. Es geht ja hier auch nicht um Erdkundeunterricht, sondern darum, sich angesichts der vielen Kriege auf unserer Erde der eigenen Friedenssehnsucht bewusst zu werden.)

Erzählung. L. erzählt von einem Friedensschluss zweier verfeindeter Anführer. (z.B. Yassir Arafat und Yitzhak Rabin in Washington 1993). Dabei zeigt L. mit den Händen, was hier als Wille ausgedrückt wurde: Einst geballte Fäuste öffnen sich, damit man sich die Hände reichen kann zur Versöhnung.

Miteinander tanzen und sprechen. Die Kinder stehen im Kreis. Sie schlagen mit geballten Fäusten vor sich in die Luft, stampfen dazu im Takt und sprechen:

Hass und Krieg macht alles zu Schutt.
Hass und Krieg macht kaputt,
macht kaputt.
Tränen und Leid weit und breit.
Weit und breit nur Tränen und Leid.
Hass und Krieg macht kaputt,
macht kaputt.
Hass und Krieg macht alles zu Schutt.

Nun öffnen alle langsam die Fäuste und fassen sich im Kreis an den Händen. Im Schritttempo gehen sie entgegen dem Uhrzeigersinn und singen »Herr, gib uns deinen Frieden« (EG 436). Dabei heben sie die Arme, bis die Melodie ihren höchsten Punkt erreicht hat. Mit der letzten Melodiewendung setzen sich die Kinder in den Schneidersitz zu Boden und legen die geöffneten Hände vor sich hin.

Gespräch. In dieser »Sitzordnung« (Indianer haben ihre Friedensverhandlungen auf diese Weise geführt) formulieren die Kinder zu den einzelnen Kriegsgebieten eigene Friedensgebete, die auf die Papierpfeile der Weltkarte geschrieben werden.

Inszenierende Erzählung (Lk 2, 8-15). (Vorbereitet ist der Overheadprojektor, dessen Lampe so gedreht ist, dass an die Decke projiziert wird. Auf die Projektionsfläche wurden ausgeschnittene Engelsfiguren gelegt, die dann im hellen Schein an der Decke als Schattenriss zu erkennen sein werden.)

L.: »Habt ihr die Hunde versorgt? Sind alle auf ihrem Posten, um die Schafe zusammen zu halten? Kommt, legt noch ein Scheit Holz ins Feuer ... He, was ist das? Hört ihr das auch? Was ist das für ein seltsames Klingen in der Luft? ... (L. schaltet den Projektor ein.) Da, seht doch, Freunde! Da am Himmel – Gestalten! Und jetzt spricht einer! Psst! Was sagt er? ‚Fürchtet euch nicht!' sagt er. Und ‚Ich verkünde euch eine große Freude!' ...unfassbar – da, ganz viele sind es jetzt – sie rufen oder singen oder ..., also, die ganze Luft braust. Ich kann verstehen, was sie rufen: ‚Ehre für Gott, weil er der Größte ist und Friede auf der Erde, weil Gott die Menschen lieb hat!'« ...

Reaktionen der Kinder werden mit einbezogen, wenn sie wie L. ganz in die erzählte Situation hineingeschlüpft sind.

Miteinander einen Text gestalten. Auf dem Boden wird eine Tapetenrolle ausgelegt. Die Kinder schreiben nacheinander die gesamte Engelsbotschaft auf das Papier und hängen das Ganze dann im Klassenzimmer auf. Die Worte »Friede auf Erden« werden farbig hervorgehoben.

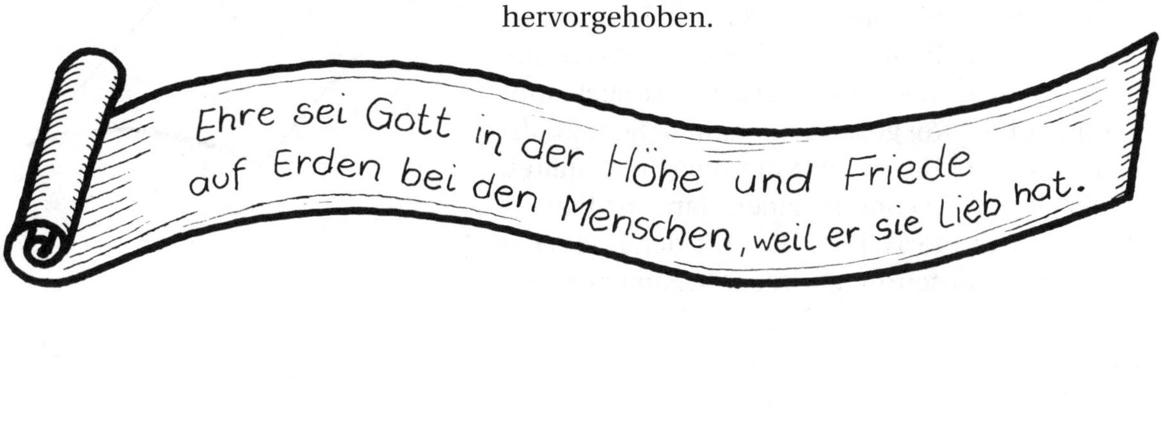

Gespräch. L.: »So viele Menschen haben diese Friedensbotschaft schon gehört. Und trotzdem gibt es in den letzten 2000 Jahren ständig Streit unter Menschen und Kriege unter den Völkern.« Tilly: »Warum haut Gott da nicht auf den Tisch und zwingt die Menschen zum Frieden? Mein Onkel verabreicht meinen beiden Cousins jedes Mal eine Tracht Prügel, wenn sie sich streiten. Er sagt, irgendwann werden sie es dadurch begreifen, dass man sich friedlich aufführen soll.«
L. kann hier Impulse setzen, die den Kindern helfen, die Grundbedingung für Frieden zu finden, nämlich Liebe und Annahme. …

Symbolspiel. Die Klasse sucht sich ein aktuelles Thema für eine Friedensdemonstration. (Gewalt an der Schule, Krieg zweier Volksgruppen gegeneinander …) Sie gestalten auf einem Plakatkarton groß lesbar dieses gewählte Thema. Mit Kerzen in den Händen gehen alle auf den Schulhof. Sie legen den Plakatkarton in die Mitte und stehen einige Minuten bewegungslos mit den Kerzen in den Händen im Kreis. In Erinnerung an die Lichterketten gegen Gewalt gegenüber Ausländern und an die friedlichen Kerzendemonstrationen in den letzten Tagen der DDR wird die Kerze in dem Bewusstsein getragen: »Wer Kerzen trägt, zeigt damit, das seine Hände keine Waffe halten. Er bringt seinen Wunsch zum Frieden zum Ausdruck.«

Heftwerkstatt. Die Hirtenszene wird über drei Seiten gestaltet: Eine rechte Heftseite wird in der oberen Hälfte als Himmel bemalt. Die untere Hälfte wird als Hügelland und Weidewiesen gestaltet. Genau an der Horizontlinie wird die Seite in zwei Hälften geschnitten. In die Hügellandschaft werden mit Buntpapier Hirten geklebt und Schafe mit etwas Watte. Dann wird die »Himmelseite« umgeklappt und auf die frei gewordene hintere Seitenhälfte wird der Himmel mit den Engeln gestaltet. Ein Engel bekommt einen langen Papierstreifen in die Hände, der mit der Friedensbotschaft beschriftet wird. Der Papierstreifen wird nur an einem Ende festgeklebt. Der Rest wird wie eine Ziehharmonika gefaltet und kann, wenn das Heft geschlossen wird, zusammengelegt in der Seite ruhen. Wird die Seite geöffnet, »entfaltet« man die Botschaft, um sie lesen zu können.

3.2. Friede – Gott schenkt sich selbst

➪ **Didaktischer Hinweis.** Die Weihnachtserzählungen in den Evangelien sind eine religiöse Provokation. Gott selbst gibt sich als Mensch in seiner hilflosesten Form, nämlich als Säugling in die Hände der Menschen. Dieser Weg führt ihn zum Kreuz, wo er sich nicht gegen die Vernichtung wehrt, als er Henkern und der Menschenmeute ausgeliefert ist. Keine Religion dieser Welt kennt eine solche Dimension von Gottes Machtentäußerung. In der Erzählung dieser Unterrichtseinheit wird dies in einer symbolischen Geschichte angedeutet. Der Krieg zwischen Gott und Menschen findet da sein Ende: Gott schenkt sich selbst und entmachtet damit den Widerstand gegen seine Autorität.

Material. Xylophon oder Metallophon, alte Zeitungen, alte Nylonstrümpfe, Haushalts-Gummiringe, pro Kind ein Fotokarton DIN A3, Klebstreifen, Stoffreste, Wollreste, Filz, Buntpapier. Vorproduzierte Modellpuppen nach unten angegebener Anleitung als Maria, Josef und Jesusbaby.

Miteinander singen und musizieren. »Herr, gib uns deinen Frieden« (EG 436) wird zu einer Ostinato - Begleitung gesungen:

Erzählung. Ganz Nazareth zuckt zusammen, als das Geschrei in der hinteren Gasse wieder losgeht. »Weg mit deinem Kram!«, brüllt der Vater. »Wie oft habe ich dir schon gesagt, dass du auf unserem Tisch nichts liegen lassen sollst!« Und mit einer Hand wischt er über die Tischplatte und fegt damit Leas Farbtöpfe herunter. Lea steht zitternd in der Tür, und – klirr, stürzt auch der Tonkrug zu Boden, den Lea bemalen wollte. Die Scherben springen ihr bis vor die Füße. Lea dreht sich um und läuft aus dem Haus. Die Beschimpfungen ihres Vaters verfolgen sie.

Aber endlich ist sie beim Haus Marias. Das war schon oft ihre Zufluchtstätte. Bei Maria konnte sie sitzen und sich ausweinen über den Zank und den Streit in der Familie. Doch heute ist die Tür verriegelt. »Maria?«, ruft Lea. Es regt sich nichts. Eine Nachbarin kommt herbei gelaufen: »Was willst du von Maria! Nach Bethlehem ist sie, mit Josef. Wegen der Volkszählung. Na, du weißt doch, jeder muss in seinen Geburtsort und sich dort in Steuerlisten einschreiben.« Damit dreht sich die Nachbarin um und läuft zu ihrem Haus zurück. Kopfschüttelnd murmelt sie bei sich: »Und hochschwanger ist sie, die Maria. Mich würde nicht wundern, wenn das Kind unterwegs auf die Welt kommt.« Aber Lea hat es gehört. Und im selben Moment steht ihr Entschluss fest. »Dann werde ich eben auch nach Bethlehem gehen! Ich werde Maria schon finden!«, ruft sie der Nachbarin nach. Die dreht sich gar nicht um. »Du bist verrückt!«, meint sie nur.

Es war eine abenteuerliche Reise, die Lea nun erlebte. Ein anderes Mal werde ich vielleicht darüber berichten. Aber sie hat es geschafft! Da sitzt sie nun tatsächlich im Stall, ganz nah bei Maria und dem Baby. Kein Auge kann sie wenden von dem Kind. Sie wedelt ihm die Fliegen vom Gesicht. Eifersüchtig wacht sie über das Neugeborene. Am liebsten würde sie niemanden in seine Nähe lassen. Erst recht nicht die Hirten, wenn sie mit ihren groben Händen und mit ihren ungekämmten Haaren hereinkommen.

Lea hat ihre Familie schon fast vergessen. Türenschlagen, Geschrei und Prügel – das ist so weit weggerückt. Hier spürt Lea Frieden. Hier, im Stall, bei Maria und dem Kind und bei dem ruhigen Josef, da könnte die Zeit stehen bleiben.

Plötzlich wird die Stalltüre aufgerissen. »Hier sollst du sein, sagen sie? Na warte, wenn ich dich hier endlich finde, dann wirst du bitter bereuen, dass du einfach heimlich auf und davon bist!« Der Vater! – Drohend steht er in der Tür. – Hinter ihm versucht die Mutter einen ängstlichen Blick in den Stall zu werfen.

Da steht Maria auf, sie nimmt ihr neugeborenes Baby hoch, geht auf Leas Vater zu und legt ihm das Kind in die Arme. Lea schlägt die Hände vor den Mund. »Nicht das Kind in die Arme meines Vaters! Er wird dem Baby etwas antun!«, denkt sie schreckensstarr.

Stumm sieht Leas Vater auf das Neugeborene in seinen Armen. Der Kopf passt genau in seine große Hand. Und plötzlich bewegt sich diese große Hand. Mit dem Zeigefinger streicht der Mann über den Flaum des Köpfchens. Ganz leicht. Langsam und vorsichtig setzt er sich zu Boden mit dem Kind im Arm. Er sieht es immerzu an. Dann hebt er den Kopf. Er sieht von Maria zu Lea. Mit leiser rauer Stimme sagt er: »Lea, ich bin so froh, dass es dir gut geht!«

Selbst inszeniertes, thematisch angestoßenes Rollenspiel. Die Kinder beraten in mehreren Kleingruppen, wie die Geschichte weitergegangen sein könnte. Anschließend spielt jede Gruppe ihre Möglichkeit in einer kurzen Szene vor.

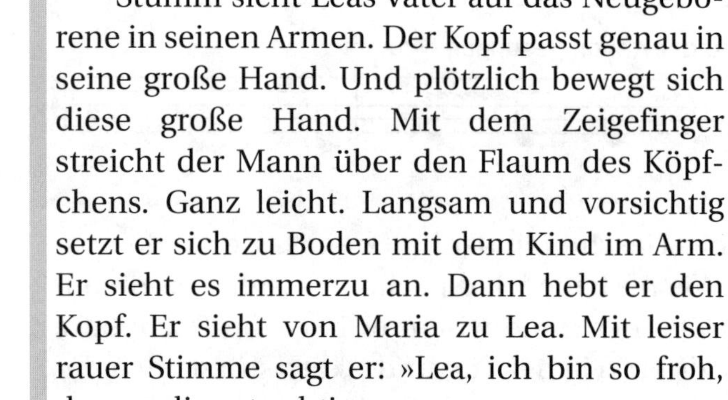

Gespräch. Tilly: »Also, mein Opa ist manchmal etwas ulkig. Aber wenn meine Oma sauer auf ihn ist oder schlechte Laune hat, dann kauft er ihr immer einen Strauß Blumen. Und dann strahlt die Oma. Sie sagt dann »Friede?« und er sagt dann auch »Friede« – und dann fallen sie sich um den Hals. Irgendwie macht's der Gott vielleicht auch so ähnlich? Er hat allerdings keinen Blumenstrauß für uns. Hm, wie soll ich des jetzt erklären, also, des Friedensangebot vom Gott ist doch so … jetzt helft mir doch, ich find, die passenden Worte net.«

Kreativ-handwerkliche Verarbeitung. Von dem oberpfälzischen Spruch herkommend »Ich schnitz dich in die Krippn«[30], wählt sich jedes Kind eine Person aus seinem sozialen Nahfeld (oder sich selbst), die es gerne nah bei der Krippe haben möchte. Nun stellt jedes Kind diese Person als Puppe her. Haarfarbe und Augenfarbe usw. richten sich also nach dem lebenden Vorbild. L. bringt Maria und Josef mit als fertig gestaltete Puppen samt einer kleinen Futterkrippe mit Jesuskind. Alle Puppen werden am Ende um die Krippenszene herum gruppiert und die Kinder singen dazu EG 37, Vers 1: »Ich steh an deiner Krippen hier«.

Bauanleitung:
Jede Puppe sollte ca. 40 cm hoch werden und der Kopf etwa Tennisballgröße bekommen.
Kopf: Ball aus geknülltem Zeitungspapier herstellen. Ein weiteres Stück Zeitungspapier wird drumherum gehüllt mit einem Überstand, der als Halsverlängerung zusammengedreht wird. Mit einem Stück Nylonstrumpf wird der Kopf überzogen und am Hals mit einem Gummiring verschlossen.
Körper: Aus einem DIN A3-Fotokarton wird ein Kegel gedreht (M3), der mit einem Klebstreifen fixiert wird, dass er nicht mehr auseinander rutschen kann. In die obere kleine Kegelöffnung wird der Zeitungshals gesteckt.

Nun kann die Puppe mit Stoffresten, Wolle, Filz oder Buntpapier fertig ausgestaltet werden.

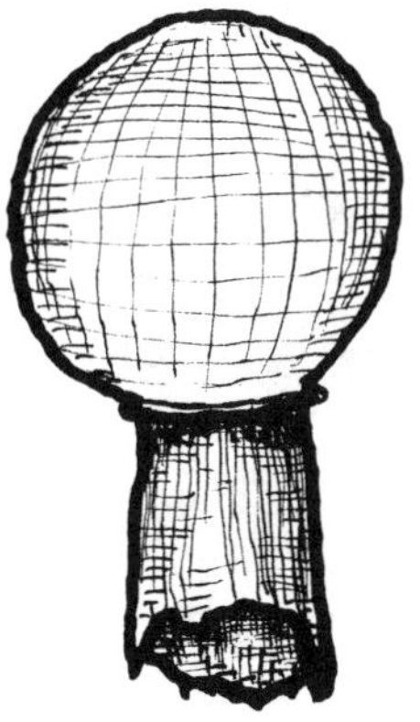

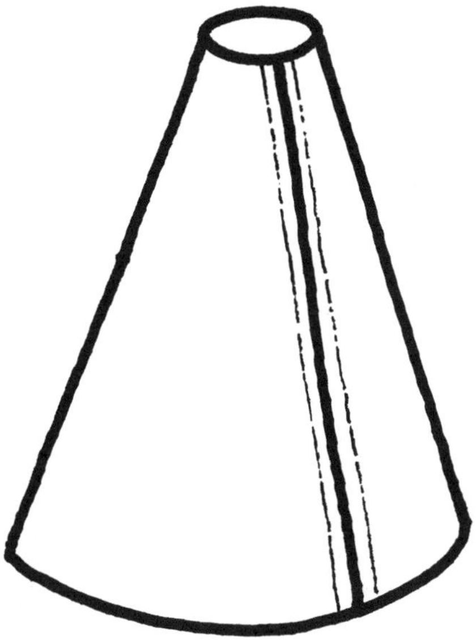

**Gespräch.** Tilly will etwas sagen: »Die ganze Zeit hab' ich überlegt, wen ich hätte in die Krippe schnitzen sollen. Jetzt weiß ich's! Meine Cousine Simone. Immer, wenn die bei uns zu Besuch ist, streiten wir uns. Das heißt, neulich, da hat sie mir einen Brief geschickt mit einem kleinen Buchzeichen, das hat sie selbst gebastelt. Vielleicht will sie ja mit mir Frieden schließen? Eigentlich könnte ich ihr ja eine kleine Krippe aus Papier basteln und ihr schicken, ja, und dann mach ich uns beide da mit hinein, wie wir vor der Krippe stehen. Was haltet ihr davon?«

Kopiervorlage M3

4. Jesus fängt mit uns neu an

4.1. Gottes Liebe fängt in unserer Welt im Kleinen an: Jesus erzählt das Gleichnis vom Senfkorn (Mk 4,30-32)

➪ **Didaktischer Hinweis.** Im Gleichnis vom Senfkorn spricht Jesus vom »Reich Gottes«, das im Kleinen, also im Verborgenen seinen Anfang nimmt. Der Ausdruck »Reich Gottes« ist in seiner theologischen Begrifflichkeit für Kinder schwer fassbar. Was ihnen vertraut ist, das ist das »Königreich« in seiner geografischen und politischen Bedeutung oder das Königreich des Märchens. Die Vorstellung vom »Reich Gottes« ist in verschiedenen biblischen Texten geprägt vom Wunsch nach der »besseren Welt«, die Gott schafft, sowohl in der Zukunft – nach dem Weltenende –, als auch ausstrahlend in die Gegenwart, begonnen im Verborgenen. Bei Jesus finden wir einen starken Gegenwartsbezug im Begriff des Reiches Gottes: »Das Reich Gottes ist nahe herbeigekommen.« (Mk 1,15). Wenn er die Kinder zu sich ruft und sagt: »Wer das Reich Gottes nicht als Geschenk annimmt wie ein Kind…«, macht er das Reich Gottes mit seiner Person konkret: Er ist die personifizierte Nähe Gottes: »Das Reich Gottes ist mitten unter euch.« Als Jesus in der Synagoge den Text aus Jesaja 61 mit der Reich-Gottes-Beschreibung vorliest: »… er hat mich gesandt, zu predigen den Gefangenen, dass sie los sein sollen, und den Blinden, dass sie sehend werden, und den Zerschlagenen, dass sie frei und ledig sein sollen…« sagt er dazu: »Heute ist dieses Wort erfüllt.«

In diesem Unterrichtsentwurf wird versucht, einige Aspekte des Reich-Gottes-Begriffs in Sprachspielen zu umschreiben: *Reich* Gottes ist, wo Menschen von Gottes Liebe *erreicht* werden und dadurch *reich* werden durch Gottes Barmherzigkeit und Liebe.

Material. Eine Vielzahl an Orff-Instrumenten; langsame, freundlich getönte sinfonische Musik; einen großen Blumentopf, mit Erde gefüllt; pro Kind Kopie M4; pro Kind ein Stück selbstklebende Klarsichtfolie, Scheren, Kleber.

Wahrnehmungsspiel. Unterrichtsgang: L. geht mit den Kindern in einen Park oder eine Grünanlage zum nächstgelegenen großen Ahornbaum. Je älter und größer der ausgewählte Baum ist, umso besser. In mehreren Gruppen umspannen die Kinder nacheinander den Ahorn, sie schätzen, wie groß sein Umfang ist und wie alt er wohl sein mag. In der Regel lassen sich im Umkreis eines Ahorns zu jeder Jahreszeit Ahornsamen aufsammeln. Jedes Kind sucht sich zwei solcher »Propeller« und nimmt sie mit ins Klassenzimmer.

Gespräch. Die Kinder betrachten die versteckten Samenkörner im »Propellerblatt« und sie tauschen sich aus über das Keimen, Wachsen und Gedeihen eines solchen Ahornsamen, der in die Hand eines Kleinkindes passt und aus dem eines Tages ein Baum werden kann, so groß, dass ihn ein Erwachsener nicht umspannen kann – größer als ein Haus.

Gestisch-pantomimisches Spiel. In einem Bewegungsspiel stellen die Kinder das Wachsen eines kleinen Samenkorns zu einem großen Baum dar:
Die Kinder liegen ganz klein zusammengerollt verteilt auf dem Boden. Eine sinfonische ruhige, fröhlich getönte Musik wird ganz leise eingeblendet. Ganz langsam, synchron mit dem allmählichen Anschwellen der Musik (L. dreht ganz, ganz langsam den Lautstärkeregler) strecken die Kinder zuerst Finger, dann Hände, dann Arme in die Höhe und folgen dann mit dem Kopf und dem restlichen Körper, bis sie hochaufgerichtet wie Bäume stehen.

Erzählung. L.: »So einem kleinen Samenkorn sieht man gar nicht an, was Großes daraus werden kann. Damals, wie Jesus auf der Erde als Mensch gelebt hat, da haben seine Freunde oft die Köpfe zusammengesteckt und untereinander geredet: ‚Der Jesus ist doch der Friedenskönig, auf den wir alle so sehnsüchtig gewartet haben. Jetzt muss er doch endlich das ganze Land zu seinem Königreich machen! Wann wirft er endlich die feindlichen römischen Soldaten hinaus? Wann gibt er endlich allen Menschen zu essen, dass es keinen Hunger mehr gibt? Wann macht er endlich alle Kranken gesund, dass es überhaupt keinen Grund mehr gibt, traurig zu sein? Wann endlich, wann? Wir sehen noch fast gar nichts davon.‘

Jesus merkt, was sie denken. Er setzt sich zu ihnen und sagt: ‚Mein Königreich? Gottes Reich? Wie soll ich das euch erklären? Womit könnte ich es euch vergleichen? Ihr wisst doch, wie winzig klein ein Senfkorn ist.‘ Er streicht mit seiner Hand über den Boden: ‚Wenn man es auf die Erde sät, ist es viel kleiner als alle anderen Saatkörner. Aber wenn es keimt und wächst, dann wird die Senfstaude ein riesiger Strauch, größer als andere Sträucher.‘ Jesus streckt jetzt beide Arme zum Himmel. ‚Und der Strauch treibt große Zweige, dass die Vögel unter dem Himmel unter seinem Schatten wohnen können.‘

Jetzt steht Jesus auf. Auch die Freunde von Jesus erheben sich und sie wandern wieder gemeinsam weiter. Johannes geht jetzt neben Jesus: ‚Und du meinst, Jesus, in ganz kleinen Dingen fängt es an, dass sich dein Friedensreich ausbreitet?‘ Jesus nickt: ‚In ganz kleinen Dingen. Und wenn ihr nicht aufmerksam hinschaut, bemerkt ihr es vielleicht nicht einmal. Aber es wächst. Und eines Tages werden viele von Gott erreicht werden. Viele Menschen werden reich an Frieden sein, reich durch Gottes Barmherzigkeit, reich an seiner Liebe.‘ …«

Miteinander singen und musizieren. »Jeden Tag, guter Gott« wird miteinander gesungen und zunächst nur mit einer kleinen Fingercymbel begleitet. Nach und nach kommen immer mehr Instrumente dazu, bis ein volles Klangorchester den Gesang der Kinder unterstützt.

Fingercymbeln
Rassel
Schlaghölzer
Handtrommel
Altxylophon – Bordun*
Altmetallophon – Bordun*

Text/Melodie: Elisabeth Buck

Gespräch und Symbolspiel. Tilly berichtet zunächst: »Mein kleiner Bruder Strubblmutz hat mir eine komische Geschichte erzählt: In seiner Schulklasse ist ein ganz wilder Junge. Die ganze Klasse hat immerzu Schwierigkeiten mit dem. Bei jeder Gelegenheit, wenn die Lehrerin gerade nicht hersieht, zwickt er, stellt er den anderen ein Bein oder haut sie in die Magengrube. Is' ja klar, dass keiner ihn leiden kann. Er benimmt sich einfach unmöglich. Niemand will neben ihm sitzen oder ihn bei einem Tanz anfassen. Eines Tages, so hat mir Strubblmutz erzählt, ist ein neuer Bub in die Klasse gekommen. Und er ist viel zu klein für sein Alter, sehr still, sehr schüchtern. Ich würde sagen, so ein kleiner Milchbubi eben. Aber das darf der Strubblmutz nicht hören, weil – sonst is' er sauer. Also, eines Tages fängt der Milchb… äh, 'tschuldigung, der Kleine einfach mitten im Unterricht zu weinen an. Niemand, auch die Lehrerin nicht, bringt ihn dazu, zu sagen, warum er weint. Da steht plötzlich der ‚böse Junge' auf, geht zu dem ‚Neuen' hin, legt ihm den Arm um die Schultern und sagt: ‚Ab heute bin ich dein Beschützer.' Das hat der Strubblmutz zu Hause beim Mittagessen erzählt und seine Mutter hat dann gesagt: ‚Also, da keimt doch Hoffnung auf, oder?'«

* Bordun, auch »Dudelsackquinte« genannt: Ein Bordun bildet sich aus dem Grundton eines Liedes (für Laien: Das ist in der Regel der Schlusston der Melodie) und aus der darüberliegenden Quinte (das ist der fünfte Ton in der Tonleiter aufwärts, wobei der Grundton als 1 gezählt wird). Ein Bordun harmoniert, auf einem Altxylophon oder auf einem Altmetallophon im Metrum gespielt, mit jedem Lied. Allerdings ist dann keine Gitarrenbegleitung oder Ähnliches mit wechselnden Harmonien mehr dazu spielbar.

L. stellt einen großen Blumentopf, der mit feuchter Erde gefüllt ist, in den Sitzkreis. Gemeinsam tragen L. und die Kinder Erlebnisse und Beobachtungen zusammen, wo kaum bemerkt – im Kleinen – etwas Gutes geschehen ist. L. kann das Gespräch strukturieren mit Überlegungen zu verschiedenen Lebensräumen der Kinder.

- Geschwisterstreit: »… ist oft hoffnungslos verfahren.«
- Sorgen um Krankheit in der Familie: »… als einmal alles hoffnungslos erschien.«
- Keine Anerkennung durch Eltern: »Die sind nie mit mir zufrieden, das ist hoffnungslos!«
- Ausgrenzung unter Spielkameraden: »Da komme ich nie rein, das ist hoffnungslos!«
- Probleme mit Unterrichtsfächern: »Das versteh' ich nie, das ist hoffnungslos!«

Finden die Kinder im Gespräch kleine Zeichen, wie in manchen solchen Situationen ein ganz kleiner Keim versteckt ist, wie etwas wieder heil und gut werden kann, nehmen sie jeweils einen ihrer zwei Ahornsamen und stecken ihn in die feuchte Erde des großen Blumentopfes. Der wird von nun an gehegt und gepflegt, sodass in den nächsten Wochen die Samen aufgehen und später in den Schulgarten gepflanzt werden können.

Miteinander singen und musizieren. Das Lied »Jeden Tag, guter Gott« wird wiederholt mit der oben beschriebenen musikalischen Gestaltung. Man könnte es mit der Bewegungsgestaltung des gestisch-pantomimischen Spiels vom Keimen und Wachsen kombinieren: In der Mitte des Kreises stellen vier bis fünf Kinder kleine Saatkörner dar, wie sie keimen und wachsen. Um sie herum sitzen die Instrumentalisten und im großen Außenkreis die Sänger.

Heftwerkstatt. Links unten in die Ecke einer aufgeschlagenen Heftdoppelseite befestigen die Kinder ihren zweiten Ahornsamen. Aus selbstklebender Folie schneiden sie einen Kreis, der den Ahornpropeller gut bedecken kann und überziehen mit dem Kreis den Samen zum Schutz. Das Ganze wird mit einer ausgeschnittenen Abbildung eines Vergrößerungsglases (M4) umrahmt. Rechts daneben, über zwei Drittel der Doppelseite malen die Kinder einen großen, weit verzweigten Ahornbaum. Neben den Fuß des Baumes schreiben die Kinder: *Jesus sagt: Wir können Gottes Reich mit einem Samenkorn vergleichen: Es ist winzig klein und wächst doch zu einem großen Baum heran. In seinem Schatten können die Vögel wohnen.*

In die Krone oder neben die Krone schreiben die Kinder: *Gottes Reich ist, wo Menschen von Gottes Liebe erreicht werden. Sie werden reich durch Gottes Liebe. Diese Liebe reichen sie auch anderen weiter.*

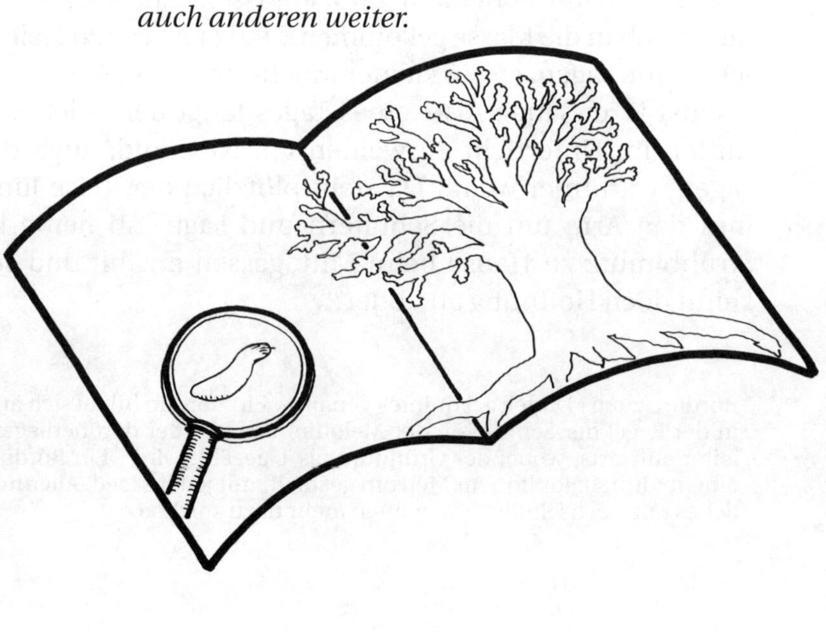

Kopiervorlage M4

4.2. Wo Menschen mit anderen fertig sind, fängt Jesus an: Die Geschichte von der verhinderten Steinigung (Joh 8, 1-11)

➪ **Didaktischer Hinweis.** Auf den ersten Blick ist dies keine Geschichte für den Grundschullehrplan. Ehebruch, das ist kein Thema, bei dem Kinder als Handelnde angesprochen sind. Allerdings ist die Dramatik, in der sich die Geschichte bewegt, anderen Lebenssituationen von Kindern vergleichbar: Angeprangert, eingekreist zu werden von Beschuldigungen auf der einen Seite, Vorwürfe und Verurteilungen jemand anderem an den Kopf zu werfen und sich rechtschaffen zu fühlen auf der anderen Seite. Wie Jesus dieser sich aufschaukelnden Situation die Luft herauslässt und wie er mit der beschuldigten Frau umgeht, das sind sehr wohl wichtige Aspekte, die in einer religiösen Erziehung nicht fehlen dürfen.

Das Wort »Sünde« wird in diesem Unterrichtsentwurf vermieden und zwar aus folgenden Gründen: »Sünde« wird heute außerhalb kirchlicher Sprachräume nicht mehr so verstanden, wie dieses Wort in biblischen Texten von seiner Bedeutung her gemeint ist. Heute ist der Begriff »Sünde« eingeengt auf das Brechen von Diäten, auf Kavaliersdelikte im Straßenverkehr oder anderes (»sündhaft teuer«…). Um den biblischen Begriff »Sünde« zu klären, bedürfte es umfangreicher Entfaltungen im Unterricht. In diesem Unterrichtsentwurf ist der Schwerpunkt anders gesetzt. Es ist hier nicht der Ort, für Grundschüler eine Sprachformel gerade zu rücken und wieder zu beleben, die weiterhin im Alltag in anderer Bedeutung erscheint. Die Rede Jesu an die Frau habe ich deshalb umschrieben und damit zwei verschiedene Aspekte des ursprünglichen Bedeutungsgehaltes von Sünde wiedergegeben:

Jesus sagt: »Wer von euch ohne Sünde ist, werfe den ersten Stein.« Hier verwende ich das Wort »Fehler« für Sünde – nicht im Sinne von »Versehen«, sondern im Sinne von »Verfehlen«. Gefängnisinsassen kann man davon reden hören, mit welch großem Fehler sie ihr Leben verpfuscht haben.

Am Ende sagt Jesus: »Gehe hin und sündige hinfort nicht mehr.« Hier umschreibe ich: »Wende dich nicht mehr ab von einem Leben mit Gott.« Damit nehme ich den grundsätzlichen Aspekt von »Sünde« auf als einer Verhältnisbestimmung des Menschen zu Gott, nämlich der Entfremdung: »Mit ‚Entfremdung' greifen wir einen von *Paul Tillich* geprägten Ausdruck auf, der der Grundbedeutung des Wortes ‚Sünde' als ‚Sonderung von Gott' besonders nahe kommt und sie ein für alle Mal als religiösen, nicht moralischen Begriff qualifiziert, in dem immer etwas über das Verhältnis zu Gott ausgesagt ist.«[31]

Material. Pro Kind ein Zeitungsblatt, einige dicke Plakatschreiber, ruhige sinfonische Musik, ein Hängebecken, pro Kind ein Bogen graubraunes Papier, Scheren, Kleber, pro Kind eine Kopie von M5.

Handwerkliche Aktion. L.: »In dieses Zeitungsblatt wickle ich etwas Unsichtbares ein. Erst später verrate ich, was es ist.« Jedes Kind knüllt ein Zeitungsblatt so zusammen, als würde etwas Unsichtbares drin eingewickelt. Dass es damit die Form eines Pflastersteines bekommt, den man später im Spiel verwenden wird, erwähnt L. bewusst nicht. So kann man spontane Wurfreaktionen möglicherweise verhindern. Ein bis zwei Stellen sollten einigermaßen glatt gestaltet sein, sodass man den Papier-Stein mit Plakatschreibern später beschriften kann. Die fertigen Zeitungs-»Steine« werden in die Mitte des Sitzkreises auf einen Haufen oder in einen Korb gelegt.

Gespräch. L.: »Mein Bruder hat einmal einen Stein an den Kopf bekommen, sodass er heftig geblutet hat.« Ganz kurz werden schmerzhafte Erlebnisse der Kinder mit Steinen zusammengetragen.

Erzählung. L. erzählt (Joh 8,1-11):
Eine aufgebrachte Menschenmenge kommt auf Jesus zu. Es sind Männer, gottesgläubige und ehrbare. Und sie zerren jemand mit sich. Als sie vor Jesus anhalten, stoßen sie zu Jesus hin, wen sie mitgeschleppt haben. Es ist eine Frau. Zitternd steht sie da zwischen der Menschenmenge und Jesus. Sie hat den Kopf gesenkt und schützt sich hinter verschränkten Armen. Die Finger der Männer zeigen auf sie: »Jesus, schau dir die an!« »Das ist vielleicht eine!« »Sie betrügt ihren Ehemann!« »Wir haben sie erwischt mit einem andren Mann!« Vielleicht heben einige schon Pflastersteine und Felsbrocken auf, wie sie am Wegesrand liegen. Einer schreit: »Findest du nicht auch, dass so etwas ausgerottet werden muss?« Und ein anderer: »Sogar in den Schriftrollen von Mose steht, dass so jemand die Todesstrafe verdient mit Steinwürfen!« Steine in den Händen, die Köpfe vorgestreckt, warten sie auf eine Antwort von Jesus.

Aber Jesus scheint nicht zu reagieren, er hat sich niedergebeugt und malt mit dem Finger im Sand. »Was ist, Jesus?«, rufen sie! »Du musst doch eine Meinung dazu haben!« »Welche Strafe schlägst du vor?« »Du brauchst nur das Startzeichen geben, wir wissen dann schon, wie wir es ihr an den Kopf werfen müssen, dass es wirkt!« Die Männer rücken immer näher.

Da richtet sich Jesus auf. Er sagt nur einen Satz: »Wer von euch ohne Fehler ist, der werfe den ersten Stein.«

Den Männern bleibt der Mund offen stehn. Keiner spricht mehr ein Wort. Niemand wagt, den anderen anzusehen. Manchem wird heiß. Einige versuchen, ihren Stein unauffällig wieder hinzulegen, einige lassen ihre Arme sinken und schlaff fällt ihnen der Stein aus den Händen. Und einer nach dem anderen dreht sich um und geht, jeder in eine andere Richtung.

Jesus ist längst wieder damit beschäftigt, weiter in den Sand zu malen. Nach einer Weile sieht er wieder auf. Die Frau steht immer noch da. Noch immer zittert sie am ganzen Leib, noch immer wagt sie nicht, den Kopf zu heben. Jesus spricht sie an: »Frau, wo sind sie, deine Ankläger? Hat dich niemand verurteilt?« »Niemand, Herr«, flüstert sie. Da sagt Jesus zu ihr: »Ich verurteile dich nicht. Fang dein Leben neu an. Und wende dich nicht mehr ab von einem Leben mit Gott.«

Miteinander singen. »Jeden Tag, guter Gott, fängst du neu mit mir an.« (siehe auch Seite 71)

Text / Melodie: Elisabeth Buck

Gespräch. Tilly sagt: »Mein Nachbarsjunge Tino spielt seit einer Woche nicht mehr mit mir Basketball. Das haben wir sonst fast jeden Samstag Nachmittag gespielt vor unserer Garage. Da hat nämlich mein Papa den Basketballkorb aufgehängt. Na ja, vor einer Woche war ich sauer auf Tino, weil er ständig mehr Treffer gelandet hat als ich und da hab ich seinen Ball auf die Straße geschossen. Blöderweise kam genau im gleichen Moment ein Lastauto gefahren. Und knall, bumm – da hat's den Ball zerfetzt. Mann, ist der Tino wütend geworden. Ganz rot angelaufen ist er. ,Du hast sie wohl nicht alle! Was glaubst du, wer du bist! Ab jetzt kannst du dir jemand anderen zum Basketballspiel suchen! Mit dir bin ich fertig!' Und ich glaub, des hat er auch den anderen Nachbarskindern erzählt. Jedenfalls guckt die Anne jetzt immer in die andere Richtung, wenn wir zusammen auf den Schulbus warten…« Die Kinder tragen ihre Erlebnisse zusammen mit »Verurteilungssituationen«. L.: »Wenn jemand sein endgültiges Urteil über mich hat, dann ist das für mich, als ob ich einer undurchdringlichen Wand gegenüber stehe. Wann ist es euch zum letzten Mal so ähnlich ergangen?« Jede Verurteilung, von der einzelne Kinder berichten, wird mit Plakatschreiber auf einen der Papierpflastersteine gemalt.

Miteinander tanzen und rhythmisch sprechen. Die Hälfte der Klasse stellt sich dicht nebeneinander als undurchdringliche Mauer auf, jedes Kind in dieser Reihe hält einen Papierpflasterstein in der Hand. Die andere Hälfte der Klasse sitzt mit geschlossenen Augen am Boden vor dieser Mauer. Diese Gruppe lauscht blind der folgenden Aktion und lässt sie auf sich wirken:

Die Kinderreihe stampft im Takt und ruft: Ein **Ur**teil wird **ge**fällt,
wenn **je**mand nichts mehr **zählt**.
Feierabend, **En**de, **Schluss**.
Ab und **weg** zum **Ab – schuss**!

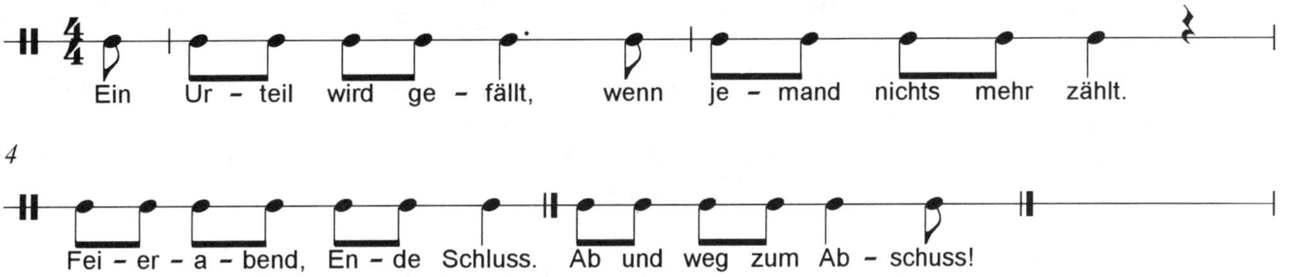

Nun schlägt ein Kind ein Hängebecken an.

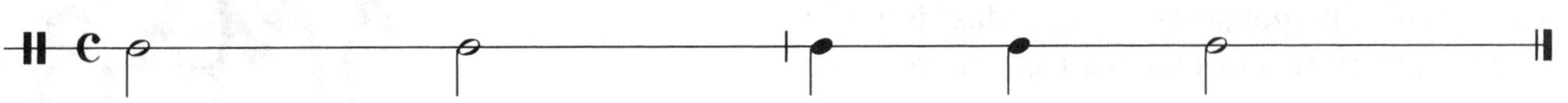

Die Mauer aus Kindern verstummt. Das einzelne Kind mit dem Hängebecken sagt in die Stille hinein den Satz Jesu:

»Wer von euch ohne Fehler ist, der werfe den ersten Stein.«

Nun lassen die Kinder in der Reihe eines nach dem anderen ihren »Stein« fallen (Nicht gleichzeitig! Das Nacheinander ist für die blind Lauschenden das eindrücklichere akustische Erlebnis) und leise gehen sie auf ihren Platz zurück und setzen sich.

Die Kinder, die die ganze Zeit gelauscht haben, öffnen die Augen. Sie können, wenn sie möchten, davon erzählen, was sie so bei sich gedacht haben oder welche Bilder ihnen dazu vors innere Auge kamen. Das könnte aber auch erst bei einem anschließenden **Gespräch** mit beiden Gruppen gemeinsam zur Sprache gebracht werden.

Die ganze szenisch-akustische Tanzaktion wird nun mit ausgetauschten Rollen wiederholt.

Eine weitere Möglichkeit wäre, in einem vorgelagerten Unterrichtsschritt Masken zu basteln, die man mit selbstgerechten Sprüchen beschriften könnte: *»Ich bin ein anständiger Mensch.« »Mir kann keiner was!« »Ich habe mir nichts vorzuwerfen.«* ... Die Kinder, die die anklagende Mauer spielen, könnten dabei die Masken aufsetzen. Zum Klang des Hängebeckens und zum Spruch »Wer von euch ohne Fehler ist«, werden die Masken abgesetzt und mit den Pflastersteinen fallen gelassen.[32] Statt der Masken könnte man auch Handspiegel oder Spiegelkacheln vor die Gesichter halten. In der ersten Phase wird die Spiegelrückwand zum Gesicht gehalten, in der zweiten Phase werden die Spiegel umgedreht, sodass jedes in der Mauer nun sein eigenes Gesicht vor sich sieht.

Miteinander singen. »Jeden Tag, guter Gott, fängst du neu mit mir an.« (siehe Seite 76)

Symbolspiel. Die Kinder sitzen in ihren Bänken. In den freien Raum werden die Papierpflastersteine als Mauer aufgeschichtet. L. sagt: »Wenn andre mit uns fertig sind, dann erst recht fängt Jesus mit uns neu an. Auch wenn wir schlimme Fehler gemacht haben, auch wenn wir Dreck am Stecken haben. Drei bis vier Kinder stellen sich bitte vor diese unbarmherzige Mauer, die aus Aburteilungen gebaut ist. Ihr werdet gleich Musik hören. Zu dieser Musik wird unsere Assistentin[33] einen Weg öffnen durch die Mauer. Da geht ihr hindurch. Wenn die Musik endet, wählt ihr Kinder aus, die als nächste an eure Stelle treten. Ich schließe währenddessen wieder die Mauer, damit auch die Nächsten das Gleiche erleben können.«

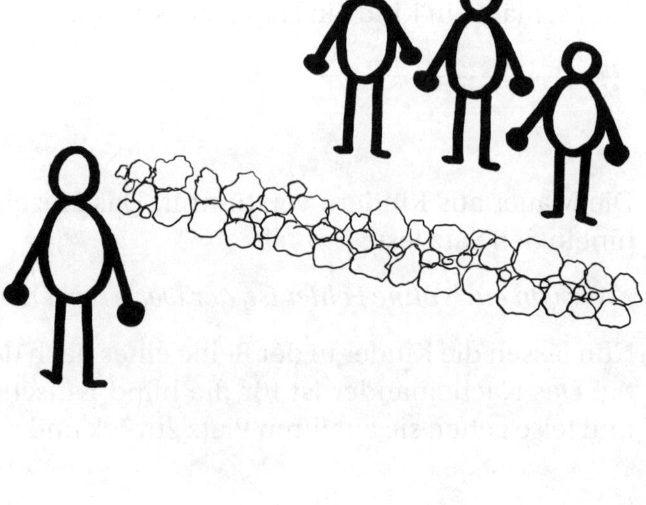

Kopiervorlage M5

Lehrer und fromme Männer zerren eine Frau mit sich.
Sie haben entdeckt,
dass die Frau ihren Mann betrügt.
Sie schleppen die Frau zu Jesus:

»Schau dir die an!«, sagen sie zu Jesus.
»Wir haben sie erwischt beim Ehebruch.
Schon lange ist es üblich,
auf solche Frauen Steine zu schmettern,
bis sie sterben.
Was denkst du dazu?«

Damit wollten sie Jesus in Schwierigkeiten bringen.
Aber Jesus bückte sich nieder
und schrieb einfach mit dem Finger auf die Erde.
Aber sie fragten immer weiter.

Da richtete sich Jesus auf und sagte zu ihnen:
»Wer unter euch ohne Fehler ist, werfe den ersten Stein.«
Und er bückte sich wieder und schrieb auf die Erde.
Als die Leute das gehört hatten,
drehte sich einer nach dem anderen leise um
und ging weg.

Schließlich stand nur noch die Frau alleine vor Jesus.
Jesus richtete sich wieder auf und sprach zu der Frau:
»Frau, wo sind sie, deine Ankläger?
Hat dich niemand verurteilt?«
Sie sagte: »Niemand, Herr!«

Jesus sagte:
Und ich verurteile dich nicht!
Fang dein Leben neu an.
Und wende dich nicht mehr ab
von einem Leben mit Gott.

(Nach dem Evangelium des Johannes, Kapitel 8, Verse 1-11)

Heftwerkstatt. Graubraune Papierstückchen knüllen die Kinder zu Pflastersteinen in Kleinformat zusammen. Mit reichlich aufgetragenem Kleber werden sie links und rechts unten auf einer Heftdoppelseite befestigt. In der Mitte wird eine Lücke freigelassen. Mit Pfeilen markiert werden Aburteilungen neben die einzelnen Steine geschrieben, wie sie im Unterrichtsverlauf auch auf die großen Papiersteine notiert wurden. Eine freie Übersetzung des Bibeltextes (Kopiervorlage M5) wird in die Lücke hineingeklebt, sodass sichtbar wird, dass sich durch Jesu Freispruch das Leben öffnet.

4.3. Wenn Menschen der Mut verlässt, reicht Jesus seine helfende Hand (Mt 14, 22-33)

➪ **Didaktischer Hinweis.** Diese nachösterliche Geschichte aus Mt 14,22-33 in der erzählt wird, dass Jesus den versinkenden Petrus aus den Fluten zieht, wird hier eingereiht in die Folge von Unterrichtsentwürfen zum Thema »Jesus fängt mit uns neu an«. Das Wunderhafte des Gangs Jesu über den See ist nicht das Thema dieser Unterrichtseinheit. Es geht in dem nachfolgenden Entwurf ausschließlich darum: Wenn die Angst über uns zusammenschlägt, wenn uns die Mutlosigkeit übermannt und man keinen Sinn mehr erkennen kann, will Jesus uns herausziehen. Als für Petrus alles zu Ende erscheint, wird er von Jesus ergriffen und ganz neu auf die Füße gestellt.

Sollten die Kinder aber nachfragen nach den wundersamen Aspekten dieses »Wunderberichtes«, sollte man sich offen einer lebhaften Diskussion stellen. Zuvor sollte man für sich als L. geklärt haben, dass die Bibel kein naturwissenschaftliches Lehrbuch sein möchte, sondern dass Menschen in den biblischen Texten versucht haben, Gottesbegegnungen innerhalb ihrer Lebensgeschichten mitzuteilen. Sprachbilder, Umschreibungen, Deutungen von Erlebnissen bleiben für andere Menschen dabei immer auch ein Stück missverständlich, denn Gott ist mit Sprache und mit Phänomenen seiner Schöpfung nicht fassbar. Wenn Jesus immer wieder verbietet, ein Wunder weiterzuerzählen, zeigt sich damit auch: Neutestamentliche Wunder sind intime Glaubensgeschichten, die Einzelnen in der Begegnung mit Jesus ein einzigartiges Ereignis eröffnen. Bis heute ist es so: Wer ein Wunder erlebt und empfindet, es sei ihm aus Gottes Hand geschenkt, kann dies nur individuell für sein eigenes Leben deuten. Wird es als Gottesbeweis missbraucht und dabei öffentlich ans Licht gezerrt, verliert es seinen lebensbewegenden »Antrieb«.[34]

Material. Schwarzes Tuch, kleine schwarze Kärtchen, weiße Buntstifte, Klebstreifen, Rassel, pro Kind ein DIN A5-Bogen blaues Tonpapier, Scheren, Kleber.

Wahrnehmungsspiel. L.: »Schafft ihr es, 15 Sekunden die Luft anzuhalten? Ich sehe auf meine Uhr und gebe euch das Startsignal… Und jetzt wieder lockerlassen und durchatmen! Probieren wir es noch einmal? Vielleicht jetzt 18 Sekunden? Aber länger nicht, sonst wird uns noch jemand ohnmächtig. Auf die Plätze… Und halt! Ausatmen, durchatmen. Das tut gut, dass wir jetzt wieder frei atmen können. Puh!«

Erzählung. Mt 14,22-33: Empfehlen möchte ich dafür die »Neuerzählung« von Rainer Lachmann[35]. Man kann auch folgende Erzählung verwenden, die durch Lachmanns Neuerzählung inspiriert wurde:

Da hetzen die zwei Männer durch die enge Gasse, um die nächste Ecke und dann Hals über Kopf in den nächsten Hauseingang hinein. Gerettet! Vorerst. Sie sind völlig außer Atem, aber in diesem Moment sind sie hoffentlich erst einmal in Sicherheit. Der eine, es ist Petrus, lehnt sich an die Wand und schließt die Augen. Der andere läuft in seiner Panik im engen Hausflur hin und her und er keucht dabei: »Petrus, ich halte das nicht mehr aus. Um ein Haar hätten uns die Soldaten erwischt. Sie schnappen sich zurzeit doch jeden Christen! Den Jakobus haben sie mit dem Schwert umgebracht. Merkst du es nicht, Petrus? Das Wasser steht uns bis zum Hals!« Dann schleicht er wieder zum Tor und versucht vorsichtig hinaus zu spähen. Blitzschnell zieht er den Kopf wieder zurück. »Sie suchen uns immer noch! He, Petrus, wie kannst du so ruhig bleiben? Ich halte das nicht mehr länger aus! Die Angst schlägt über mir zusammen. Was sich da draußen an Sturm zusammenbraut gegen uns, seit der König Herodes die Christenjagd befohlen hat … Petrus, wir werden alle untergehen!

Petrus öffnet die Augen und streckt seine Hand aus. »Komm«, sagt er und zieht seinen Freund neben sich. »Ich will dir eine Geschichte erzählen, die ich mit Jesus erlebt habe, als er noch als Mensch wie wir mit uns durchs Land gewandert ist:

Wir, die Freunde von Jesus, waren damals alleine im Boot auf dem Meer. Ein wilder Sturm war losgebrochen und unser Boot kämpfte gegen Wind und Wellen. Wir hatten Angst – Angst unterzugehen. Aber weißt du, Jesus hat uns damals nicht im Stich gelassen. Mitten in der Nacht ist er zu uns gekommen. Erst sind wir erschrocken, wir dachten ja, da sei ein Gespenst. Aber dann haben wir seine Stimme erkannt: ‚Habt keine Angst, ich bin's', hat er uns zugerufen. Ich habe dann gesagt: ‚Wenn du es bist, dann ruf mich her zu dir.' Ja, und dann habe ich gehört, wie er antwortet: ‚Komm her!' Da bin ich tatsächlich ausgestiegen, um zu Jesus zu kommen. Aber weißt du, es war immer noch Sturm! Und die Wellen waren hoch und gewaltig. Da hat mich wieder die Angst gepackt, das Wasser ging mir bis zum Hals, ich bekam beinah keine Luft und habe Wasser geschluckt. Die Wasserwogen wollten über mir zusammenschlagen. Da habe ich geschrien: ‚Herr Jesus, hilf mir!' Und dann habe ich seine Hand gespürt. Jesus hatte seine Hand ausgestreckt, packte mich und zog mich aus dem wilden Wasser. Weißt du, was er zu mir gesagt hat? Er sagte: ‚Hast du so wenig Vertrauen zu mir?' Wir sind beide wieder ins Boot zurück gestiegen und endlich hat sich auch der Wind beruhigt. Die anderen Freunde im Schiff haben gestaunt und sie waren sich einig: ‚Jesus, du bist wirklich Gottes Sohn!', haben sie gesagt.

So, mein Freund, und jetzt beten wir. Das ist das Einzige, was wir in unserer Angst jetzt tun können«, sagt Petrus zum Schluss. Und beide heben ihre Hände im dunklen Hauseingang zum Gebet. Gemeinsam beten sie Verse aus dem 69. Psalm: »Gott, hilf mir! Denn das Wasser geht mir bis an die Kehle. Ich versinke in tiefem Schlamm, wo kein Grund ist; ich bin in tiefe Wasser geraten und die Flut will mich ersäufen. Ich habe mich müde geschrien und mein Hals ist heiser. Meine Augen sind trüb geworden, weil ich so lange warten muss auf meinen Gott. Erhöre mich, Herr, denn deine Güte ist tröstlich; wende dich zu mir nach deiner großen Barmherzigkeit, denn mir ist angst, erhöre mich eilends.« (Diese Auszüge aus dem Psalm 69 könnte an dieser Stelle die Klasse gemeinsam sprechen, wenn man Textblätter verteilt oder den Text mittels einer Folie an die Wand projiziert.)

Gott, hilf mir! Denn das Wasser geht mir bis an die Kehle. Ich versinke in tiefem Schlamm, wo kein Grund ist; ich bin in tiefe Wasser geraten und die Flut will mich ersäufen. Ich habe mich müde geschrien und mein Hals ist heiser. Meine Augen sind trüb geworden, weil ich so lange warten muss auf meinen Gott. Erhöre mich, Herr, denn deine Güte ist tröstlich; wende dich zu mir nach deiner großen Barmherzigkeit, denn mir ist angst, erhöre mich eilends.«

(Aus Psalm 69)

Miteinander singen. Das Lied der letzten beiden Unterrichtseinheiten wird mit verändertem Text gesungen:

Text / Melodie: Elisabeth Buck

Gespräch. Die Kinder erzählen Erlebnisse, als sie einmal eine Zeit lang nicht atmen konnten (»Beinahe ertrunken«, »Atemstillstand nach einem Sturz« ...). L. führt aber das Gespräch noch in weitere Assoziationsfelder: »Manchmal braucht man gar nicht fast zu ertrinken, da hat man auch ohne Wasser so große Angst, dass es einem die Luft zum Atmen nimmt. Manchmal kann die Angst da richtig über einem zusammenschlagen.«

Die verschiedenen Beispiele schreiben die Kinder auf kleine schwarze Kärtchen (mit weißem Buntstift), die sie mit Klebstreifen auf einem großen schwarzen Tuch befestigen. In einer meiner Unterrichtsstunden haben die Kinder von folgenden Ängsten erzählt: »Wenn meine Eltern unterwegs sind, habe ich Angst, dass sie nicht wieder nach Hause kommen.« »Ich habe Angst, im Winter allein im Dunkeln nach dem Nachmittagsunterricht heimzugehen.« »Ich habe Angst, wenn ich mit meinem Papa Auto fahre und er ist immer so schnell: Hoffentlich passiert kein Unfall.« »Ich habe Angst vor dem Sterben.«

Im Verlauf des Gesprächs kann L. davon erzählen, dass unsere Mitmenschen unsere Angst oft nicht ernst nehmen: »Wir können aber darauf vertrauen, dass Jesus nicht über uns lacht, wenn uns die Angst fast erstickt. Im Gegenteil! Wenn ich rufe: Jesus, hilf mir – wenn ich das rufe, ohne dass es andere zu merken brauchen, ganz leise oder stumm – dann ist er ganz nah bei mir. Im

Dunkeln oder auf der Autobahn oder wenn ich allein zu Hause bin. Manchmal merke ich dann, dass sich die Angst dann nicht mehr so fest um mich krampft…« Vielleicht kommt man mit den Kindern darüber weiter ins Gespräch, vielleicht äußern sie ähnliche Erfahrungen oder ihre Skepsis dazu.

Symbolspiel. Wenn die Kinder möchten, kann man mit ihnen folgendes Symbolspiel gestalten. Erzwungen werden darf dieses Spiel auf keinen Fall! Immer jeweils drei bis vier Kinder kriechen unter das Tuch und halten darunter solange die Luft an, wie L. mit der Rassel spielt. Ein anderes Kind zieht danach das Tuch weg. L. sagt dabei zu den Kindern: »Jetzt könnt ihr aufatmen.« Das Kind, das die symbolisierte Angstsituation »weggezogen« hat, legt nun den befreiten Kindern die Hand auf die Schulter und sagt: »Hab keine Angst, du bist nicht allein.«

Heftwerkstatt. Das Wasser, das Petrus über Kinn und Mund steigt, als er versinkt, wird mit einer verschiebbaren »Wasserwand« aus Papier dargestellt und mit den Ängsten der Kinder beschriftet, die sie im Gespräch genannt haben: Dazu wird ein Streifen dunkelblaues Papier quer über die Seite gelegt und nur an den Endpunkten festgeklebt. Ein Stück blaues Papier, dessen Ober- und Unterkante man wellenförmig beschneiden könnte, wird in den Streifen eingefädelt, sodass man die »Wasserwand« nach oben oder unten verschieben kann. Dazu wird die Erzählung des Bibeltextes geheftet (M6). Unter die »Wasserwand« schreiben die Kinder: »*Manchmal steht mir die Angst wie Wasser bis zum Hals. Manchmal fühle ich mich, als würde ich in Angst ertrinken.*« Über die Wasserwand malen sie eine Hand, um die helfende Hand Jesu zu symbolisieren. Dahinein schreiben sie: »*Guter Freund Jesus: Mit dir kann ich immer reden. Dir kann ich erzählen, wovor ich mich fürchte. Du willst mir helfen.*«

Kopiervorlage M6

Einmal waren die Freunde von Jesus
alleine im Boot auf dem Meer.
Das Boot kämpfte gegen Wind und Wellen.

Plötzlich, mitten in der Nacht,
sahen die Freunde Jesus.
Erst erschraken sie,
denn sie hielten Jesus für ein Gespenst.

Jesus rief aber: »Habt keine Angst, ich bin's.«
Petrus sagte: »Wenn du es bist, dann ruf mich her zu dir.«
Jesus antwortete: »Komm her!«
Da stieg Petrus aus, um zu Jesus zu kommen.

Aber es war immer noch Sturm.
Petrus bekam es mit der Angst zu tun.
Er ging unter.
Als ihm das Wasser bis an den Hals stand, schrie er:
»Herr Jesus, hilf mir!«

Jesus streckte die Hand aus, packte Petrus und zog ihn heraus.
»Hast du so wenig Vertrauen zu mir?«
Sie stiegen beide ins Boot und endlich beruhigte sich der Wind.
Die Freunde im Schiff staunten und sagten:
»Jesus, du bist wirklich Gottes Sohn!«

(Evangelium nach Matthäus, Kapitel 14, 24-36)

5. Durch Jesus Hoffnung für das Leben gewinnen: Seligpreisungen

Didaktischer Hinweis. Wieder finden wir hier ein Wort, das in der kirchlichen Sprache gebräuchlich und bekannt ist, im Lebensalltag der Kinder aber mit ganz anderen Bedeutungen gefüllt ist: Es ist das Wort »selig«. Ebenso wie das Wort »glücklich« bezeichnet es heute einen euphorischen Gefühlszustand. Dieser Sprachwandel kann bei den Kindern zu Missverständnissen führen wie: »Glücklich gestimmt sind die Barmherzigen…«. Was Jesus Menschen in den Seligpreisungen zuspricht, könnte man dagegen umschreiben mit »Gott hat euch Gutes zugedacht«. Und das gegen allen äußeren Anschein, gegen Gefühle der Verzweiflung, gegen das geschmierte Räderwerk der Erfolgreichen, der Ellbogengesellschaft, der Schönen und »Glücklichen«.

»Die Seligpreisungen verdeutlichen die Anschauung, die Jesus vom Menschen hat – seine ‚Anthropologie'. Sie steht in Spannung zu den Tugenden und Werten, die im Umfeld seines Wirkens – aber nicht nur dort – für wichtig gehalten wurden«, schreibt Lähnemann.[36] Und an anderer Stelle merkt er an, was für Jesus gilt: »Der Mensch, wie er sich unbeschönigt darbietet – mit seinen Vorteilen und Schwächen, seiner Menschlichkeit und seinen Mängeln, mit Leid, Versagen, Verschulden, aber auch mit seiner Sehnsucht nach Liebe und heiler Gemeinschaft, seiner Suche nach Gerechtigkeit und Frieden – ist von Gott her liebenswert.«[37]

Menschen, die Leid tragen, sehen sich hoffnungslosen Situationen gegenüber. Barmherzigkeit wird nicht gelohnt und wer Frieden stiften will, findet sich in hoffnungslose Fälle verstrickt. Jesus kehrt diese Maßstäbe um, stellt die üblichen Bewertungen auf den Kopf. Und damit sehen sich nach dieser radikalen Trendwende plötzlich hoffnungslose Fälle der Hoffnung gegenüber. Jesus gibt zu verstehen: »Bei Gott seid ihr wer!«

5.1. Jesus sagt: »Selig sind, die Leid tragen, denn sie sollen getröstet werden. (Mt 5,4)

Material. Overheadfolien mit Bildern von Thomas Zacharias aus: »Radierungen zur Bibel«, Deutsche Bibelgesellschaft, Stuttgart 1993: Bilder zu Ps 69,2-3/Jes 38,18/Mt 25,35ff/1. Kor 15,26 (M7a–d). Overheadprojektor, Schattenleinwand oder weißes Bettlaken, Handtrommel.

Symbolspiel. Zu folgendem Lied (Begleitung: Handtrommel) wandern die Kinder entweder als Schlange, in Kleingruppen oder jedes Kind seinen eigenen Weg durch das Klassenzimmer.

Text: Elisabeth Buck, Melodie: Spiritual

Am Ende des Liedverses bleiben die Kinder jedes Mal stehen. Sie betrachten jeweils eines der vier Bilder von Thomas Zacharias, die einzeln zwischen den Versen mithilfe des Overheadprojektors an die Wand geworfen werden. Gemeinsam wird überlegt und ausgesprochen, welchem Leid und Elend Jesus zu seiner Zeit begegnet sein könnte. Inspiriert werden die Gedanken durch das jeweilige »Rätselbild«. Dazwischen geht die »Prozession« fortwährend weiter.

Kopiervorlage M7a–d

(Thomas Zacharias, 4 Radierungen zur Bibel, © VG Bild-Kunst, Bonn 2000)

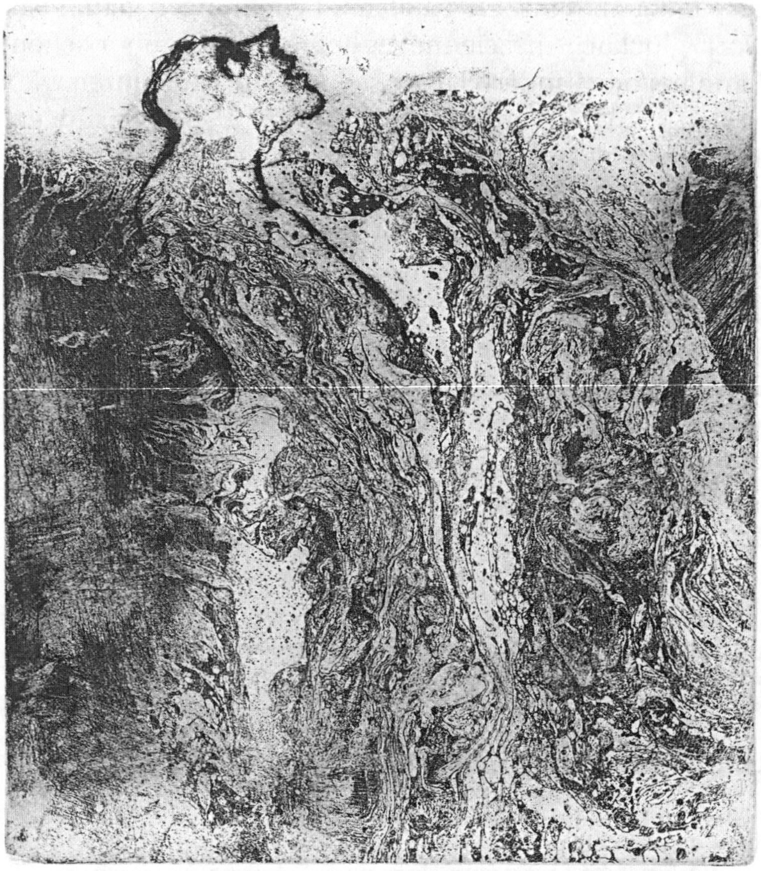

Abbildung 7a

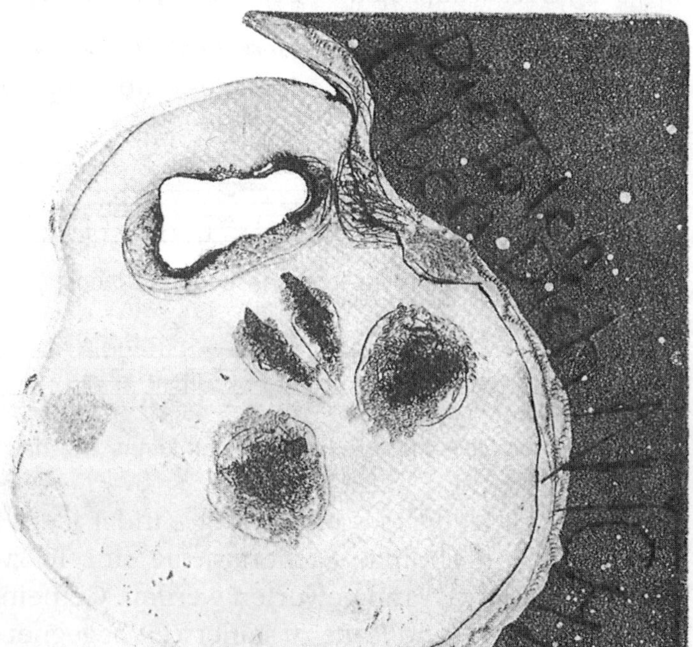

Abbildung 7b

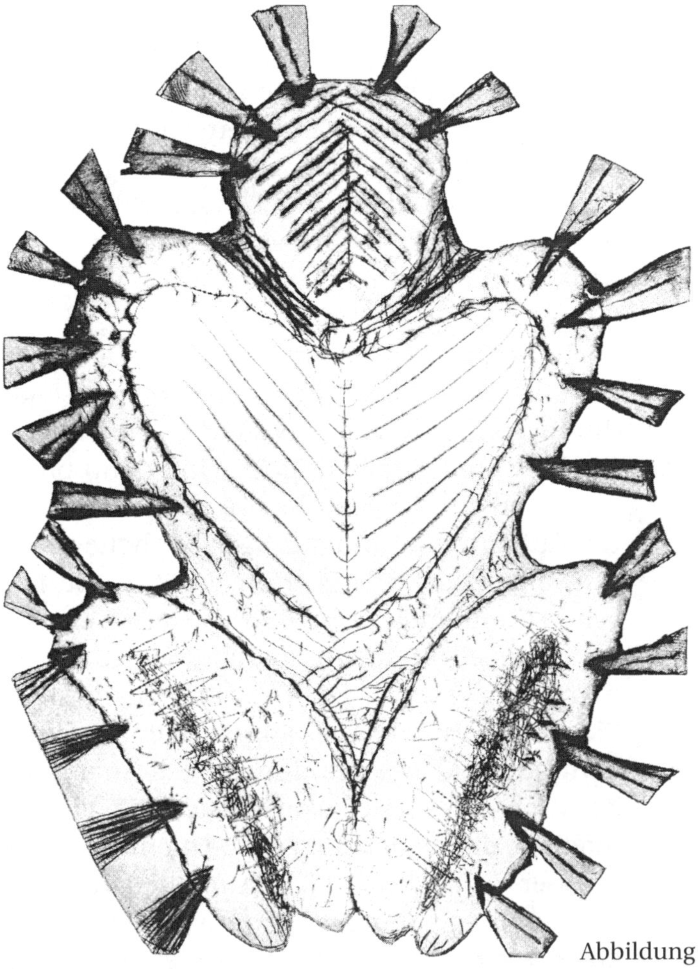

Abbildung 7c

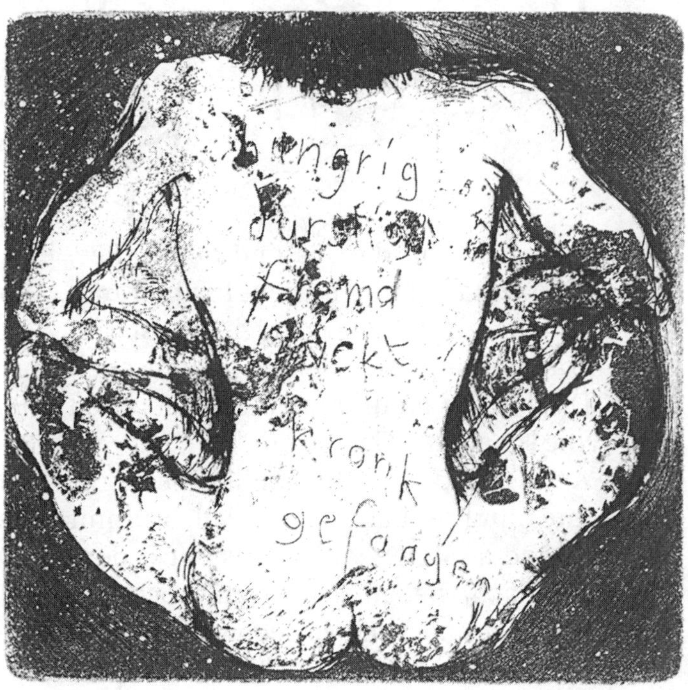

Abbildung 7d

Gestisch-pantomimisches Spiel. Zwei Kinder halten vor die nach vorne gedrehten Overheadstrahler ein Bettlaken oder eine Schattenleinwand. L.: »Wir haben darüber nachgedacht, was Jesus gehört und gesehen hat. Jetzt wollen wir nachempfinden, was Jesus getan hat, wenn er leidenden Menschen begegnet ist…«

L. ruft nun einige Male einzelne Kinder auf, die hinter der Leinwand als Schattenbild erscheinen. Sie stellen mit ihrer Körperhaltung Leidtragende dar (z.B. als gelähmter Mensch am Boden liegend oder gebückt, traurig, schmerzverkrümmt kauernd oder die Hände zum Betteln ausgestreckt…). Jeweils ein anderes Kind kommt dazu und spielt als Schattenbild, was Jesus in dieser Situation getan haben könnte – wie er dem Leidtragenden zur Hilfe wurde. (Vielleicht entwickeln die Kinder Bewegungshandlungen wie Hand auf die Schulter legen, das andere Kind aufrichten, stützen usw.)

Erzählung. Iris zahlt das Eis und den Kaffee, dann steht Anna auf und schiebt Iris in ihrem Rollstuhl aus dem Straßencafé. Es ist ein heißer Nachmittag in der kleinen italienischen Stadt. Die beiden Freundinnen schlagen den Weg in die schattigen Gassen ein.

Als Anna gerade den Rollstuhl eine Bordsteinkante hinuntermanövrieren will, brummt ein Motorrad an ihnen vorbei. Iris blickt dem Motorrad nach, beugt sich sogar noch ein wenig vor, um es noch länger sehen zu können. Anna sagt: »Ach, weißt du, ich habe Motorräder noch nie leiden können.« Unwirsch winkt Iris ab: »Anna, da kannst du nicht mitreden! Du hast keine Ahnung, was ich verloren habe! Landschaft, die an einem vorüber saust, sich in die Kurven legen, schneller sein als die anderen… Und dann: Die Leute jubeln dir zu, wenn du den Pokal in die Höhe hebst.« Und etwas leiser setzt Iris hinzu: »Anna, Motorrad fahren war mein Leben!«

Anna sagt nichts mehr. Sie steuert den Rollstuhl jetzt Richtung Kirche. Alles haben sie in ihrem Ferienort schon besichtigt, nur in der Kirche waren sie noch nicht. Und dann bittet Anna einen jungen Mann, den Rollstuhl die Außentreppe hinauftragen zu helfen. Iris schweigt und Anna ist froh darüber. Sie hat schon befürchtet, Iris würde wieder einmal ihre ganze Bitterkeit ausschütten über jemanden, der ihr zu Hilfe kommt. Erst gestern hat sie den Hoteldiener angefaucht: »Ja, ja, da komme ich Krüppel und stehle jedermann die Zeit. Ich sollte mich von dieser Welt davonmachen, dann hat keiner Mühe mehr mit mir.«

Aber jetzt schweigt Iris. Anna bedankt sich und der junge Mann sagt zu Iris: »Ich trage Sie auch wieder hinunter, wenn sie die Kirche besichtigt haben.« Anna schiebt Iris in das kühle halbdunkle Kirchenschiff. Nach einer Weile haben sich ihre Augen auf die Dämmerung eingestellt. Die Innenmauern der Kirche sind von oben bis unten mit Figuren bemalt. Und während Anna den Rollstuhl die Gänge entlangschiebt, erkennt Iris die Szenen an den Wänden: Da ist eine weiße Gestalt zu sehen, wie sie die Arme um kleine Kinder legt – es muss wohl Jesus sein. Etwas weiter streicht Jesus über die Augen eines Blinden und noch ein Stück weiter ist Jesus gemalt, wie er sich zu einem Gelähmten herunterbeugt. Bunt sind die Farben, für Iris' Geschmack etwas zu bunt.

Als der junge Mann gemeinsam mit Anna den Rollstuhl wieder hinunterträgt, fragt er: »Wie heißen Sie?« »Ich bin Anna, und das ist Iris!« »Iris!«, wiederholt der Mann und setzt den Rollstuhl vorsichtig auf, »Iris heißt die Göttin des Regenbogens!« Damit verabschiedet er sich und die beiden Frauen setzen ihren Weg durchs Städtchen fort.

»Lass uns einen Laden suchen, in dem man Künstlerfarben kaufen kann!«, sagt Iris. Und während Anna den Rollstuhl zu den Ladenstraßen lenkt, redet Iris immerzu: »Die Bilder in der Kirche waren nicht schlecht! Der Stil der Bilder hat mir gefallen. Nur andere Farben würde ich wählen, nicht so bonbonrosa und himmelblau, sondern eher ocker und rauchblau, also Farben, wie sie hier in der Landschaft vorkommen. Ja und vielleicht nicht ganz so nebeneinander, noch etwas mehr Bewegung würde ich in den Bildern zeigen wollen. Und, ja, irgendwie …«

So munter plaudernd hat Anna ihre Freundin Iris das letzte Mal vor ihrem schweren Unfall erlebt. Sie werden jetzt also Farben kaufen und Pinsel und Malblöcke. Und Anna wird es leicht ums Herz. Malen konnte Iris schon in der Schulzeit sehr gut, sie hatte nur nie mehr Zeit dazu, als sie dann Motorradrennen fuhr. Aber malen – das geht auch mit gelähmten Beinen! Vielleicht ist da ein Hoffnungsschimmer, dass sich Iris wieder freuen kann. Anna schiebt den Rollstuhl schneller.

Symbolspiel. Auf dem Boden in der Mitte des Stuhlkreises liegt ein großer Papierbogen oder ein Stück Tapetenrolle, daneben steht ein Körbchen oder eine Schachtel mit dicken Wachsmalkreiden. Die Kinder malen abwechselnd mit leuchtenden Farben eine abstrakte Form oder irgendeine Gestaltung, die sich an die Malspuren der anderen Kinder anschließt. Dazu wird jedes Mal eine konkrete Hoffnung für ein bestimmtes Leid geäußert. (Z.B: »Ich wünsche mir, dass Kinder im unserem Krankenhaus viel Besuch bekommen« oder »Ich wünsche mir, dass in dem Land, wo gerade ein Erdbeben war, die Menschen bald wieder in Häusern wohnen können«.)

Heftwerkstatt. Ungefähr die Hälfte einer Heftseite wird dick und dicht mit *hellen, bunten* Wachsmalstiften eingefärbt. Dann wird die ganze Farbschicht dick und vollständig mit einem schwarzen Wachsmalstift übermalt. Mit einer Schere oder mit einem Plastikmesser wird nun aus der schwarzen Farbfläche das Wort »*HOFFNUNG*« herausgekratzt, sodass die Buchstaben die hellere Farbschicht darunter durchscheinen lassen. Darunter wird Mt 5,4 geschrieben: »*Glücklich die Menschen, die Leid tragen, denn sie sollen getröstet werden.*«

Miteinander singen. EG 398 wird in schnellem, beschwingtem Tempo gesungen mit rhythmischer Begleitung durch kleines Schlagwerk (tänzerischer Charakter). Es empfiehlt sich, manche alte Formulierung durch zeitgemäße Wortwendungen zu ersetzen.

Beispiel:

In dir ist Freude in allem Leide,
guter, treuer Jesus Christ.
Durch dich wir haben besondere Gaben,
weil du unser Befreier bist.
Hilfst uns aus Schanden, rettest von Banden.
Wer dir vertraut, hat auf dich gebaut.
Bei dir wir bleiben, halleluja.

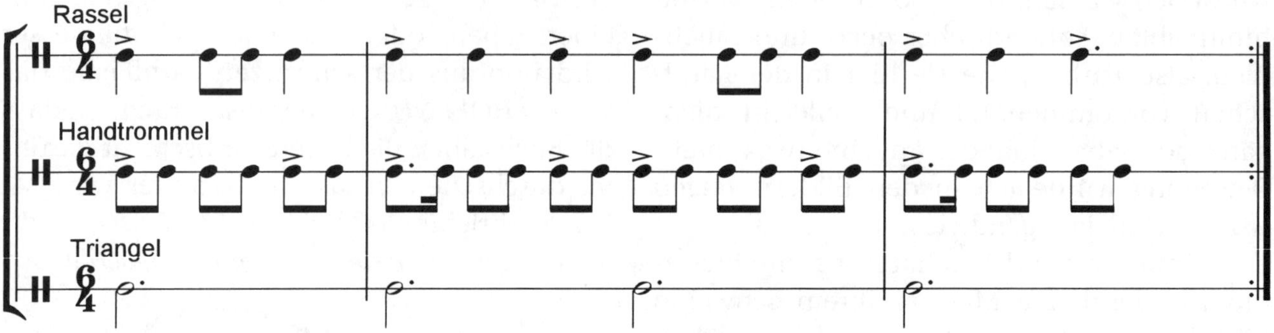

Gespräch. Tilly denkt laut nach.: »Mein Cousin hat ganz schlimme Neurodermitis. Wenn es mal wieder so richtig heftig ausbricht, kann er nachts nicht schlafen. Er kratzt sich blutig und ist dann total verzweifelt. Ich hab bei ihm schon Zeiten mitgekriegt, da war für ihn das ganze Leben eine Qual. Einmal hat er sogar zu mir gesagt: ‚Tilly, ich glaub' es wär' besser, mich würde es gar nicht geben.' Wisst ihr, ich mag meinen Cousin wahnsinnig gerne. Und dann hab ich echt Angst, dass er sich mal was antut. Ich weiß überhaupt net, was ich ihm sagen kann. Helft mir doch, vielleicht fällt euch eher was ein als mir, was ihn trösten kann.«

5.2. Jesus sagt: »Selig sind die Barmherzigen, denn sie werden Barmherzigkeit erfahren.« (Mt 5, 7)

Material. Ein Papierstreifen, ca. 7 cm breit, auf den das Wort »Barmherzigkeit« mit großen Lettern geschrieben ist. (Evtl. stärkeres Papier), orange- oder rosafarbenes Faltpapier (pro Kind ein Blatt), Scheren, Kleber.

Wahrnehmungsspiel. Einzelne Kinder treten vor die anderen hin. Sie nehmen eine beliebige Körperhaltung ein – sitzend, kniend, liegend oder stehend. Andere Kinder kommen dazu, nehmen sich einen Moment Zeit, um die Körperhaltung des Anderen genau wahrzunehmen und sich genau einzufühlen. Dann versuchen sie, diese beobachtete Haltung genau zu imitieren.

Gespräch. L.: »Ich stelle euch ein Rätsel: Jesus hat einmal eine Geschichte erzählt, die ihr gut kennt. Sie handelt von einem Mann, der sich einen anderen Menschen genau angeschaut hat, statt wegzusehen. Er hat nachgefühlt, wie es diesem andern Mann geht. Und er hat ihm dann geholfen, so, wie es der andere gebraucht hat. Wisst ihr, welche Geschichte ich meine?«

Erzählung mit definiertem Rollenspiel und Symbolspiel. L. erzählt die Geschichte vom barmherzigen Samariter. An der Stelle, als die Räuber den Wanderer zusammengeschlagen liegen lassen, hält L. inne: »Wir wollen versuchen, uns hineinzufühlen, wie es jemandem geht, der hilflos und verletzt am Boden liegt.« Alle Kinder versuchen nun, sich in einer entsprechenden Haltung auf den Boden zu legen. L. beschreibt nun weiter, wie sich eine solche Situation anfühlt. (Brennende Schmerzen, man fühlt, wie das Blut rinnt, Fliegen setzen sich auf die Wunden, die Sonne sticht erbarmungslos, Durst…) L. erzählt, wie der Verletzte erst den Priester und dann den Levit kommen hört und durch seine matten Augen schemenhaft erkennt. Verbalisiert wird, wie der Verletzte auf Hilfe hofft, wie die Schritte sich aber wieder entfernen. Die Schritte lässt L. hörbar werden durch Patschen der Hände auf den Boden oder auf die Beine. Sie werden erst lauter, dann wieder leiser und etwas schneller. Als der Samariter kommt, halten die Schritte an. Während L. beschreibt, was der Samariter nun tut, hilft er einem der am Boden liegenden Kinder auf. L. schiebt nun eine kurze Regieanweisung ein mit leiserer Stimme: »Jedes Kind, dem jetzt aufgeholfen wird, geht zu einem anderen Kind und hilft diesem vorsichtig wieder auf die Beine.« Die ganze Aktion, bei der sich die Kinder gegenseitig aufrichten, erzählt L. von der Hilfe des Samariters: »Er schiebt ihm seinen Arm unter den Nacken und setzt behutsam die Wasserflasche an den Mund des blutenden Mannes. Der Samariter verjagt die Fliegen, er tränkt ein Tuch mit Wasser und kühlt ihm die Stirn. Er verbindet ihm die blutenden Wunden. Immer wieder sagt er zu ihm: Ich bin ja da, es wird alles wieder gut, du brauchst keine Angst mehr zu haben. Ich kümmere mich um dich, bis es dir wieder besser geht. …«

Miteinander singen. EG 420 bietet sich hier an, eventuell mit einem Zusatzvers, der die vorangegangenen Erlebnisse aus den einzelnen Spielen aufnimmt:

Schau jemand an, den keiner sieht.
Dem, der am Boden liegt, hilf auf.
Wunden verbinden – das tut Not.
Stütz den, der selbst kaum laufen kann.

Thematisch angestoßenes, selbst inszeniertes Rollenspiel. L. schlüpft in die Rolle eines Schulkindes, das verschiedene Situationen erlebt:

- Ein Kind sitzt in der Klasse den Tränen nahe, den Kopf auf die Arme gelegt.
- Ein Kind hat kein Pausenbrot dabei und ist sehr hungrig.
- Ein Kind hat ein Gipsbein und kann nur langsam laufen. Es fürchtet, den Schulbus nicht mehr zu erreichen.
- Ein Kind hat zum dritten Mal eine schlechte Note in Mathe bekommen und hat Angst, heimzugehen.

Zu jeder Situation, die L. vorspielt, können einzelne Kinder ihre Ideen, barmherzig zu handeln, dazu spielen und die Spielsituation weiterführen und verändern.

Gespräch. L. schreibt die Seligpreisung Mt 5,7 an die Tafel. Die Kinder stellen sich im Kreis auf. Ein Papierstreifen, auf den das Wort

»Barmherzigkeit« geschrieben wird, wird reihum von Hand zu Hand weitergegeben.

Dazu sprechen die Kinder den Bibelvers, der nun an der Tafel steht. L.: »Also, Jesus sagt, wer barmherzig ist, wird selber Barmherzigkeit bekommen. Warum soll das so sein, wie können wir uns das vorstellen?« (Besonders zwei Schwerpunkte können von L. angesprochen werden: Wer barmherzig handelt, kann damit eine Kettenreaktion auslösen. Und vielleicht wird es einmal so sein, dass sich alle Menschen von Gott erreichen lassen und dann anders miteinander umgehen. → »Reich Gottes«) Tilly hat da ihre Zweifel: »Also, wenn ich jemandem helfe, der in Schwierigkeiten steckt, dann bin ich doch die Dumme. Die anderen hauen schnell ab oder schauen weg und kommen doch dann eigentlich gut weg dabei. Oder?«

Heftwerkstatt. Aus orangefarbenem oder rosafarbenem Faltpapier schneiden die Kinder mehrere Hände, die sie in Kreisformation ins Heft kleben, so wie sie es im Kreis erlebt haben, als sie das Schild »Barmherzigkeit« weitergegeben haben. In die Mitte des Kreises schreiben sie: *»Glücklich sind die Barmherzigen, denn sie werden Barmherzigkeit erfahren.«*

5.3. Jesus sagt: »Selig sind die Friedensstifter, denn sie werden Gottes Kinder heißen.« (Mt 5, 9)

Didaktischer Hinweis. Für dieses unterrichtliche Thema nach folgendem Entwurf ist viel Zeit nötig. Ideal wäre es, wenn man diesen Anlass als Chance nutzen könnte, die Kinder der Religionsklasse als Mediatoren auszubilden, die im Schulalltag professionelle Streitschlichtung betreiben könnten. Ein aggressives Schulklima könnte sich dann spürbar wandeln, wenn alle, einschließlich das gesamte Lehrerkollegium und die Schulleitung an einem Strang ziehen würden. Anleitung für das so genannte Mediatorenmodell findet man im Streitschlichterprogramm von Jefferys-Duden.[38]

Material. Eine Blume gefaltet aus Seidenpapier. Lucky Luke, Band 26: »Familienkrieg in Painfull Gulch«, Morris/Goscinny. Instrumente des kleinen Schlagwerks (Handtrommel, Schlaghölzchen, Rasseln…). Pro Kind ein rotes DIN A4-Blatt. Abwaschbare Wachskreide oder ein vorbereiteter Spielplan (Auf ein altes Bettlaken werden Filzkreise aneinander geklebt. Es müssen 43 nummerierte Felder sein. Farbig hervorgehoben sind die Felder 4, 13, 16, 21, 28, 33, 43. Mit einem Dreieck umrandet sind die Felder 6, 10, 20, 24, 27, 32, 37, 41). Ein Sechserwürfel (Normalgröße oder als großer Schaumstoffwürfel), ausgeschnittene Kärtchen von Kopiervorlage M8, ein Glas Wasser, ein Stück Fensterleder, ein stabiles Holzbrett ca. 40 cm × 80 cm, einige Blätter gelbes, blaues und grünes Papier. Pro Kind ein Stück Material, aus dem sich im Heft eine Brücke gestalten lässt (Korkstreifen/Holzfurnierstreifen/Fotokarton…), Scheren, Kleber.

Miteinander singen. Symbolspiel. Die Kinder sitzen oder stehen im Kreis. Behutsam wird eine zarte Blume aus Seidenpapier weitergegeben. Dazu singen sie EG 433, Hevenu schalom alejchem (Wir wünschen Frieden euch allen).

Erzählung. L.: »Wenn man die Papierblume so umsichtig weitergibt, wie wir soeben, dann bleibt sie ganz und wird nicht zerdrückt. Mit Frieden ist es ganz ähnlich. Druck verträgt er nicht. Und man muss sich für Frieden öffnen, so wie wir unsre Hände geöffnet haben. Ich erzähle euch jetzt eine Lucky-Luke-Geschichte, in der es sehr lange gedauert hat, bis sich einige Streithähne für Frieden öffnen konnten.«

L. erzählt nun die Geschichte »Familienkrieg in Painfull Gulch«. Vielleicht ist der Lucky-Luke-Band greifbar und man kann ab und zu einige Illustrationen zeigen. Dann kann das Heft auch noch einige Wochen im Klassenzimmer verbleiben und die Kinder können die Geschichte nacheinander in den Freiarbeitszeiten selbst anschauen und lesen.[39]

Inhalt der Erzählung:

Zwei verfeindete Familienclans beeinträchtigen das Leben der Stadt: Die O'Haras, kenntlich durch riesige rote Ohren und die O'Timmins, kenntlich durch riesige rote Nasen. Sie liefern sich Schießereien am laufenden Band. Lucky Luke wird zum Bürgermeister von Painfull Gulch gewählt und soll die beiden Familien versöhnen. Aber was er auch versucht, (Verhandlungen, Stadtfest zu Ehren der beiden Clans, Verhaftung der Söhne…), keine der beiden Familien ist bereit für Frieden. Bis schließlich bei den O'Haras ein Feuer ausbricht, aber nur die O'Timmins Löschwasser haben. Da wird es den Großmüttern der beiden Familien zu viel und sie zwingen ihre Familienoberhäupter, Löschwasser zu spenden bzw. die Hilfe anzunehmen. Das Ende ist eine Hochzeit zwischen einem Mädchen der O'Timmins und einem jungen Mann der O'Haras.

Definiertes Rollenspiel. Aus orangefarbenem oder rotem Papier schneiden sich die Kinder je eine rote Nase und je zwei rote Ohren.

Zuerst legen die Kinder die roten Nasen vor sich auf ihren Tisch. Sie stehen auf und halten sich die roten Papierohren an ihre eigenen Ohren. L. sagt: »Ihr streicht gerade euren Zaun, ein Mann der O'Timmins reitet auf seinem Pferd vorbei. Ihr ärgert euch über den Schatten, den er vorübergehend auf den Zaun wirft, über das Klappern der Hufe, das euch stört. Solange ich meine Hand hoch halte, beschimpft ihr den unsichtbaren O'Timmins. Senke ich meine Hand, verstummen wir.«

Nach der kurzen Beschimpfungsphase werden die »Rollen« getauscht. Die Ohren, die nun vor jedem Kind liegen, werden zum unsichtbaren O'Hara, der seinen Zaun streicht. Die Kinder halten sich ihre rote Papiernase an ihre eigene Nase. L.: »Ihr reitet die Straße lang und ärgert euch über den Gestank des frisch gestrichenen Gartenzauns, ihr seid wütend über das Geschimpfe des O'Hara, ihr regt euch über seine abstehenden Ohren auf. Solange ich meine Hand hoch halte, beschimpft ihr den unsichtbaren O'Hara. Senke ich meine Hand, verstummen wir.«

Vermeiden sollte man, dass sich Kinder gegenüber stehen und sich gegenseitig beschimpfen. Der Zielpunkt der Beschimpfung bleibt hier bewusst imaginär. Jedes Kind wechselt in diesem Spiel die Seite und damit den Standpunkt. Reale gegenseitige Beschimpfungsszenen sind im schulischen Rahmen nicht steuerbar.

Gespräch. Die Kinder setzen sich im Kreis zusammen. Sie sprechen über die verschiedenen kleinen Auslöser, die Unfrieden schaffen können. Gemeinsam wird darüber nachgedacht, warum der Weg zum Krieg so kurz ist und der Weg zum Frieden so lang.

Miteinander singen und musizieren. Das Lied »Wir wünschen Frieden euch allen« (EG 433) wird zu einer Schlagwerkbegleitung gesungen, welche einige Anklänge an das Leben in einer Westernstadt hörbar macht: Schlaghölzer als Hufgeklapper, Rassel als Klapperschlangenimitation, Handtrommel als ferner Indianerklang aus der Prärie.

Würfelspiel mit Bewegungsaktionen. Eine Felderstraße liegt auf dem Boden aus. (Entweder werden mit abwaschbarer Wachskreide Felder direkt auf den Boden gemalt oder auf ein altes Bettlaken werden Filzkreise aneinander geklebt. Es müssen 43 nummerierte Felder sein.) Benötigt wird außerdem ein Sechserwürfel. Besonders schön ist ein großer Schaumstoffwürfel, aber ein normaler Spielwürfel tut's auch. Als Spielfiguren können verschiedenfarbige Bausteine dienen.

Auf dem Weg zur Friedenspfeife

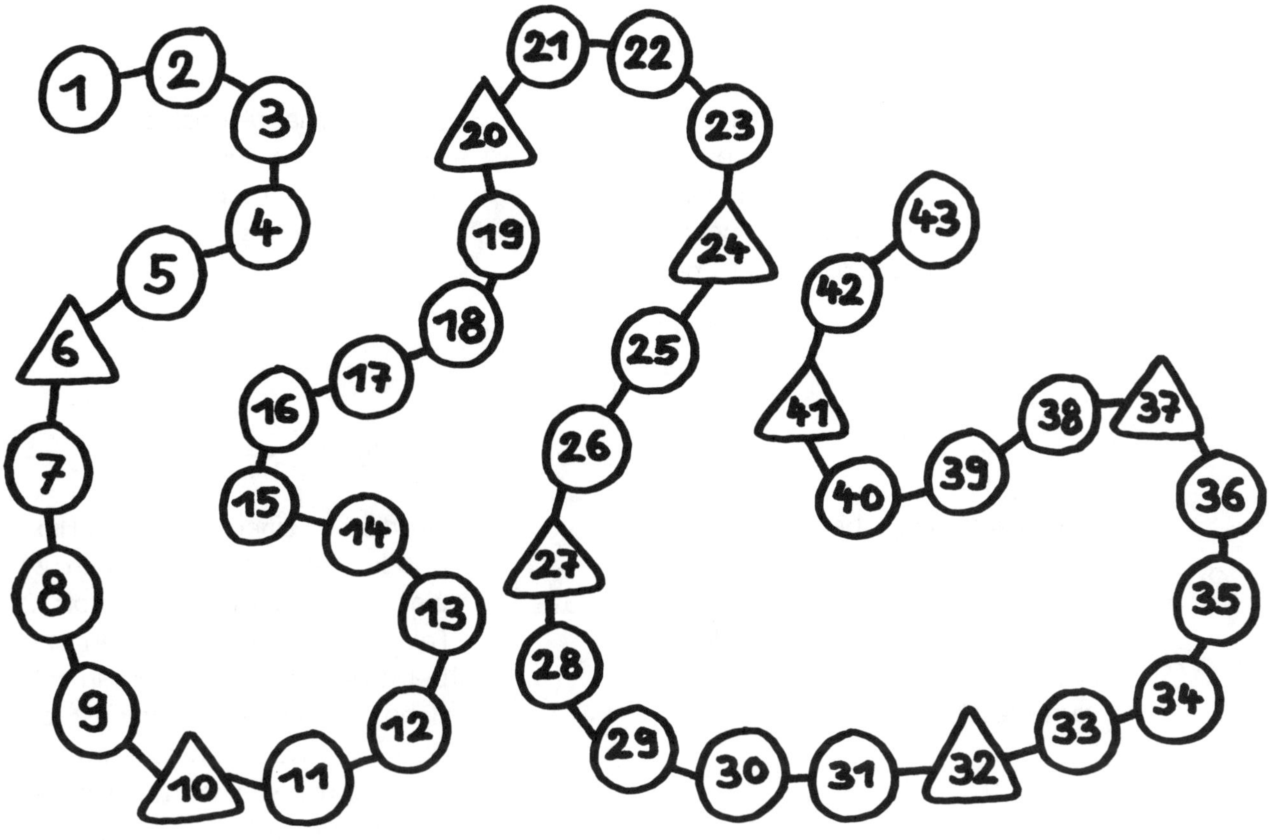

Vorwort:

Alle Spielerinnen und Spieler sind Hopi-Indianer. Ihr Land liegt zwischen dem Land der Apatschen und dem der Komantschen. Apatschen und Komantschen führen Krieg gegeneinander und verwüsten dabei das Hopi-Land. Um das eigene Land zu retten, müssen die Hopi-Indianer erreichen, dass sich Apatschen und Komantschen miteinander versöhnen. Auf den Dreiecksfeldern müssen sich die Spieler eine eigene Lösung überlegen. Die anderen Hopi-Indianer entscheiden, ob die jeweilige Lösung sinnvoll ist oder nicht. Finden sie die Lösung gut, darf der Spieler noch einmal würfeln.

Bei einer kleinen Religionsunterrichts-Gruppe (wie z.B. in der Diaspora) bis zu einer Anzahl von 10 Kindern, kann jedes Kind eine eigene Spielfigur führen. Bei großen Gruppen gliedern sich die Kinder in einzelne Hopi-Familien, deren Mitglieder sich beim Würfeln und Ziehen ablösen.

Kopiervorlage M8

Spielfelder:

4 Dein Pferd bricht sich das Bein. Steht ein anderer Hopi ein paar Felder vor dir oder hinter dir, nimmt er dich huckepack (einmal rund um den Spielplan herumschleppen) mit.

6 Erster Verhandlungstag mit den Komantschen und den Apatschen. Alle reden gleichzeitig. Wie bringst du sie dazu, einander zuzuhören?

10 Den Apatschen, aber auch den Komantschen fehlt über Nacht ein Pferd. Sie beschuldigen sich gegenseitig. Neue Kämpfe drohen. Was kannst du tun, um zu vermitteln?

13 Du fällst in einen reißenden Fluss und kannst nicht schwimmen. Ist einer dicht hinter dir (1 bis 2 Felder), kann er dich retten und bei seinem nächsten Würfeln mitnehmen. Andernfalls kannst du dich mit einem Baumstamm retten und musst eine Runde trocknen (aussetzen).

16 Du hast vergiftetes Wasser getrunken. Um zu überleben, musst du ein Glas reines Wasser in 8 Sekunden austrinken. Schaffst du es nicht, zwei Felder zurück.

20 Apatschen und Komantschen behaupten, die Hopi sprechen mit gespaltener Zunge. Sie würden nur Apatschen und Komantschen gegeneinander aufbringen wollen, um dann ihre beiden Länder zu bekommen. Wie kannst du ihnen erklären, dass du es ernst meinst mit Frieden?

21 Es ist stockfinstere Nacht. Du musst trotzdem weiterreiten. Schließe die Augen und gehe um das Spielfeld herum. Findest du blind deinen Platz wieder, darfst du zwei Felder weiter vor.

24 Du bist schwer krank geworden und kannst dein Bett nicht verlassen. Es droht die Gefahr, dass morgen früh wieder ein Kampf zwischen Apatschen und Komantschen losbricht auf deinem Land, wenn du nicht sofort mit ihnen verhandelst. Was kannst du tun?

27

Im Hopi-Land ist ein Goldschatz versteckt, den alle Indianervölker bisher gemeinsam vor den Weißen geschützt haben. Doch jetzt trauen die Apatschen den Komantschen nicht mehr und umgekehrt. Sie wollen den Schatz auf ihr eigenes Land bringen. Wieder drohen Kämpfe. Beweise den beiden Stämmen, dass ihr Hopis den Schatz zuverlässig schützen könnt.

28

Es ist Nacht. Du schleichst durch ein Dickicht. Ganz in der Nähe sitzen deine Familienangehörigen. Finde durch blindes Abtasten heraus, welches Familienmitglied sich still neben dich gestellt hat.

32

Die Apatschen kommen zu dir mit einer Bitte: Sie werden von weißen Soldaten bedroht und brauchen die Hilfe der Hopi und der Komantschen. Wie kannst du die Komantschen überzeugen, den Apatschen zu helfen?

33

Du bist von einer Schlange gebissen worden. Du kannst nur geheilt werden, wenn du zwei Minuten bewegungslos auf einem Bein stehen kannst. Fällst du um, dann gehe die gewürfelte Zahl der Felder zurück, denn du bist nun längere Zeit schwer krank.

37

Durch einen langen einsamen Ritt hast du fast das Sprechen verlernt. Du musst nun für die nächste Verhandlung sprechen üben. Bilde einen Satz aus acht Wörtern zum Thema Frieden. Andernfalls musst du drei Felder zurück.

41

Die Komantschen kommen zu dir mit einer Bitte: Ihre Maisernte ist durch Hagel vernichtet, eine Hungersnot droht bei ihnen auszubrechen. Eure Vorräte reichen aber nicht zusätzlich für das ganze Volk der Komantschen. Die Apatschen leben zurzeit im Überfluss. Bitte finde eine Möglichkeit, die Apatschen davon zu überzeugen, dass sie den Komantschen von ihren Vorräten etwas abgeben.

43

Du hast es geschafft: Apatschen und Komantschen haben Frieden geschlossen. Schreibt alle gemeinsam einen Friedensvertrag auf ein Stück Leder (Fensterleder). Zünde eine unsichtbare Friedenspfeife an und lasse alle Mitspieler feierlich daran ziehen.

Miteinander singen und musizieren. EG 433 (Hevenu schalom…) wird mit Handtrommel, Schlaghölzern, Rasseln und einem Xylophon-Bordun begleitet: Ein Zweiklang aus d und a wird immer während dazu gespielt. (Das Lied muss dann in d-Moll gesungen werden.)

Erzählung zu Mt 5,9. L.: »Als Jesus damals auf dem Berg in Israel zu den vielen Menschen gesprochen hat, hat er auch gesagt: ‚Glücklich sind Menschen, die Frieden stiften, sie werden Gottes Kinder genannt.' Ich habe mir überlegt, welche Menschen da vielleicht zugehört haben. Es könnte sein, dass sich vielleicht so eine Geschichte zugetragen hat, wie ich sie euch jetzt erzähle:«

Micha wirft seine Kugel aus lockerem Handgelenk. Mit einem dumpfen Klang schlägt sie auf dem Lehmboden auf und rollt noch ein wenig, bis sie liegen bleibt. Dann tritt er einen Schritt zurück, er macht Josha Platz, der nun an der Reihe ist. Joshas Kugel kommt eine Handbreit vor Michas Kugel zum Stillstand. Jetzt ist Simon dran. Seine Kugel fliegt ein kurzes Stück, dann kullert auch sie zu Michas Kugel und kommt neben Joshas Kugel zur Ruhe. Die drei Jungen rennen zu ihren Kugeln, um die Abstände zu messen. Simon klatscht in die Hände: »Ha, gewonnen! Meine Kugel ist eine Haaresbreite näher an Michas.« Josha schüttelt den Kopf. »Ich glaub, du bist blind, meine Kugel ist näher.« Die beiden springen auf und blicken sich feindselig an. »Immer musst du gewinnen, egal ob du Recht hast oder nicht!«, faucht Josha. Simon ballt die Fäuste: »Du kannst nicht verlieren, das ist es!« Und mit diesen Worten stößt er Josha zu Boden. »Hört auf!«, ruft Micha. »Hört auf zu streiten und lasst uns weiterspielen.« Aber die beiden anderen hören nicht auf ihn, verbissen kämpfen sie, mal ist Simon oben, mal Josha. Erst als einige Erwachsene auf sie aufmerksam werden und näher kommen, lassen die Streithähne voneinander ab und jeder rennt ohne Gruß davon. Micha sammelt die Kugeln ein, hebt noch einen abgerissenen Knopf auf und geht enttäuscht nach Hause.

Daheim ist Besuch, sein Onkel sitzt mit seinen Eltern zusammen. Der Onkel erzählt und seine Eltern hören aufmerksam zu. Micha setzt sich auf den Boden zu ihren Füßen. Der Onkel spricht weiter: »Ihr könnt euch gar nicht vorstellen, was das für ein Menschengedränge war an diesem Berg. Ich habe versucht, mich zwischen die vielen Leute zu schieben, um näher heranzukommen. Denn einmal wollte ich ihn schon sehen. Wann trifft man schon mal so einen berühmten Menschen.« Micha hebt den Kopf und sieht ihn fragend an: »Welchen berühmten Menschen meinst du?« Der Onkel hebt Micha auf und setzt ihn neben sich. »Schade, dass du nicht dabei warst, mein Freund«, antwortet der Onkel. »Ich hätte dich auf die Schultern gesetzt, damit du gut siehst. Jesus von Nazareth war da. So viel ich gehört habe, sind Kinder für ihn bereits wertvolle Menschen.« Micha fragt: »Ist es der, der Blinde und Gelähmte geheilt hat, und der sagt, wir können Gott unseren Vater nennen?« »Ja, genau dieser Jesus!« »Was hat er gemacht, was hat er gesagt?« Der Onkel lacht: »Ich glaube, das verstehst du noch nicht! Er hat zum Beispiel gesagt: Glücklich sind Menschen, die Frieden stiften, denn sie werden Kinder Gottes genannt. Aber das ist nur was für uns Erwachsene! He, wo willst du denn hin, warum läufst du fort?« Micha ist schon draußen aus dem Haus. Er weiß, was er jetzt tun muss. Von wegen – nur für Erwachsene! Jetzt ist er gefragt, Micha, mit seinen 9 Jahren! Er rennt den Weg entlang, springt über Steinbrocken. Die Straße staubt auf. Frieden stiften, das hat er sich vorgenommen. Mit Josha und mit Simon wird er jetzt reden. Jeder soll sagen, was ihn geärgert hat. Jeder soll dem anderen zuhören. Gemeinsam werden sie eine Lösung suchen und einen Friedensvertrag schreiben. So stürmt er in Joshas Haus: »Josha, ich bin's, Micha, hast du kurz Zeit, ich muss mit dir reden…«

Gespräch und **Symbolspiel**. Aus dem Schulalltag oder dem sonstigen Leben der Kinder werden im Gespräch Streitsituationen zusammengetragen. Jeweils auf einen gelben Papierpunkt (Ø ca. 12 cm) wird die eine Seite eines Konflikts kurz notiert und auf einen hellblauen die andere Seite. Die beiden »Punkte« werden auf zwei Stühle gelegt, die ein Stück voneinander entfernt stehen. L.: »Es sind also zwei ganz verschiedene Standpunkte, die zu einer ‚Auseinandersetzung' führen.«

Aus einem stabilen Holzbrett bauen die Kinder nun eine Brücke, die beide Stühle miteinander verbindet. Die Kinder suchen im Gespräch nun Möglichkeiten, wie sie in den konkreten Konflikten eine versöhnende Brücke bauen können. Man kann diese Ideen dann kurz auf grüne Papierblätter notieren und auf die Holzbrücke legen. Man könnte die Situation aber auch in Bewegung spielen:

Kind A stellt sich auf den Stuhl mit einer »gelben« Position und liest vor, was auf seinem gelben Blatt steht. Kind B stellt sich auf den anderen Stuhl und liest die »blaue« Meinung vor. Kind C bittet die beiden Kinder, mal für kurze Zeit den Standpunkt des anderen zu betrachten. Dazu wechseln die beiden Kinder den Platz und benennen den Standpunkt des anderen Kindes mit eigenen Worten. Anschließend gehen sie wieder auf ihre Ausgangsposition zurück. Kind C fragt die beiden, wie sie sich versöhnen könnten und legt die Holzbrücke zwischen beide Stühle. Kind A und B schlagen Lösungsmöglichkeiten vor und Kind C legt sie auf eine realistische Lösungsform fest. Dann betreten die beiden »Streithähne« die Holzbrücke (Die Brücke muss evtl. von zwei Kindern gesichert werden, damit sie nicht verrutschen kann.) und geben einander die Hand.

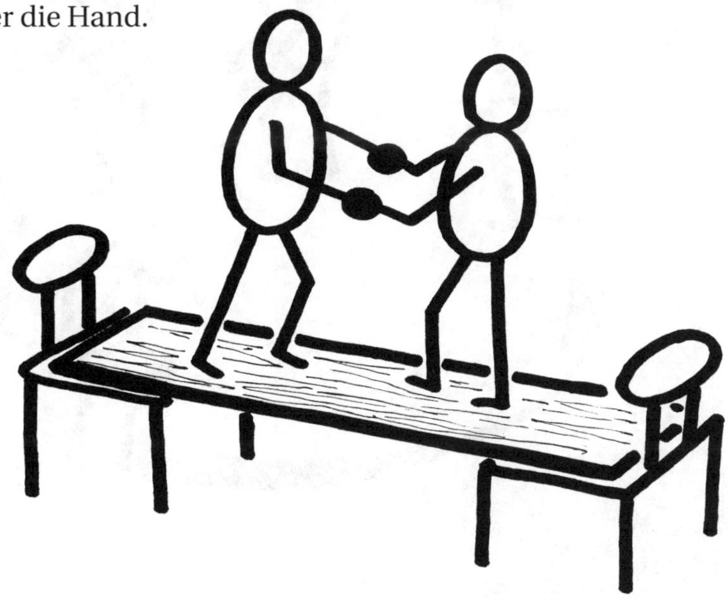

Heftwerkstatt. Links auf eine Heftseite wird ein O'Hara gemalt mit seinen großen Ohren, auf die rechte Seite ein O'Timmin mit seiner großen Nase. Zwischen beide wird aus Pappe, aus Kork oder Holzfurnier eine Brücke ausgeschnitten und zwischen die beiden Figuren geklebt. Darunter oder auf die Brücke wird geschrieben: *»Jesus sagt: Glücklich sind Menschen, die Frieden stiften, denn sie werden Gottes Kinder heißen.«*

6. Petrus auf seinem Weg mit Jesus begleiten

6.1. Jesus holt Petrus aus seinem enttäuschenden Berufsalltag heraus und nimmt ihn mit auf seine Wanderschaft zu den Menschen (Lk 5,1-11)

Material. Xylophon, Hängebecken, farbiges Tonzeichenpapier, Scheren, Kleber, pro Kind eine Briefklammer.

Pantomimisches illustrierendes Rollenspiel. Alle sitzen im Stuhlkreis. Pantomimisch wird der karge Arbeitsalltag von Fischern gespielt. (Netze flicken, hinausrudern, Netze auswerfen, Ausschau halten, Netze einziehen, einzelne Fische herausklauben, kleine Fische wieder ins Wasser werfen, erneut Netze auswerfen, usw. Später wieder heimrudern, Netze waschen und flicken, Enttäuschung zeigen, dass so wenig gefangen wurde.) L. führt sprachlich durch das Spiel, das mit großem Körper- und Kräfteeinsatz für alle gestaltet werden sollte. Ein bisschen Erschöpfung sollte schon spürbar werden, um »den Frust«, nichts gefangen – also sinnlos geschuftet – zu haben, in der nachfolgenden Erzählung nachvollziehen zu können.

Erzählung. Lk 5,1-11, der Fischzug und die Berufung des Petrus, wird aus der Perspektive des Petrus erzählt. Dabei werden Elemente des vorangegangenen pantomimischen illustrierenden Rollenspiels aufgenommen und verbalisiert.

Miteinander singen. EG 313, Vers 1 mit Ostinato-Begleitung vom Xylophon. An entsprechenden Stellen illustrieren die Kinder Textstellen des Liedes mit charakteristischen Gesten. Eingeübt wird das Lied, indem L. jeweils 4 Takte solo vorsingt und die Kinder als Antwortchor dieselbe Phrase als Echo nachsingen mit der Ostinato-Begleitung:

Symbolspiel. Innerhalb des Sitzkreises gehen die Kinder mit gesenkten Köpfen im Kreis herum zu einer gleichförmigen Xylophonbegleitung. L. spricht dazu:

»Immer im gleichen
Trott geht's dahin.

Nichts führt weiter,
nichts macht Sinn! :||«

(Mehrere Wiederholungen)

Beispiel für die musikalische Darstellung von »Dahintrotten«:

L.: »Stopp, wir bleiben stehen. Was habt ihr gesehen, als ihr soeben im immer gleichen Trott gelaufen seid, was hattet ihr vor Augen? (Rückmeldungen der Kinder). Nun machen wir es noch einmal genauso. Wenn ihr aber einen Klang vom Becken hört, dann bleibt stehen und blickt auf.«

Zu einem Klang vom Hängebecken (L.) bricht also dann später die Xylophonmusik ab, die Kinder bleiben stehen und heben den Kopf. L.: »Jetzt geht alle hinter mir her zum Klang des Beckens. ... Schaut euch um! Seht ihr, wie viele Farben in unserem Zimmer sind? Rot, gelb, grün und blau... Seht ihr, wie die Bäume sich im Wind wiegen, wenn wir zum Fenster schauen? Seht ihr, wie hoch die Decke ist? Nun kann jeder nach mir auf den Tisch steigen und einmal sehen, wie unser Zimmer von oben aussieht.«

Gespräch. L. lässt die Kinder noch einmal ihre Eindrücke schildern, was sie beim Dahintrotten im Kreis gesehen haben und wie sich der Blick nach dem Aufschauen verändert hat. L.: »So ähnlich war das mit Petrus damals: Jesus holt Petrus aus dem Trott heraus. Er gibt ihm einen neuen Blick.«

Tilly mischt sich ein: »Mensch, das muss doch aber ziemlich aufregend für den Petrus gewesen sein! Jeden Tag das Gleiche mit der Fischerei und jetzt auf einmal wartet das Abenteuer auf ihn! Allerdings weiß er doch jetzt aber auch nimmer, wie er sein Geld verdienen soll. Da geht er ja voll ins Ungewisse. *Menschenfischen*, hat der Jesus zu ihm gesagt – was soll denn das nun sein?«

Heftwerkstatt. Mit Farbstiften gestalten die Kinder in ihren Heften die Wasserfläche des Sees Genezareth einschließlich Ufer. Aus farbigem Tonzeichenpapier schneiden sie ein Fischerboot aus und kleben es auf. Ebenso verfahren sie mit der Petrusfigur (M9), allerdings fertigen sie voneinander getrennt Körper und Kopf. Diese beiden Teile werden mit einer Briefklammer aufeinander befestigt, sodass sich der Kopf nun heben und senken lässt. Am Körper wird die Figur ins Heft geklebt, der Kopf muss beweglich bleiben.

Beschriftet wird der Hefteintrag mit den Sätzen: *Petrus bekommt einen neuen Blick. Jesus sagt zu Petrus: Folge mir nach, von nun an wirst du Menschen fischen.*

Kopiervorlage M9

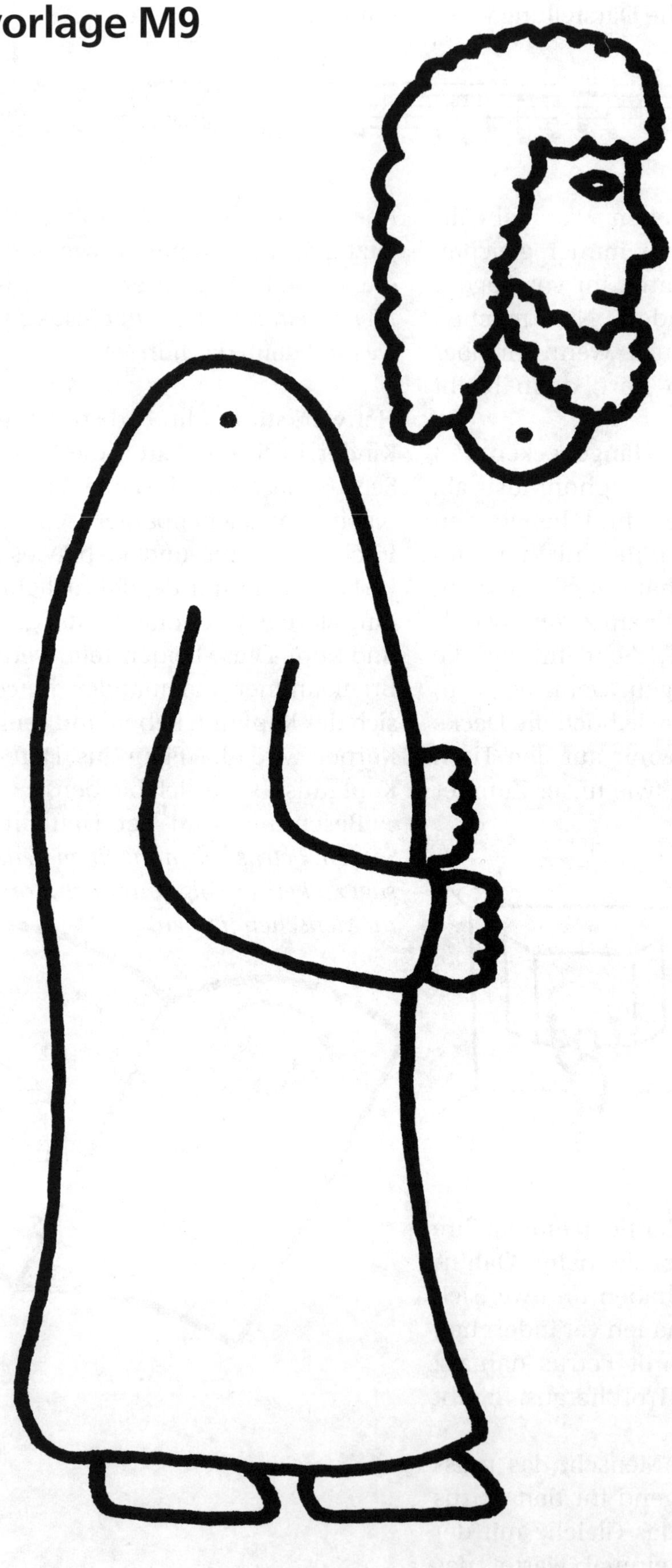

6.2. Petrus setzt große Erwartungen und Hoffnungen in den gemeinsamen Weg mit Jesus

Material. Ausgeschnittene Spielvorlagen M11, Handtrommel, Rassel, evtl. Jazzbesen auf Hängebecken.

Definierte Rollenspiele. Jesusgeschichten, die die Klasse im Lauf ihrer Grundschulzeit kennen gelernt hat, werden wieder in die Erinnerung gerufen (Damit wird bewusst, welche Erlebnisse auf Petrus prägend eingewirkt haben.).

Die Kinder teilen sich in Kleingruppen auf. Jede Gruppe erhält ein Kärtchen (M11) mit dem Spielauftrag, den Text als kurzes Theaterstück umzusetzen. Nach einer kurzen Zeit der Absprache setzen sich alle Kinder als Theaterpublikum. Jede Gruppe spielt nun ihre Spielszene vor, L. zieht zuvor einen unsichtbaren Theatervorhang auf und schließt ihn jeweils danach wieder, um Anfang und Ende des Auftritts deutlich zu markieren. Nach jeder kleinen Vorführung fragt L. das »Publikum«, ob die Szene erkannt wurde. An die Tafel schreibt L.:

Petrus ist dabei:

Von jeder erkannten Geschichte wird gemeinsam ein Titel formuliert und dazugeschrieben, bis das Tafelbild in etwa so aussehen wird:

Petrus ist dabei:
– Als der blind geborene Mann geheilt wird
– Als Jesus den Sturm zur Ruhe bringt
– Als der gelähmte Mann geheilt wird
– Als Tausende zu Jesus kommen und er sie nicht hungern lässt
– Als Jesus die Händler aus dem Tempelhof wirft

Miteinander rhythmisch sprechen. Mit einem »Rap« wird das Spiel noch einmal aufgenommen und sprachlich verstärkt: Einige Kinder spielen das Grundmetrum mit Handtrommel, Rassel oder mit einem Jazzbesen auf einem Hängebecken, die anderen Kinder schnippen mit den Fingern im Takt, der Refrain wird von allen gemeinsam gesprochen (schnelles Tempo), als Verse werden jeweils die Aufgabenkärtchen des vorhergehenden Spiels dazu laut vorgelesen (von L. oder von lesegewandten Kindern), während das musikalische Metrum mit Schnippen und den Instrumenten dazu weiterläuft. Vielleicht gelingt es manchem Vorleser oder mancher Vorleserin, dabei in schnelles, rhythmisch-metrisches Sprechen zu kommen.

Refrain:

Petrus, schau an,
was man mit Jesus so erleben kann,
das findest du sonst nirgendwann,
drum
Petrus, bleib' dran!

Selbst inszeniertes, thematisch angestoßenes Rollenspiel. L. imitiert einen Journalisten, der eine Straßenumfrage durchführt. Mit einem echten Mikrofon oder auch nur einer Attrappe (z.B. Xylophon-Schlägel) befragt er einzelne Kinder: »Guten Morgen, ich komme vom Jerusalemer Rundfunk. Sie haben sicher schon von diesem Jesus aus Nazareth gehört? Würden Sie bitte unseren Hörern an den Radioapparaten zu Hause – also, können Sie etwas über diesen Mann Jesus erzählen … Er soll ja auch einen blinden Mann geheilt haben. Was glauben Sie, wie er das macht. Warum, denken Sie, kann er so etwas? …« usw. Je nach dem, wie die Reaktionen der Kinder ausfallen, kann L. am Ende noch anfügen: »Ja, verehrte Hörerinnen und Hörer, lassen Sie mich noch abschließend erzählen, welche Meinung einige Leute in einem Straßencafé nebenan vertreten: Dort hat man mir gesagt: ‚Also der Jesus, das ist ein großartiger Zauberer. Der hat Tricks drauf, die hat doch keiner durchschaut.' Und ein alter Mann hat zu mir gesagt: ‚Der Jesus ist so eine Art Wahrsager, der kann in die Zukunft schauen.' Ach ja, und da war noch ein junger Mann, der trug eine Kampfuniform. Der hat mit der Faust in der Luft herumgefuchtelt und hat geschrien: ‚Nieder mit den römischen Besatzungssoldaten. Jesus ist auf unserer Seite, er ist ein Revolutionär. Kampf den Römern.' Tja, meine Damen und Herren an den Radiogeräten zu Hause. So ist also momentan die Stimmung. So etwa ist die Meinung der Leute über Jesus. Bis zur nächsten Sendung verabschiede ich mich…«

Erzählung. Mt 16,13-17

Miteinander singen. EG 57, Verse 1 bis 4;
L. mit den Kindern im Wechselgesang:

L.: *Uns wird erzählt von Jesus Christ,*
Kinder: *uns wird erzählt von Jesus Christ,*
L.: *dass er als Mensch geboren ist,*
Kinder: *dass er als Mensch geboren ist.*
usw.

Zu den gemeinsam gesungenen Zeilen begleiten sich die Kinder mit körpereigenen Instrumenten z.B.:

Mit den Händen auf die Beine patschen (links und rechts im Wechsel): ♩♪♪♩

Mit den Fersen links und rechts wechselnd auftappen: ♩♩♩

Mit den Händen auf die Beine patschen (links und rechts im Wechsel): ♩♪♪♩

Mit den Fersen links und rechts wechselnd auftappen: ♩♩♩

Heftwerkstatt: Von Kopiervorlage M10 schneiden die Kinder Brille und Einsteck-Element aus. Die Brille wird an ihrem unteren Brillenrand im Heft aufgeklebt, das Einsteck-Element wird eingefädelt, aber nicht angeklebt. In die Brillenrundungen werden bei zugezogenem Einsteck-Element die Meinungen der Leute über Jesus geschrieben: »Ein Prophet? Ein Zauberer? Ein Revolutionär?« Bei hochgeschobenem Einsteck-Element werden die nun frei gewordenen Brillengläser mit der Erkenntnis des Petrus beschriftet: »Du bist Christus, der Sohn Gottes!« Unter die Gesamtgestaltung schreiben die Kinder: *Petrus gehen die Augen auf.* Die Überschrift an der Oberkante der Heftseite lautet: *Jesus fragt: »Was sagen die Leute über mich?«*

Kopiervorlage M10

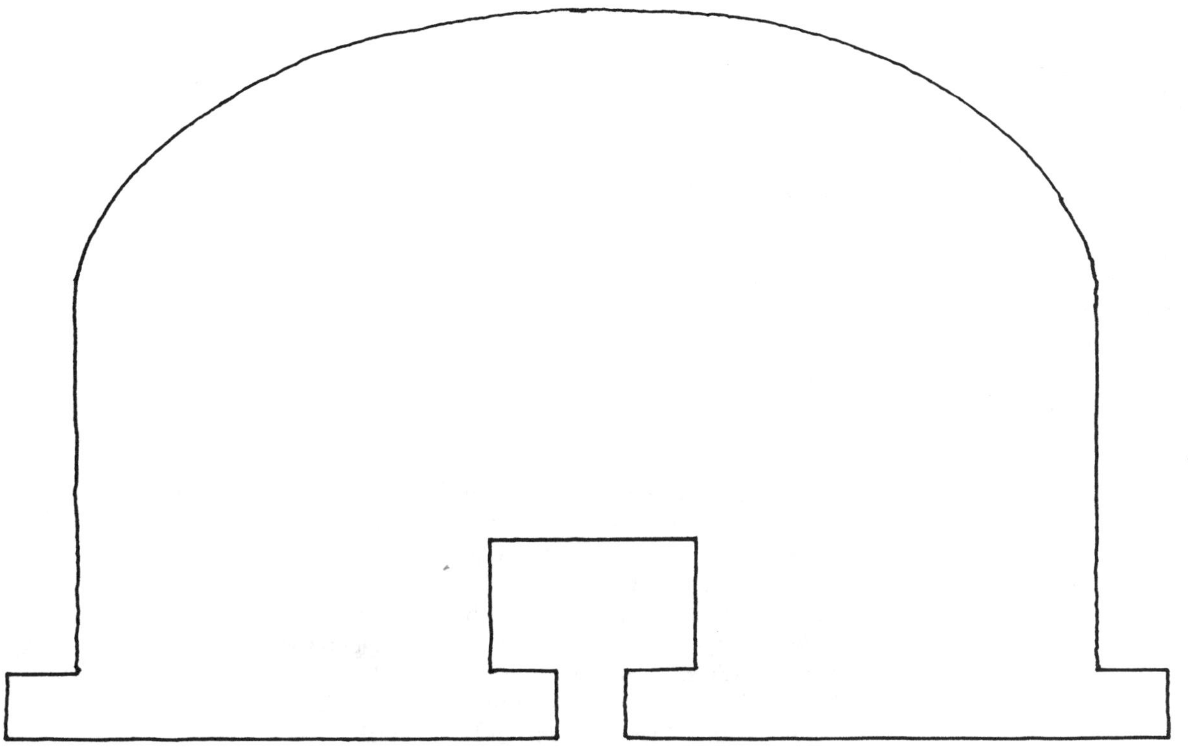

Kopiervorlage M11

Eines Tags stieg **Je**sus mit den **Freun**den in ein **Boot**.
Sie **fuh**ren nun **weit** aufs **Was**ser hin**aus**
und **Je**sus schlief gleich **ein**.
Doch **plötz**lich kam ein **Sturm,**
die **Wel**len schlugen **hoch** und sie **platsch**ten in das **Schiff**.
Und das Ge**wit**ter wuchs **an** zu einer großen Ge**fahr**.
Da **tra**ten sie zu **Je**sus und sie **weck**ten ihn **auf**.
»Chef, **schau**, wir ver**der**ben, wir **ge**hen gleich zu **Grun**de,
gleich ist es **aus** und mit **uns** vor**bei**!«
Jesus stand **auf**.
Er be**droh**te den **Wind** und die **Wo**gen des **Was**sers.
Der **Sturm** ebbte **ab** und auf **ein**mal war es **still**.
Da **frag**ten sich die **Freun**de:
»Was **ist** das für ein **Mann**, der das **kann**,
dass **Wel**len, Meer und **Wind**
ihm ge**hor**sam **sind**?«

Als **Je**sus mit den **Freun**den nach **Je**richo **kam,**
saß ein **blin**der Mann am **We**ge und er **bet**telte.
Wie der **Mann** von **Je**sus hörte, **hol**te er tief **Luft**.
Und er **schrie**, so laut er **kon**nte:
»**Je**sus, du Sohn **Da**vids, er**barm'** dich über **mich**!«
Andere in **sei**ner Nähe **woll**ten, dass er **schwei**gen sollte:
»**Sei** doch **still**, du **störst** hier nur!«
Doch der blinde **Mann** schrie lauter:
»**Je**sus, du Sohn **Da**vids, er**barm'** dich über **mich**!«
Und tat**säch**l**ich**, Jesus **stoppte**, stand **still** und rief ihn **her**.
Ein paar **Leu**te brachten **nun** den blinden **Mann** zu Jesus **hin**.
Und Jesus **fragte** nun und **sagte** so:
»Was **willst** du, **sag**, was **soll** ich **tun**?«
»Ach, **Je**sus«, rief der **Mann**, »dass ich nur **end**lich **se**hen **kann**!«
Und Jesus **sagte** nur ganz **kurz**:
»**Du** kannst jetzt **seh**en! **Weil** du mir ver**traust**, kannst du **seh**end mit mir gehen.«
Da **gin**gen dem **Mann** die **Au**gen auf.
Er **ging** mit Jesus **mit**,
er **ju**belte und **freu**te sich
über dieses **Glück**.

Jesus war **in** der Stadt Ka**per**naum.
In einem **Haus** **erzähl**te er den **Men**schen viel von **Gott**.
Da **woll**ten viele **Leu**te mit ins **Haus** hin**ein**,
und standen **drau**ßen vor der **Tür** und an den **Fens**tern dicht an **dicht**.
Jeder wollte **hö**ren, was der **Je**sus drinnen **sprach**.
Plötzlich **ka**men ein paar **Män**ner und sie **tru**gen eine **Ba**hre.
Der **Kran**ke, den sie **tru**gen, war ge**lähmt**.
Zu **Je**sus wollten **sie** mit ihm,
doch war kein **Platz**,
nicht **vor** dem Haus, nicht **drin** im Haus,
– sie **wuss**ten erst nicht **ein** noch **aus**.
Und **end**lich **stie**gen sie aufs Dach,
das **Dach**
war **flach**.
Sie deckten eine **Stel**le auf und **bald** entstand ein **gro**ßes **Loch**.
So **sa**hen sie den **Je**sus **doch**.
Sie **ban**den an die **Bah**re **Sei**le
und **lie**ßen nun den **kran**ken **Mann**

so**dann** hinab durchs **Dach**.
Jesus **schaut’** ihn freundlich **an** und sagte **zu** dem kranken **Mann**:
»**Du** vertraust **mir**.
Ver**ge**ben ist nun **alles**, was nicht **gut** war in **dir**.«
Ein paar Ex**per**ten für **Reli**gion warn **auch** da**bei**.
Die **run**zelten die **Stir**ne und sie **mur**melten em**pört**:
»Hat man **so** was schon ge**hört**,
was er**laubt** sich denn der **Je**sus, so was **sa**gen darf nur **Gott**!«
Doch **Jesus sprach** zum kranken **Mann**:
»Weil ich auch **die**ses sagen **kann**:
Steh **auf** und nimm dein **Bett** und geh nach **Haus**!«
Da **stand** der Mann **auf**, lief aus dem **Haus** her**aus**.
Die Leute **stau**nten und sie **rau**nten und dann **rie**fen sie **laut**:
»So was **ha**ben wir noch **nie** geschaut.
Glücklich ist, wer auf **Gott** ver**traut**.«

Einmal suchte **Je**sus mit den **Freu**nden die **Ein**samkeit.
Doch nach **kur**zer **Zeit kam**en viele **Leu**te,
– eine **Rie**senmenge **Men**schen, die sich **freu**te, gerade **heu**te bei **ihm** zu sein.
Den **gan**zen **Tag** erzählte **Je**sus **al**len von **Gott**.
Er **heil**te die **Kran**ken ohne **Schran**ken,
bis der **A**bend **kam**.
Die Freunde **spra**chen:
»Jesus, **schick** die **Leu**te **fort**, weil sie **nichts** zu **es**sen **ha**ben.
Sie **sol**len in die **Dör**fer **lau**fen, vielleicht gibt es **dort** zu **kau**fen,
was sie **brau**chen **und** was ihren **Hun**ger **stillt**!«
Jesus aber **sagt**: »Gebt **ihr** ihnen zu **es**sen.«
Die Freunde **schüt**teln ihre **Köp**fe: »Jesus, **das** kannst du ver**ges**sen!
Fünf **Bro**te und zwei **Fi**sche – mehr **ha**ben wir **nicht**.
Wir **könn**ten aber **ge**hen, das sehn **wir** als unsre **Pflicht**,
und auf diese **Wei**se
ge**nü**gend **Spei**se
be**sor**gen für das **gan**ze **Volk**.
Jesus sagte: »**Nein**,
das soll **an**ders **sein**.
Alle soll’n sich **la**gern in **Grup**pen beiein**an**der.«
Dann **nahm** er die fünf **Bro**te und **nahm** dazu die **Fi**sche,
sah zum **Him**mel hin**auf**, **dan**kte Gott dar**auf**.
Dann brach er die **Bro**te.
Die **Freun**de ver**teil**ten nun **al**les unters **Volk**.
Alle wurden **satt**. Es **blieb** sogar noch übrig zwölf **Kör**be **voll**.

Einmal in Je**ru**salem wollte **Je**sus in den **Tem**pel geh’n.
Um in **Ru**he mit **Gott** zu reden, in **al**ler **Stil**le zu **ihm** zu beten.
Doch von **Ru**he war hier **kei**ne **Spur**:
Händlerge**schrei** und Ge**feil**sche **nur**,
in **ei**ner **Tour**.
Da **pack**te **Je**sus der **Grimm**.
Die **Ti**sche der **Geld**wechsler **warf** er **um**:
»Geht **fort**! Ver**schwin**det von **die**sem **Ort**!
Gottes **Haus** steht **of**fen für **al**le, die **be**ten.
Ihr hättet es **bes**ser **nicht** be**tre**ten.
Ihr macht **dar**aus **ei**nen Be**trü**gerba**sar**!«
Doch die **Pries**ter**schar**,
die **war** em**pört**.
Jesus **hat**te die Ge**schäf**te ge**stört**.
»**Jesus** ge**hört** **umgebracht**.«
So haben **sie** bei **sich** ge**dacht**.

6.3. Petrus' Hoffnungen brechen zusammen. Er erlebt: Jesus wird verhaftet und gekreuzigt

Material. Mehrere Schachteln, die man zu einem Turm aufbauen kann. Plakatschreiber; Metallophon, Schlaghölzer, Tamburin, 9 schwarze Plakatkartons, 9 Teelichter. Tonpapierreste in verschiedenen dunklen Farben.

Gespräch mit Symbolspiel. Die Kinder beschriften mit Plakatschreibern nach und nach alle Schachteln mit Erwartungen des Petrus: »*Was Petrus durch Jesus erhofft.*« (Z.B. – Friede im Land – Gerechtigkeit – dass alle Menschen Gott erkennen – dass die römische Besatzungsmacht abzieht – genug Brot für alle – usw.) Die Pappkartons werden aufeinander gestapelt, bis ein »Turm hoher Erwartungen« aufgebaut ist.

Erzählung. Mk 14, 32-65

Symbolspiel. Die Kinder sitzen im Kreis auf dem Boden. Sie trommeln mit Fäusten, einige Kinder spielen auf Klanghölzern, einige auf Tamburinen. Über einem Tremolo-Klangteppich sollen so die Schritte der Soldatenstiefel hörbar werden. Alles beginnt leise, wie von ferne und steigert sich bedrohlich in der Lautstärke. Kurz vor der stärksten Intensität läuft ein Kind, das vorher als Petrus bestimmt wurde, durch den Kreis und reißt damit den »Turm hoher Erwartungen« ein.

Gespräch. Tilly meldet sich zu Wort: »Mensch, da wär' ich auch abgehauen. Wer ist denn so wahnsinnig und lässt sich von den Soldaten schnappen! Oder hättet ihr den Helden gespielt? ...« Gemeinsam mit L. überlegen die Kinder, was mit Petrus' Hoffnungen zu Jesus nun passiert ist. Vielleicht erlauben es Atmosphäre und Klassensituation, auch von persönlichen Hoffnungen zu erzählen, die irgendwann umgeworfen wurden.

Miteinander singen und musizieren. Mit dem Spiritual »Sometimes I feel like a motherless child« (vereinfachte Version) nehmen die Kinder die Stimmung des Petrus auf: Nachspüren, wie Petrus sich verlassen und mutterseelenallein fühlt.

Spiritual

Die Kinder lernen den englischen Text. Dazu im Wechsel wird das Lied nur instrumental gespielt und ein Kind spricht in die Musik hinein eine deutsche Übertragung:

Manchmal fühle ich mich mutterseelenallein.
Ich bin weit weg von zu Hause.

Heftwerkstatt. Auf Tonpapier zeichnen die Kinder ein Schloss oder eine Burg aus einzelnen Mauersteinen auf. Sie beschriften die Mauersteine mit den gesammelten Begriffen, die sie als Hoffnungen auf die Pappkartons geschrieben hatten. Anschließend zerlegen sie ihr Gebäude mit der Schere in die einzelnen Mauersteine, die sie dann als zusammengestürzten Trümmerhaufen durcheinander in ihr Heft kleben. Als Überschrift kommt über diese Gestaltung: *Jesus wird verhaftet. Für Petrus stürzen alle Hoffnungen zusammen. Er flieht.*

Bildnerisches Gestalten. Die Kinder finden sich zu Kleingruppen von zwei bis drei Personen zusammen. Jede Kleingruppe erhält einen Plakatkarton in schwarzer Farbe sowie als Malthema ein Kärtchen aus Kopiervorlage M12. Mit Wachsmalkreiden oder gut deckenden dicken Buntstiften malen die Kinder ihr Motiv in Teamarbeit.

Einen Kreuzweg gehen. Die schwarzen Passionsbilder werden als Kreuzwegstation aufgebaut, entweder im Klassenzimmer, in den Schulgängen, in der Turnhalle oder vielleicht in der Kirche. Gemeinsam gehen alle Kinder mit L. von Station zu Station, setzen sich vor jedem Bild auf den Boden. L. erzählt die jeweilige Passage aus der Passionsgeschichte des Markusevangeliums. Anschließend stellt ein Kind ein brennendes Teelicht davor und die Kinder singen dazu das Spiritual: »They crucified my Lord«. Ist die Klasse sehr groß, kann man die Kinder auch in Kleingruppen von Bild zu Bild gehen lassen, während die übrigen Kinder von ihrem Platz aus dazu das Spiritual singen. Bei jeder Kleingruppe erzählt L. dann einen weiteren Teil der Passionsgeschichte aus Mt 14,66-15,47 zu einem der aufgestellten Bilder.

Gespräch. L.: »Was Petrus da miterleben muss – wie geht es ihm dabei, was denkt ihr?«

Heftwerkstatt. Links unten in die Ecke einer Doppel-Heftseite malen die Kinder Petrus, wie er sich verzweifelt zusammenkrümmt und die Hände vors Gesicht schlägt. Aus dunklem Tonpapier (braun, grau, schwarz, violett…) kleben die Kinder verschiedene Schichten über und neben Petrus, um so auszudrücken, wie Petrus unter Druck steht, welche Angst und Verzweiflung auf ihm lastet. Links oben schreiben die Kinder einen Text von Dietrich Bonhoeffer:

Herr Jesus Christus, du warst arm und elend, gefangen und verlassen wie ich.
Du kennst alle Not der Menschen. Du bleibst bei mir, wenn kein Mensch mir beisteht.
Du vergisst mich nicht und du suchst mich.[40]

6.4. Petrus begegnet dem auferstandenen Jesus. Er kann befreit aufatmen. Jesus fängt mit Petrus wieder ganz neu an

Material. Kleines Schlagwerk des Orff-Instrumentariums, evtl. Tonträger und langsame, fröhlich getönte Musik (z.B.: »Andante molto moto« aus der Sinfonie Nr. 6 in F-Dur von Ludwig van Beethoven), gelbes Transparentpapier, helles farbiges Tonpapier (z.B. gelb), Scheren, Kleber, großes schwarzes Tuch, Hängebecken, evtl. als späterer Unterrichtsort die Turnhalle mit Turnkästen.

Symbolspiel. L.: »Wisst ihr noch? Als Jesus gekreuzigt worden war, da haben sich seine Freunde auch gefürchtet. Sie hatten Angst, dass sie auch gefangen genommen werden könnten. Sie haben bei sich alle Türen und Fenster dicht gemacht. Wir wollen einmal nachspüren, wie das gewesen sein könnte. Macht bitte die Vorhänge zu. Vor die Türe schieben wir noch eine Bank. So! Psst! Kommen da Soldaten? Nein, die Schritte gehen vorbei. Wir müssen leise sein. Duckt euch…«

Kopiervorlage M12

Malt eine Truppe Soldaten, die mit Schwertern und Fackeln aufmarschieren.	Malt einen krähenden Hahn. Im Hintergrund sollten Lagerfeuer zu sehen sein.	Malt Peitschen und Schlagstöcke sowie eine Blutlache auf dem Boden.
Malt eine Dornenkrone und einen roten Königsumhang.	Malt Jesus, wie er das Kreuz auf seinem Rücken schleppt.	Malt Hammer, Nägel und den rauen Kreuzbalken.
Malt einen langen Stock, auf dessen Ende ein Schwamm gesteckt ist.	Malt einen zerrissenen großen Vorhang.	Malt einen großen runden Felsstein, der vor einen Höhleneingang geschoben ist. (Felsengrab)

Erzählung. Aus der Perspektive des zuhörenden Petrus hören die Kinder die Geschichte der Emmausjünger (Lk 24,13-35), die ihr Erlebnis im verschlossenen Zimmer den anderen erzählen. Die Skepsis des Petrus kommt darin zum Ausdruck, dass er immer wieder zu Vorsicht mahnt: »Redet doch nicht so laut! Psst, da sind wieder Schritte! ... Lasst bloß nichts von euren Fantastereien verlauten, wenn ihr woanders seid! ...« Als die Emmausjünger ihre Erzählung abschließen, (»Ja, und dann ist er vor unseren Augen verschwunden!«) lässt man Petrus noch einmal ratlos den Kopf schütteln. Es schließt sich mit dem Erscheinen Jesu in diesem Jüngerkreis direkt die Erzählung Lk 24,36-49 an.

Symbolspiel. Nun werden gemeinsam die Vorhänge aufgezogen, alle Fenster weit geöffnet, der Tisch von der Türe weggerückt. Evtl. kann man dazu eine leise Musik einspielen. (Siehe Materialangabe). Fragen: »Riecht ihr die frische Luft? Könnt ihr frei durchatmen, seht ihr, wie das Licht hereinströmt?« Die Kinder können die Arme weit hochstrecken und sich räkeln.

Miteinander singen und musizieren. Die Kinder gestalten das Lied EG 103, 1-4 (Gelobt sei Gott im höchsten Thron). Liedtempo: Zügiges, schwingendes Metrum. Zunächst mit einer Vorsänger-Nachsänger-Methode lernen sie Abschnitt für Abschnitt kennen: L. singt eine Phrase vor, die Kinder singen sie nach und begleiten die nachgesungenen Abschnitte mit Rasseln und Schlaghölzchen. Das Schluss-Halleluja sollte wie ein Lachen im Stakkato gesungen werden: Hal - le - lu - ja - ha - ha.

Nach und nach werden die Kinder mit den drei nächsten Liedstrophen vertraut gemacht. Jede Strophe kann mit anderen Klangfarben der Orff-Instrumente begleitet werden. Das Osterlachen-Halleluja wird aber jedes Mal mit Klatschen verstärkt.

Heftwerkstatt. In die rechte obere Ecke einer doppelten Heftseite kleben die Kinder aus gelbem Transparentpapier eine Sonne, die über die Heftseiten strahlt. Auf die linke Seite kommt Petrus, wie er die Arme ausgebreitet nach oben streckt, dem Sonnenlicht entgegen. Die Arme werden wie eine Schale aus hellem farbigem Tonpapier geschnitten, dazu der Kopf. Dann wird die Gestalt aufgeklebt.

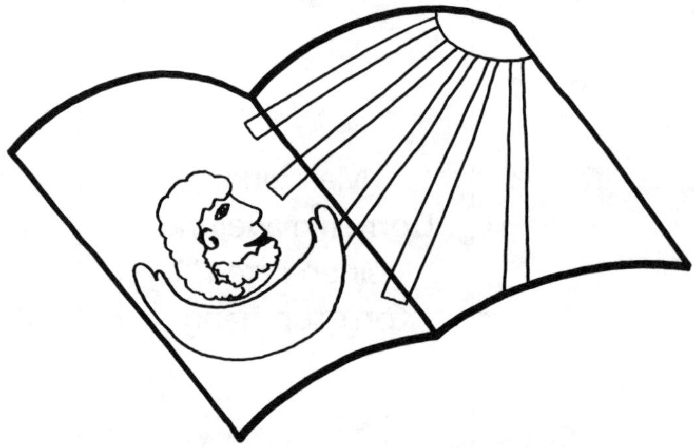

Symbolspiel. Einzelne oder immer einige Kinder gemeinsam kauern sich auf den Boden und werden mit einem schwarzen Tuch zugedeckt. L.: »Für die Freunde Jesu war mit seinem Tod alles aus.« Mit dem Satz »Jesus ist auferstanden, die Jünger können wieder befreit atmen.« wird das Tuch weggezogen, die Kinder singen dazu das Osterlachen-Halleluja aus dem Lied EG 103.

Gespräch. Tilly: »Mein Onkel sagt immer, dass des ein Schwindel wär, dass der Jesus auferstanden sein soll. Also, ich weiß net, dann bräucht' ich mich doch gar nimmer damit abgeben, wenn der Jesus tot geblieben wär. Dann bräucht'n mir doch keinen Reli-Unterricht, die Kirchen könnte man abreißen...! Was meint ihr, wie wär's mit den Freunden von Jesus weitergegangen – mit dem Petrus zum Beispiel?« ...

Erzählung. Joh 21,1-17

Gespräch. Tilly: »Den Fischfang da, den hat der Petrus doch so schon mal erlebt. Wieso kommt die Geschichte jetzt noch mal? Und was soll des ‚Weide meine Lämmer!'? Soll er jetzt umsatteln auf Schafhirte? Kann mir des jemand mal erklären? ... Warum kriegt der Petrus jetzt eigentlich keine Strafpredigt vom Jesus? Dreimal verleugnet werden, des kann der Jesus doch net so stehen lassen! Oder?...«

Heftwerkstatt. Die ausgebreiteten Arme des Petrus in der aktuellen Heftgestaltung lassen sich auch doppeldeutig als Boot verstehen. Die Kinder malen Fische und Menschen auf dieses »Arme-Boot«. Sie beschriften die Heftgestaltung mit den Sätzen: *Petrus begegnet dem auferstandenen Jesus. Er kann befreit aufatmen. Jesus vergibt Petrus und gibt seinem Leben einen neuen Sinn: »Hilf du anderen Menschen, Gottes Freunde zu werden!«*

Illustrierendes Rollenspiel. In einer weiteren Unterrichtsstunde könnte man in der Turnhalle oder im Freien aus umgedrehten Turnkästen ein Boot bauen, in das sich alle Kinder hineinsetzen. Gespielt wird nun das Leben auf dem Meer: Alle in einem Boot. (Pantomimisch Segel setzen, hin- und her- schwanken, Wind blasen lassen, miteinander Fischernetze einziehen usw.)

Gespräch. L.: »Petrus hat sich nun mit anderen Freunden von Jesus zusammengetan. Sie haben sich oft getroffen und Gottesdienst gefeiert und sich gegenseitig geholfen. Oft sagt man: Menschen, die an Jesus glauben, gehören zusammen wie Seeleute in einem Boot. Warum müssen sie eigentlich so gut zusammenhalten? Gibt es da auch Stürme? ...«

Miteinander singen. Gemeinsam wird das Lied »Ein Schiff, das sich Gemeinde nennt« erarbeitet. (Aus »Die Mundorgel«, fidula, Boppard, 1982, Nr.74). Der Refrain: »Bleibe bei uns Herr« wird klanglich hervorgehoben mit Schlägen vom Hängebecken. Man könnte das Lied später auch noch einmal in der Turnhalle im wiederhergestellten Schiff singen.

6.5. Jesus gibt sein Wort: Ich bin bei euch alle Tage

Material. Seile, Steine, Holzstücke, kleine Kissen etc. für ein Fuß-Tastparcours.

Wahrnehmungsspiel. Aus Sportseilen, größeren Steinen, kleinen Kissen und verschiedenen anderen Materialien, die sich im Klassenzimmer finden lassen, wird eine lange Taststraße gelegt. Die Kinder gehen zu Paaren zusammen. Jeweils das eine Kind balanciert in Strümpfen und mit geschlossenen Augen auf der Taststraße entlang, das andere Kind geht nebenher und führt das tastende Kind an der Hand. Es ist auch möglich, ohne Handkontakt zu begleiten und einfach nur achtsam nebenher zu gehen, aber immer bereit zu helfen, falls das balancierende Kind das Gleichgewicht verliert. Die Aufgabenverteilung wird innerhalb der Spielpaare später getauscht.

Gespräch. Tilly meldet sich zu Wort: »Also, bei den Steinen war's echt gut, dass immer jemand in der Nähe war, um euch aufzufangen. Da war's ja ganz schön wackelig…!« L.: »Ich kenne das aus anderen Situationen gut, dass ich froh bin, nicht ganz allein auf mich gestellt zu sein! Ich bin zum Beispiel nachts nicht gern allein im Haus. Es reicht mir schon, wenn jemand in einem anderen Stockwerk daheim ist, dann fühle ich mich schon nicht mehr ganz so allein. Kennt ihr auch Momente, wo ihr froh seid, dass jemand in der Nähe ist, der euch notfalls helfen kann, oder durch den ihr einfach mehr Mut habt?« …

Erzählung. Mt 28,16-20 wird aus der Erlebnisperspektive des Petrus erzählt. Beleuchtet wird auch der Rückweg der Jünger, den Berg hinab. Sie sprechen darüber, wie es nun weitergehen könnte und wie es sein wird, dass Jesus nun nicht mehr sichtbar ihr Leben teilt wie früher. (Beispiel: »Petrus bleibt stehen und sieht seine Freunde nachdenklich an. ‚Er wird nun nicht mehr das Brot für uns teilen. Er wird nicht mehr am Bootsruder mithelfen. Aber er ist uns vielleicht jetzt noch näher', sagt er. Johannes zieht Petrus weiter und sagt: ‚Auch wenn es uns jetzt vielleicht in verschiedene Richtungen verschlägt: Stellt euch vor, Jesus wird dann jeden von uns begleiten. Er wird keinen von uns im Stich lassen!' …«)

Miteinander singen und tanzen. Das Lied »Ich bin bei euch jeden Tag«[41] wird zu einer elementaren Tanzgestaltung gesungen:

Text / Melodie: Hans-Peter Schlatter

2. Meine Schuld vergibt er mir,
sie hat mich bedrückt.

3. Keine Macht der ganzen Welt
gibt mir diesen Halt.

4. Darum sing ich frohgemut,
dass es jeder weiß.

Aus: Jesu Name nie erklinget, Bd. 3, Nr. 779, Hänssler-Verlag, Neuhausen-Stuttgart 1975[2] (dort: Textrechte)

<u>Tanzgestaltung:</u>

Refrain: Normale Schritte im Rhythmus lang, lang, kurz, kurz, lang:

Ich bin bei euch jeden Tag,						*ich bin bei euch jeden Tag*				
Schritt lang	Schritt lang	Schritt kurz	Schritt kurz	Schritt lang	–	Schritt lang	Schritt lang	Schritt kurz	Schritt kurz	Schritt lang

L. führt die Kinder in einer Schlange mit wechselnden Raumwegen durchs Zimmer. (Symbol: »Wohin es auch geht, Jesus ist bei uns.«) Am Ende des Refrains sollte die Schlange zum Kreis geführt werden.

Verse: Kreisaufstellung, Hände bei herabhängenden Armen gefasst.

1 × Grundschritt nach rechts →: Lang, lang, kurz, kurz, lang.

Dann noch zwei Schritte: lang lang → nach rechts
und vier Stampfer am Platz (kurz, kurz, kurz, kurz).

Zu den Stampfern werden die gefassten Arme gehoben.

Nun folgt dasselbe gegengleich nach links.
Bei den erneuten vier Stampfern am Platz werden die Arme wieder gesenkt.

Mit dem Refrain öffnet sich wieder der Kreis an einer Stelle und wird erneut als Schlange mit dem Grundschritt durch den Raum geführt.

Gespräch. Tilly will es genau wissen, wie das ist, wenn Jesus bei uns ist alle Tage, bis ans Ende der Welt. Sie erzählt von schwierigen Situationen, in denen sie gesteckt hat und sie fragt die Kinder, ob sie sich vorstellen könnten, ob Jesus da dabei gewesen sei, auch wenn sie nichts davon bemerkt habe. Die Kinder erzählen von ihren schweren und auch schönen Tagen in letzter Zeit und bedenken dazu Jesu Versprechen. (Auch Skepsis darf unbewertet dazu geäußert werden.)

Heftwerkstatt. Man könnte auch folgenden Text (M13) ins Gespräch mit einbeziehen, man könnte ihn aber auch fotokopiert ins Heft einkleben und dazu das passende Spurenbild im Sand dazu malen:

Kopiervorlage M13

Eines Nachts hatte ich diesen Traum:
Ich ging mit Gott, meinem Herrn, am Strand entlang. Vor meinen Augen zogen Bilder aus meinem Leben vorüber und auf jedem Bild entdeckte ich Fußspuren im Sand. Manchmal sah ich die Abdrücke von zwei Fußpaaren im Sand, dann wieder nur von einem Paar. Das verwirrte mich, denn ich stellte fest, dass immer dann, wenn ich unter Angst, Sorge oder dem Gefühl des Versagens litt, nur die Abdrücke von einem Fußpaar zu sehen waren.
Deshalb wandte ich mich an den Herrn:
»Du hast mir versprochen, Herr, du würdest immer mit mir gehen, wenn ich dir nur folgen würde.
Ich habe aber festgestellt, dass gerade in den Zeiten meiner schwierigsten Lebenslagen nur ein Fußpaar im Sand zu sehen war. Wenn ich dich nun am dringendsten brauchte, warum warst du dann nicht für mich da?« Da antwortete der Herr:
»Immer dann, wenn du nur ein Fußpaar im Sand gesehen hast, mein Kind, habe ich dich getragen.«

(Quelle unbekannt)

7. Mit dem Evangelium leben

7.1. Das Pfingstfest – Gottes Nähe begeistert die Menschen. Sie finden sich zur ersten christlichen Gemeinde zusammen (Apg 2,1-14.22-24.41-47)

Didaktischer Hinweis. Wie bei allen vorliegenden Unterrichtsentwürfen handelt es sich auch bei dem Modell zum Thema Pfingsten um *eine* Möglichkeit, Einzelaspekte des Themas gemeinsam mit den Kindern zu bearbeiten. »Pfingsten« und »Heiliger Geist« werden niemals vollständig und umfassend unterrichtlich zu entfalten sein. Das liegt im Unfassbaren dieses Themas begründet. »Der Geist weht, wo er will und du hörst sein Sausen wohl; aber du weißt nicht, woher er kommt und wohin er fährt.« (Joh 3,8). Im Kapitel 3, »Woher die Ideen nehmen? Aus der Werkstatt des Bewegten Religionsunterrichts«, ist ein Beispiel vorgestellt, wie man die Veränderungskraft des Heiligen Geistes, symbolisiert durch die Veränderungskraft von Wind und Feuer, spielend bedenken kann. Im nachfolgenden Unterrichtsentwurf sind etwas andere Schwerpunkte gesetzt: Der gute Geist Gottes rührt die Menschen an, er erfüllt Menschen und gibt ihnen neuen Lebensmut.

Material. Großes Hängebecken oder ein großer chinesischer Gong (evtl. von einem Musikgeschäft ausleihen), Xylophon, Schlaghölzchen, Rasseln, farbiges Tonpapier, Scheren, Kleber, Fotokopien des biblischen Textes aus einer Kinderbibel.

Wahrnehmungsspiel. L. hat ein großes Hängebecken oder einen großen chinesischen Gong mitgebracht. Er bringt das Instrument zum Klingen, während die Kinder mit ihren Handflächen die Schallschwingungen dicht an der schwingenden Oberfläche erfühlen, ohne das Instrument zu berühren. Hat man einen sehr großen Gong, können die Kinder die in Schwingung gebrachte Luft auch an Brust und Rücken fühlen.

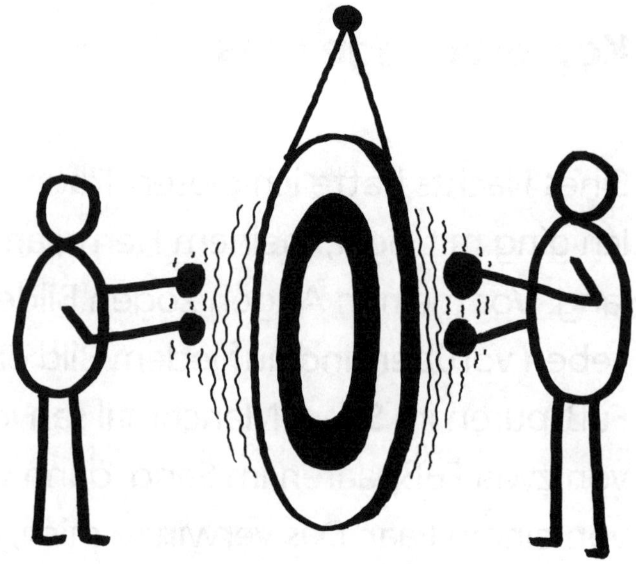

Gespräch. Tilly wundert sich: »He, des kribbelt ja an der Hand! Ich kann den Klang echt fühlen! Des is' schon komisch, wenn man was fühlt und kann's net sehen!

Gibt's eigentlich noch was, was man net sehen kann und trotzdem was davon merkt?« … (Vielleicht Wind, Verliebtsein, Temperatur…?)

Erzählung von Apg 2,1-14.22-24.41-47. L.: »Wir werden vom Klang berührt, auch wenn wir den Gong nicht selbst anfassen. Ich erzähle euch eine Geschichte, in der auch Menschen angerührt wurden, fast wie bei einem Klang:« (Erzählvorschlag: Neukirchener Kinder-Bibel, S. 257f)

Miteinander singen und musizieren. Das Spiritual »It's me, o Lord« wird in einer deutschen Textbearbeitung (Lutz Hoffmann/Karl Norres/Franz Mausberg/Leo Schuhen) gesungen:

Refr.: *Du, Herr, gabst uns dein festes Wort,*
gib uns allen deinen Geist!
Du gehst nicht wieder von uns fort,
gib uns allen deinen Geist!

1. *Bleibe bei uns alle Tage bis ans Ziel der Welt, gib uns allen deinen Geist!*
Gib das Leben, das im Glauben deine Kinder (Originaltext: Brüder) hält.
Gib uns allen deinen Geist.

2. Deinen Atem gabst du uns jetzt schon als Unterpfand, gib uns allen…,
denn als Kinder deines Vaters sind wir anerkannt, gib uns allen…

Als Begleitung lässt sich ein Bordun (In G-Dur: g und d) auf dem Xylophon in straffem Viertelmetrum dazu spielen (4/4-Takt). Um dem Charakter dieses Spirituals gerecht zu werden, sollten *Schlag zwei* und *Schlag vier* in jedem Takt betont werden entweder durch Klatschen, durch Schnippen der Finger oder durch Rasselinstrumente. Im Stehen können die Kinder in diesen Rhythmus-Charakter gut einschwingen, wenn sie in den Taktschwerpunkten eins und drei von einem Bein aufs andere treten und mit dem ganzen Körper in der Bewegung nachgeben.

Symbolspiel (siehe Seite 25, Kapitel I 3., Woher die Ideen nehmen…, Pfingstspiel) oder **Bewegungstheater.**
Die Kinder spielen die Jünger Jesu in ihrer Situation vor Pfingsten: Sie sitzen am Boden, ängstlich zusammengekauert, schlaff und mutlos. Einige Kinder stehen als Sprecher- und Instrumentalgruppen abseits. Zu Klängen von Schlaghölzchen und leisen Rasseln sprechen sie (M14):

||: *Die Türen sind verriegelt, die Angst schnürt alle ein.*
Die Lippen sind versiegelt, du fühlst dich schwach und klein. :||

Nach einer Weile wird der Gong oder das Hängebecken sanft und warm angeschlagen, vielleicht hell gefärbt mit leisen Triangelklängen. Nun sprechen die Kinder der Sprecher- und Instrumentalgruppe mit heller und kräftiger Stimme:

Gebt Acht, spürt ihr das Brausen?
Spürt ihr den hellen Schein?
Horcht, Jesu Geist kommt da herein,
will euer Helfer sein!

Jesus schenkt euch seine Kraft, Fantasie
und Mut,
damit ihr neuen Anfang schafft.
Nun geht in seiner Hut.

Die Kinder der Bewegungstheater-Gruppe richten sich zum Gongklang und diesen Worten auf. Sie blicken sich an und fassen sich an den Händen.

Sprechergruppe: *Da geh'n sie aus dem Haus heraus und sehn die Menschen an.*
Und Petrus streckt die Arme aus, weil er jetzt reden kann.
Er spricht von Jesus öffentlich, er redet frei heraus.
Die Menschen hören staunend zu, kein Wort kommt ihnen aus.

Die Kinder der Bewegungsgruppe drehen sich nach außen, ein jedes tritt nun einen Schritt vor.

Alle singen gemeinsam zur Melodie des oben stehenden Spirituals diesen Vers (Klatschend, schnippend, stampfend…):

Refr.: *Du, Herr, gabst uns dein festes Wort…* (s.o., Seite 118)

Neuer Vers: *Jesus lebt, ihr Leute, Gott hat Jesus auferweckt.*
Gib uns allen deinen Geist.
Gottes Liebe hat sich nach euch allen ausgestreckt.
Gib uns allen deinen Geist.

(neuer Vers: E. Buck)

Kopiervorlage M14

(Text für das Bewegungstheater)

||: Die Türen sind verriegelt, die Angst schnürt alle ein.
Die Lippen sind versiegelt, du fühlst dich schwach und klein. :||

Gong

Gebt Acht, spürt ihr das Brausen? Spürt ihr den hellen Schein?
Horcht, Jesu Geist kommt da herein, will euer Helfer sein!

Jesus schenkt euch seine Kraft, Fantasie und Mut,
damit ihr neuen Anfang schafft. Nun geht in seiner Hut.

Theatergruppe fasst sich an den Händen

Da geh'n sie aus dem Haus heraus und sehn die Menschen an.
Und Petrus streckt die Arme aus, weil er jetzt reden kann.
Er spricht von Jesus öffentlich, er redet frei heraus.
Die Menschen hören staunend zu, kein Wort kommt ihnen aus.

Theatergruppe dreht sich nach außen

Alle singen

Refr.: **Du, Herr, gabst uns dein festes Wort**… (s.o., Seite 118)

Neuer Vers:

Jesus lebt, ihr Leute, Gott hat Jesus auferweckt.
Gib uns allen deinen Geist.
Gottes Liebe hat sich nach euch allen ausgestreckt.
Gib uns allen deinen Geist.

Gespräch. Tilly meldet sich zu Wort: »Mann, ey, da war ja ganz schön Power in dem Haufen von Jesus Freunden, also, dass der Petrus anscheinend so vom Leder gezogen hat, dass die Leute dachten, er sei beschwipst. Wenn ich da an meinen letzten Kirchenbesuch denke...! Bei dem Pfarrer dort, da bin ich fast eingeschlafen! Von diesem Heiligen Geist, oder wie des heißt, merk ich da net viel! Ob der sich wohl verflüchtigt hat? Der müsst', glaub ich, irgendwie da mal wieder reinfahren. Oder was meint ihr?« ... (Sammlung aller Kinderäußerungen, von L. nicht bewertet!) Am Schluss dieser Gesprächsphase sollte Tilly noch einmal nachfragen: »Also, jetzt will ich's doch noch mal genauer wissen: Wie und wer und was ist das jetzt, der Heilige Geist?«
L.: »Nun, Tilly, vielleicht hilft uns meine kleine Geschichte, das besser zu verstehen:«

Erzählung. In der Mitte steht ein leerer Krug. Von L. frei formuliert und ausgestaltet: (Zusammenfassung) Zurzeit um Pfingsten herum lebt eine junge Frau namens Johanna. Johanna muss sich alleine um ihre vier jüngeren Geschwister kümmern, die Eltern leben nicht mehr. Sie fühlt sich überfordert, mutlos und ausgebrannt. So oft es ihr die Zeit erlaubt, geht sie in den Tempel, um sich Trost zu holen. Aber meist hat sie das Gefühl, dass ihr Gott nicht zuhört, dass er so fern, so unnahbar erscheint und dass sie allein gelassen ist. Zufällig kommt sie an Petrus' Haus vorbei, als Petrus da steht und zu den Menschen predigt. Sein Gesicht leuchtet, als er davon spricht, dass Gott in Jesus den Menschen ganz nah kommen wollte, dass Gott jeden Einzelnen liebt und ihm zur Seite stehen will. Er sei in seiner Nähe zu den Menschen bis ins Leiden und in den Tod gegangen. Aber er sei auferstanden, er lebe und »ist bei uns alle Tage, bis ans Ende der Welt!«. Wie gebannt lauscht Johanna diesen Worten. Was sie hört, bewegt sie: Dass Gott ihr ganz nahe sein soll! Sie hat den Eindruck, dass Petrus direkt für sie spricht. Als sie nach Hause läuft, ist ihr leicht ums Herz. Die Geschwister wundern sich, dass Johanna fröhlich wirkt wie schon lange nicht mehr. Auf die Nachfrage der Kinder fällt Johannas Blick auf einen leeren Krug: »So leer wie dieser Krug bin ich bisher gewesen. Doch jemand hat mir Mut gemacht. Ich weiß jetzt: Gott lässt mich nicht im Stich. Gott füllt mich mit seiner Liebe. Nun kann ich zuversichtlich in die kommenden Tage gehen.« Mit diesen Worten füllt sie den leeren Krug mit Wasser.

Symbolspiel. Ein Kind nimmt den Krug, füllt ihn am Wasserhahn und stellt ihn in die Mitte. Wenn in der Klasse ausreichend Tassen oder Becher für die Kinder vorhanden sind, kann man aus dem Krug jedem Kind einschenken und den Krug immer wieder am Wasserhahn füllen. Es darf ruhig feucht dabei zugehen, denn man könnte dabei auch ein bisschen Wortspielereien betreiben mit den Wörtern »im Überfluss«, »überfließen vor Glück«, »voller Liebe«...

Heftwerkstatt. Die Kinder schneiden aus farbigem Tonpapier einen Krug aus, den sie nur unten und an den seitlichen Rändern festkleben (M15). Eine Fotokopie der Pfingstgeschichte aus einer Kinderbibel falten die Kinder zusammen und stecken sie in den Krug hinein. Sie schreiben dazu:

Pfingsten bedeutet: Jesus wohnt unsichtbar bei den Menschen, die an ihn glauben.
Er schenkt ihnen seine Liebe im Überfluss, er gibt Mut und Freude. Christen werden wie eine Familie. Es herrscht ein guter Geist.

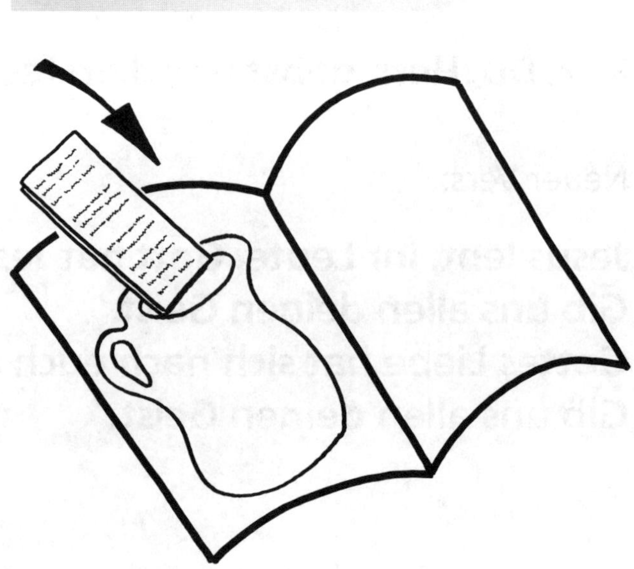

Kopiervorlage M15

Kopiervorlage M16

Themen der Gemeindeversammlung

Ich bin ein Sklave. Wenn ich spät abends von der Arbeit komme, seid ihr mit dem Gemeindeabendessen fertig und ich muss hungrig im Gottesdienst sitzen. Wie können wir das ändern?

In unserer Nachbargemeinde ist ein neuer Prediger. Der sagt, wir müssten auf bestimmtes Essen verzichten, um Gott zu gefallen. Was meint ihr dazu?

Wenn die Getreidesäcke und die Decken an die Armen verteilt werden, geht es sehr chaotisch zu. Keiner von uns hat richtig Zeit, sich darum zu kümmern. Wir brauchen jemanden, der extra dafür zuständig ist.

Ich habe einen Brief bekommen von einer neuen christlichen Gemeinde in einer anderen Stadt. Die Christen dort schreiben, dass sie sehr arm sind und kein Geld haben, ihre Witwen und Waisen zu versorgen. Können wir helfen?

Ich habe einen Acker verkauft und möchte das Geld unserer Gemeinde schenken. Wofür soll das Geld verwendet werden?

Nächste Woche haben drei aus unserer Gemeinde Geburtstag. Wie können wir für sie ein Fest feiern und wer hilft bei der Vorbereitung?

Meine Nachbarin ist schwer krank. Wer könnte mithelfen, sich um sie zu kümmern?

Gespräch. Tilly mutmaßt: »Ja, is' denn der Heilige Geist dann der unsichtbare Jesus oder wie oder was? Und was heißt unsichtbar? Kann ich durch ihn durchgucken oder mit der Hand durchlangen? Aber dann steig' ich vielleicht auf ihn drauf?« Die Kinder erzählen ihre unterschiedlichen Vorstellungen und stellen ihre ehrlichen Fragen. L. ist wie auch sonst in diesem Gespräch nicht belehrend, sondern mit den Kindern suchend. Geklärt sein sollte aber am Ende des Gesprächs, dass der Heilige Geist nichts mit Gespenstern zu tun hat und dass sich der auferstandene Jesus nicht in physikalische Realitäten (Luft, hier oder dort...) einbinden lässt. Kinder und L. sollten dem auf die Spur kommen, dass Gottes »Geist« nicht verfügbar sein, aber in seiner Zuwendung zu uns Menschen erlebbar werden kann. Man kann im Heiligen Geist Spuren erleben von Gottes Liebe, seiner Fantasie und seiner Ermutigung.

Selbst inszeniertes, thematisch angestoßenes Rollenspiel. L.: »Alle Menschen, die von Petrus' Predigt angesprochen worden waren, und sicher auch Johanna, haben sich von da an regelmäßig abwechselnd in ihren Wohnungen getroffen. Sie haben zusammen gesungen, gegessen, gebetet, sich über Gott unterhalten und sich ihre Sorgen erzählt. Sie haben einander zu helfen versucht wie in einer großen Familie. So ein Treffen wollen wir jetzt spielen. Wir teilen auf, wer von euch welche Rolle übernimmt (arme Witwe, Soldat, Kaufmann, Sklave, Familienvater...). Ein Kind wird zum Gemeindeleiter bestimmt. Jedes Kind, das möchte, darf seine Sorgen als Witwe, Soldat oder Sklave erzählen und alle überlegen gemeinsam, wie man einander helfen könnte. (Siehe Kopiervorlage M16, S. 124).

Alternativvorschlag:

Selbst inszeniertes, thematisch angestoßenes Rollenspiel. (Füreinander sorgen in der Gemeinde, Apg 6,1-7). L.: »Zusammen Gottesdienst feiern, zusammen essen... Zuerst war das aufregend und neu. Für Johanna und all die anderen, die sich zu christlichen Gemeinden zusammen gefunden haben. Aber nach einiger Zeit war auch das Alltag. Und wie ihr euch sicher vorstellen könnt, mit dem Alltag sind auch Probleme eingekehrt. Das werden wir jetzt mit diesem Spiel ein bisschen nacherleben:«

Die Kinder teilen sich in griechische und jüdische Christen, etliche aus beiden Gruppen spielen Witwen. Der Leiter übernimmt mit elf anderen Mitspielern die Rolle der Apostel. (Kurze Vorbesprechung mit den Apostelspielern.)

Nun wird folgende Szene gespielt:

In aller Hektik, kurz vor dem Gottesdienst, werden an die Witwen aus der jüdischen Gruppe Nahrungsmittel verteilt (Pantomimisch: Decken, Brote, Stück Speck, Zucker...). Weil die Zeit nicht mehr reicht, wird die Verteilung abgebrochen, bevor die griechischen Witwen versorgt wurden. »Stopp, stopp, stopp. Jetzt ist keine Zeit mehr, jetzt müssen wir mit dem Gottesdienst beginnen. Hört auf, setzt euch hin.«

Dann beginnt L. den gespielten Gottesdienst mit einer Rede, in der die Gerechtigkeit in der christlichen Gemeinde gepriesen wird. L. sollte den Widerspruch der griechischen Christen provozieren und es zu einer Aussprache kommen lassen. Evtl. werden die unterschiedlichen Lösungsvorschläge im Spiel gleich ausprobiert.

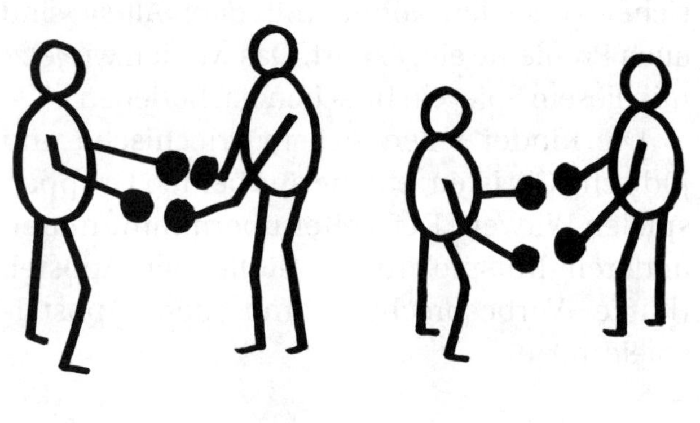

7.2. Paulus wird durch Christus aus der Bahn geworfen und auf einen neuen Weg gebracht (Apg 9, 1-19)

Material. Eine größere Anzahl Korkfliesen oder Teppichfliesen, oder stattdessen abwaschbare Wachsmalkreide, evtl. Hängebecken. Pro Kind ein farbiger Papierstreifen (3–4 cm breit, ca. 30 cm lang), Scheren, Kleber.

Miteinander tanzen. Durch das Klassenzimmer wird ein Weg gelegt aus Teppichfliesen oder Korkfliesen. Der Weg kann aber auch mit abwaschbaren Wachskreiden auf den Boden gemalt werden. Der Weg endet an einer Wand.

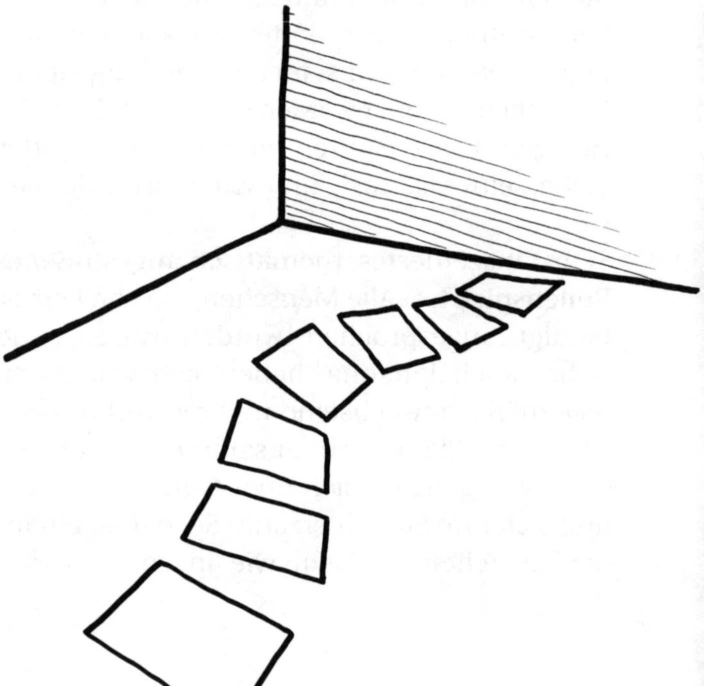

Zu einer rhythmischen Begleitung (drei bis vier Kinder spielen mit Handtrommel, Schlaghölzern und Rasseln) gehen die Kinder nacheinander im Takt auf dem Weg, bis sie an die Wand stoßen. Die Musik bricht dann jedes Mal ab, wartet, bis das Kind auf seinen Platz gegangen ist, und beginnt von neuem, wenn ein andres Kind den Weg betritt.

Erzählung. (Apg 9,1-19)

Symbolspiel. Kinder, die es möchten, gehen sehenden Auges den markierten Weg im Klassenzimmer bis zu seinem Ende, dann *schließen* sie die Augen (vielleicht lässt man auch, um das Damaskuserlebnis ein bisschen akustisch zu illustrieren, ein Kind dazu ein Hängebecken zu Boden werfen) und lassen sich von einem anderen Kind umwenden und einen *unbekannten* Weg im Klassenzimmer führen.

Gespräch. L.: »Stellt euch vor, nichts ist mehr so wie vorher. Bei einer totalen Lebenswende wenden sich alte Freunde ab, völlig andere Menschen treten als Freunde ins Leben. Frühere Feinde sind plötzlich keine Feinde mehr. Wie das wohl sein muss? Überlegen wir gemeinsam, was sich wohl alles für den Paulus geändert hat.«

Selbst inszeniertes, thematisch angestoßenes Rollenspiel. Ein Kind spielt den Paulus nach seiner Lebenswende. Die Kinder finden sich zu Gruppen zusammen. Jede Gruppe baut für sich eine der folgenden Identitäten auf:

A: Eine christliche Familie, die sich bisher vor Paulus verstecken musste.
B: Alte Freunde des Paulus, die ihm beim »Christen Fangen« bisher geholfen haben.
C: Verwandte, die nie mit der Unbarmherzigkeit des früheren Paulus einverstanden waren.
D: Alte Schulfreunde, die wissen wollen, was aus Paulus geworden ist.

Jede Gruppe begegnet »Paulus« und gemäß ihrer gemeinsamen früheren Geschichte reagieren sie in Bewegung, Mimik und Sprache auf Paulus. Paulus antwortet je nach Art der Gruppe beruhigend, werbend oder sich abgrenzend und distanzierend. Das Kind, das Paulus spielt, versucht, sich in Paulus hineinzuversetzen, wie er nach seiner Lebenswende nun gedacht und gesprochen haben könnte. Man kann das »Paulus-Kind« auch für jede Gruppe austauschen.

Heftwerkstatt. Die Kinder schneiden aus farbigem Tonpapier einen langen Streifen, den sie als Weg diagonal über eine Heftdoppelseite kleben. Kurz bevor der Weg am Seitenende ankommt, knicken die Kinder den Streifen um und kleben ihn in anderer Richtung weiter. Der Anfang des alten Weges wird mit der Aufschrift versehen: *Paulus ist unterwegs, um Christen einzusperren.* Kurz vor dem Knick malen die Kinder einen Lichtblitz von oben nach unten durch den Weg hindurch. Der Blitz wird beschriftet mit dem Satz: *Jesus fragt: »Warum verfolgst du mich?«* Der letzte Abschnitt des Weges vor dem Knick wird dunkler eingefärbt und darauf geschrieben wird: *Paulus blickt nicht mehr durch.* Auf den in neue Richtung gewendeten Abschnitt schreiben die Kinder: *Gott schickt Paulus auf einen völlig neuen Weg. Paulus erlebt seine Lebenswende.*

Der neue Lebensabschnitt neben dem neuen Weg wird illustriert mit dem predigenden Paulus vor Menschengruppen verschiedener Haut- und Haarfarben. Ist noch Platz, können die Kinder den Text hinzufügen: *Der auferstandene Jesus macht Paulus zu seinem Botschafter: Paulus soll die gute Botschaft von Gottes Liebe zu vielen Völkern bringen.*

Man könnte auch den Bibeltext aus einer Kinderbibel fotokopieren und das Blatt als Leporello, das man auffalten kann, an den Rand der Heftseite kleben.

7.3. In Philippi predigt Paulus von Jesus Christus. Er begegnet der Purpurhändlerin Lydia (Apg 16,11-15)

Material. Tücher und Stoffe (alte Gardinen, Tischdecken) in roten, blauen und lila Farben, Rassel, Hängebecken mit Watteklöppel, Altmetallophon. Evtl. verschiedene Instrumente des kleinen Schlagwerks. Stoffreste, Scheren, Kleber.

Illustrierendes und definiertes Rollenspiel.
L. hat Tücher und Stoffe (alte Gardinen, Tischdecken) in roten, blauen und lila Farben mitgebracht. Ein Mädchen spielt die Purpurkrämerin Lydia, wie sie ihre Purpurstoffe verkauft. Die anderen Kinder sind die Käufer. Die Stoffe werden an den Käufern ausprobiert, über die Schultern drapiert oder um die Hüften geschlungen…

Erzählung. L. erzählt: »Der erste Christ in Europa war eine Frau. In der Bibel wird von den Reisen erzählt, die Paulus gemacht hat. Er ist eines Tages nach Mazedonien gekommen, das liegt neben Griechenland. In der Stadt Philippi hat er den Menschen von Jesus Christus erzählt. Dort war auch eine Geschäftsfrau mit Namen Lydia. Sie hat wertvolle, mit Purpur gefärbte Stoffe verkauft. Ich versuche, mir vorzustellen, wie Lydia die Begegnung mit Paulus erlebt hat:

»Nimm diese Stoffrolle dort oben!« Lydia deutet zum obersten Regalfach. Der Diener steigt auf eine Leiter und holt den dunkelroten Seidenstoff herunter. »Die Bestellung geht ins Haus des obersten Stadtrichters. Ich gehe mit, ich will der Frau Stadtrichter den Stoff gleich anmessen«, sagt Lydia.

Der Diener trägt die Rolle Seidenstoff unter dem Arm und Lydia geht vor ihm her. Ein paar Straßen weiter öffnet sich ein weiter Platz. Lydia und der Diener steuern auf eine prächtige Stadtvilla zu. Da bleibt Lydia mit einem Mal stehen. »Sieh dir diese herrliche Fassade an«, ruft sie dem Diener zu. »Diese vielen Säulen und diese kunstvollen Verzierungen.« Der Diener nickt. »Das müssen glückliche Menschen sein, die in einem solchen Haus wohnen.«

Eine Magd öffnet den beiden. Sie legt den Finger an den Mund. »Bitte kommt leise herein. Die Herrin hat Migräne.« Die Magd führt die beiden einen langen Gang entlang bis zu einem hellen Saal mit großen Fenstern. Am Fenster steht die Herrin. Lydia sieht gleich: Es ist keine Migräne. Es ist der Kummer. Die Herrin hat ein verweintes Gesicht.

Der Diener legt den Stoff ab und Lydia schickt den jungen Mann aus dem Saal. Vorsichtig wickelt sie den Stoff ab. Dann tritt sie näher. »Darf ich Ihnen den Stoff umlegen und Maß nehmen?« »Aber ja«, sagt die Frau, »ich habe Sie doch extra dafür herbestellt.« Und während Lydia den Stoff abmisst, sagt die Frau des Stadtrichters leise: »Das Kleid muss unbedingt besonders schön werden. Vielleicht beachtet mich mein Mann dann endlich. Ich bin für ihn wie ein Schatten. Eigentlich will er gar nichts von mir wissen. Er lebt nur für seinen Beruf. Arbeit, Arbeit, Arbeit, das ist für ihn das Wichtigste.« Eine Weile schweigt sie. Dann sagt sie: »In diesem großen Haus bin ich so schrecklich allein.« Und nun fängt die Herrin zu weinen an und Lydia nimmt sie in den Arm. Als Lydia später das Haus verlässt und der prächtigen Fassade den Rücken kehrt, geht ihr ein Wort aus der Bibel durch den Sinn: »Der Mensch sieht, was vor Augen ist, Gott der Herr aber sieht das Herz an.«

Am nächsten Tag ist Schabbat, der Feiertag. Lydia geht hinaus vor die Stadt an den Fluss. Dort sitzen schon ein paar Frauen wie jeden Schabbat. Und wie jeden Schabbat werden sie da gemeinsam beten. Hier, unter dem freien Himmel ist ihre Kirche, hier finden sie etwas Ruhe. Aber heute ist da ein Fremder, er heißt Paulus. Er sitzt nach vorne gebeugt und unterhält sich angeregt mit den Frauen.

Lydia kommt näher heran und hört zu, was dieser Paulus sagt: »Ja, ihr habt schon recht, dieser Gott, der die Welt geschaffen hat, ist wirklich unendlich groß und unfassbar. Aber er ist als Mensch auf die Welt gekommen. Ich habe mit vielen gesprochen, die ihn erlebt haben.« Lydia setzt sich jetzt und mischt sich mit ein ins Gespräch: »Ja, aber wieso sollte sich Gott so klein machen und ein Mensch werden. Das passt doch nicht zu einem Gott.«

Paulus wendet sich zu ihr um und sagt: »Es kommt noch anstößiger. Er ist sogar zu den Verachteten und Ausgestoßenen, zu den Traurigen und Verzweifelten gegangen und er hat sich nicht einmal gewehrt, als man ihn umgebracht hat. So sehr hat er die Menschen geliebt, dass er bis zum bitteren Ende bei ihnen ausgehalten hat.« Lydia schüttelt den Kopf: »Wie kann ein Gott sich so ausliefern?« Paulus nickt: »Ja, das ist wirklich unfassbar. Aber deshalb können wir uns daran festhalten, dass Gott uns niemals im Stich lassen wird.« Lydia zieht die Brauen zusammen: »Hast du nicht gesagt, man hat ihn umgebracht?« Paulus antwortet: »Er hat den Tod überwunden, er ist auferstanden. Und er will jeden von uns begleiten.« Lydia steht auf. Sie sagt langsam: »Und Gott sieht auch hinter die Fassade. Er weiß, wie es wirklich in uns aussieht. Vor Gott können wir wirklich ehrlich sein.«

Das Erlebnis mit der Frau des Stadtrichters hat sie die ganze Nacht beschäftigt. Und darum lädt sie Paulus nun zu sich nach Hause ein, dazu auch die Frauen vom Fluss. Und den Diener schickt sie los, er soll der Frau des Stadtrichters ausrichten: »Der Mensch sieht was vor Augen ist, Gott aber sieht das Herz an. Herzliche Einladung zur Purpurkrämerin. Sie hat einen Prediger zu Gast, der dazu viel zu sagen hat.«

Gespräch. L.: »Ihr habt schon gemerkt, als Purpurkrämerin hatte Lydia viel mit Menschen zu tun. Sie hat dabei sicherlich viele Sorgen mitbekommen, wahrscheinlich viele Sorgen von reichen Frauen, denn Purpurstoffe konnten sich nur die Reichen leisten. Aber hinter dem schönen Schein hat sich oft viel Kummer verborgen. Tragen wir zusammen, von welchen verschiedenen Sorgen ihrer Kundinnen Lydia vielleicht gehört hat.«

Klangsymbolspiel. Eine Rassel gilt für die Ängste und Sorgen von Lydias Kunden und Lydias Ratlosigkeit. Während ein Kind leise rasselt, sprechen die Kinder Sorgen und Ängste der Kunden Lydias an. Dann gilt der leise, weiche Klang eines Hängebeckens mit Watteklöppelschlag als Zeichen für die neue Glaubenshoffnung der Lydia: »Der Mensch sieht, was vor Augen ist und sucht oft verzweifelt nach Liebe. Gott aber sieht das Herz an und liebt bedingungslos.« Die Kinder versuchen, zum leisen Gongton, das mit eigenen Worten auszudrücken, wie sie es einer mit Sorgen beladenen Kundin Lydias zusprechen könnten. Man könnte es gemeinsam formulieren und an die Tafel schreiben. Dann könnte man diese Sätze gemeinsam zum Gongton sprechen.

Miteinander singen und musizieren. Die Kinder lernen das Lied »Du siehst hinter die Fassade«.

Text / Melodie: Elisabeth Buck

Man könnte anfangs das Lied mit einer großen Zahl Orff'scher Instrumente begleiten, die nach und nach immer mehr verstummen, bis schließlich nur noch der schlichte Gesang übrig ist mit einem Bordun vom Altmetallophon (e - h).

Heftwerkstatt. Die Kinder malen Lydia und einige Kundinnen in ihr Heft. Die gezeichneten Figuren bekleben sie mit Stoffresten und gestalten so den Alltag der Purpurkrämerin. Dazu schreiben sie: *Lydia erlebt: »Der Mensch sieht, was vor Augen ist und sucht oft verzweifelt nach Liebe. Gott aber sieht das Herz an und liebt bedingungslos.« Lydia wird die erste Christin Europas.*

7.4. Das Evangelium bringt Aufruhr: Paulus in Ephesus (Apg 19,1.23-40)

Material. Pro Kind eine Fotokopie von M17. Scheren und Kleber. Außerdem für jedes Kind: ein Stück Wellpappe (ca. DIN A4), 3–6 Büroklammern, 3 Briefklammern.

Miteinander tanzen. Mit tänzerischen Schritten stellen die Kinder ein Zahnradgetriebe dar:

Die Kinder stellen sich mit Ausnahme von drei bis vier Jungen und Mädchen im Kreis auf. Abstand der Kinder nebeneinander ca. 1/2 Meter. Folgenden Rhythmus nehmen sie in Stampfschritten zunächst am Platz auf: 

(Kurz, kurz, lang, lang : Linker Fuß, rechter Fuß, linker Fuß, rechter Fuß)

Ist der Grundrhythmus klar, werden die Kinder dazu eingeteilt, dass sich jedes zweite Kind im Kreis *im* Uhrzeigersinn mit den eingeübten Stampfschritten um sich selbst dreht und die übrigen Kinder *entgegen* dem Uhrzeigersinn. Alle strecken die Arme dabei etwas von sich weg. So greifen die Drehbewegungen der Kinder ineinander wie Zahnräder. Unterstützen können die Kinder den Grundrhythmus im Dreivierteltakt mit dem geflüsterten Motto: Dreh dich Rädchen, dreh dich Rädchen!

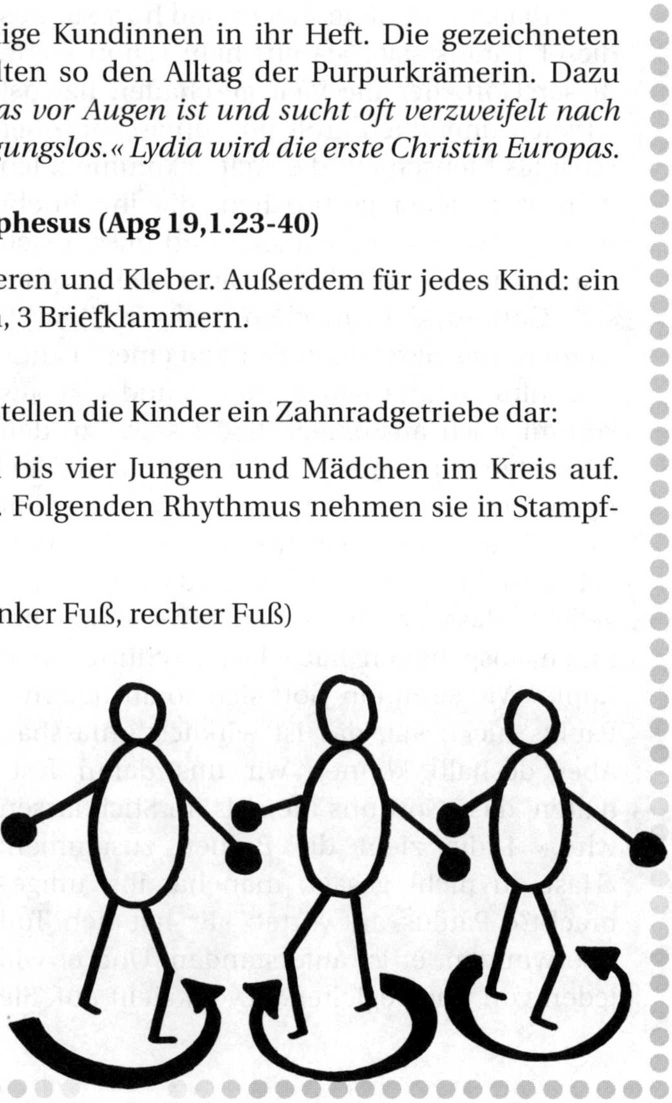

Nach einer Weile (man sollte es nicht zulange ausdehnen, damit den »Zahnrädern« nicht schwindlig wird) beginnen die drei bis vier Kinder, die nicht in den Kreis mit integriert waren, mit Klatschen, Stampfen und einem Spruch folgenden Rhythmus im Viervierteltakt aufzunehmen: ♩ ♪♪ ♩ ♩ | ♩ ♪♪ ♩ ♩.

(Spruch: »Sand im Getriebe, Sand im Getriebe«)

Allmählich nähern sie sich auf diese Weise den drehenden Rädchen, bis sie zwischen die kreiselnden Kinder geraten. Und nun stockt die Kreisbewegung. Alle Räder stehen still.

Gespräch. L.: »Wenn ich ein altes Uhrwerk habe, kann ich es doch sicher so pflegen, dass es ungehindert laufen kann. Wie würdet ihr es pflegen?« … Redewendungen wie »Das geht wie geschmiert!« oder »Eines greift ins andere!« oder auch der Ausdruck »Sand im Getriebe« werden im Gespräch miteinander von ihrer physikalischen Wirkung her betrachtet als auch, bei welchen Gelegenheiten Kinder diese Aussagen im Alltag schon gehört haben.

Erzählung. L. erzählt (Apg 19,1.23-40), wie die Predigten des Paulus die Geschäftemacherei mit silbernen kleinen Götterstatuen und Talismanen stören. Ein Aufruhr in der Stadt ist die Folge. L. beschreibt zunächst, wie die Geschäfte »wie geschmiert« laufen und wie in dieser Stadt so schön alles ineinander greift. Die Botschaft des Evangeliums ist Sand im Getriebe. Um den Text des folgenden Liedes schon vorwegzunehmen, könnte man die Werteverschiebung durch das Evangelium mit Paulus' Worten sinngemäß beschreiben. (Originalaussage: »Aber was mir Gewinn war, das habe ich um Christi willen für Schaden geachtet. Ja, ich achte es noch alles für Schaden gegen die überschwängliche Größe der Erkenntnis Christi Jesu, meines Herrn, um welches willen mir das alles ein Schaden geworden ist, und achte es für Kot, auf das ich Christus gewinne.«)

Miteinander singen. Gemeinsam lernen die Kinder das Lied:

Text / Melodie: Elisabeth Buck

2. *Gottes gute Nachricht, sie hakt sich in uns fest.*
Sie stört das flotte Räderspiel,
dem mancher schon zum Opfer fiel.
Manchmal kann ein Nein aus dem Rad befrein.

♩ ♩ ♪ ♪ ♩ ♪ ♪ ♪ ♪ 𝅗𝅥

3. *Gottes gute Nachricht: Er liebt dich, wie du bist.*
Auch ohne Schönheit, ohne Geld,
und was sonst auf der Welt noch zählt,
bist du sein »Wunderkind«, das bei Gott gewinnt.

Gespräch. L. stellt Sätze in den Raum, über die gemeinsam sinniert wird, für wen oder für welche Situationen solche Aussagen »Sand im Getriebe« bedeuten würden:

- Geld allein macht nicht glücklich.
- Man muss Gott mehr gehorchen als den Menschen.
- Gott liebt die Verachteten, die Kranken, die Schwachen.
- Jesus ist von den Toten auferstanden.

Daraus könnte durchaus auch mal eine Erzählstunde werden, wenn es in die Atmosphäre und zur Aufmerksamkeitsfähigkeit der Kinder passt. Zu erzählen gäbe es hier viel: Von Dietrich Bonhoeffer, Martin Luther King, Kirchengemeinden 1989 in der DDR usw. »Erzählstunde« ist hier so gemeint, dass nicht eine vorbereitete Erzählung in einem Spannungsbogen entfaltet wird, sondern es ist mehr das Plaudern, das sich von den Fragen und Reaktionen der Kinder leiten lässt.

Miteinander tanzen und rhythmisch sprechen. Das Zahnräderspiel von Beginn der Unterrichtseinheit wird noch einmal aufgenommen, allerdings mit anderen Rhythmen und anderen Sprüchen:

»Räder« im Dreivierteltakt:	– *Kauf dir das: Glück und Spaß!*	♩♩♩ | ♩♩♩
	– *Ehre nur der Schönheit pur!*	♪♪♩♩ | ♩♩♩
	– *Wie du mir, so ich dir!*	♪♪𝅗𝅥 | ♪♪𝅗𝅥

Das »Sand im Getriebe« im Viervierteltakt:

Gott kommt in die Welt hinein
♪ ♪ ♪ ♪ ♪ ♪♪
Er macht sich klein.
♪ ♩ ♩ ♩
Um den Kleinen und Verachteten in Liebe nah zu sein.
♪ ♪ ♪♪ ♪ ♪♪ ♪♪♪ ♪♪

Statt diesem Spruch können aber auch die Kinder, die von außen ins Räderwerk geraten, das Lied »Alles dreht sich schneller« singen und dazu klatschen.

Sollte es für diese Kinder tatsächlich etwas »schmerzhaft« ausgehen, wie sie ins Mahlwerk geraten, wäre dies wieder ein Impuls für eine Gesprächsrunde: Paulus musste mehrmals ins Gefängnis, Bonhoeffer und Martin Luther King mussten sterben. L.: »Es muss nicht, aber es kann sehr schwer sein, Sand im Getriebe des Alltags zu sein. …«

Heftwerkstatt. Die Kinder gestalten ein Zahnräderwerk aus Wellpappe, das sich in ihrem Heft drehen lässt: Nach der Vorlage von M17 schneiden die Kinder sechs Rädchen aus Wellpappe aus und kleben je zwei kongruent zusammen. Nur so lässt sich eine Dicke herstellen, durch die die Rädchen dann auch tatsächlich ineinander greifen können. Um sie für den Trocknungsvorgang zu stabilisieren, können die zwei Seiten eines Zahnrades mit Büroklammern zusammengehalten werden. Mithilfe von Briefklammern werden sie auf einem größeren Stück Wellpappe befestigt, das unten auf die Heftseite geklebt wird. Ein Kreuzesbalken aus Wellpappe wird folgendermaßen ins Heft geklebt: Der Querbalken wird nur an seinen beiden äußeren Enden auf der Heftseite aufgeklebt, der Längsbalken wird nur durchgeschoben und nicht fixiert. Wird der Längsbalken nach unten gezogen, gerät er ins Räderwerk und stoppt die Bewegung der Zahnräder.

Die Überschrift heißt: *Als Paulus in Ephesus predigt, stört die gute Botschaft von Gott die Geschäfte mit Götterfiguren.*

Auf die Räder kommt je einer der Sprüche aus dem Tanzspiel: *Kauf dir das: Glück und Spaß! / Ehre nur der Schönheit pur! / Wie du mir, so ich dir!*

Neben den Kreuzbalken wird auf die eine Seite geschrieben: *Senke den Balken herunter, und du siehst, wie das Räderwerk gestört wird.*

Auf die andere Seite schreiben die Kinder ebenfalls den Spruch aus dem Tanzspiel:

Gott kommt in die Welt hinein.
Er macht sich klein,
um den Kleinen und Verachteten
in Liebe nah zu sein.

Kopiervorlage M17

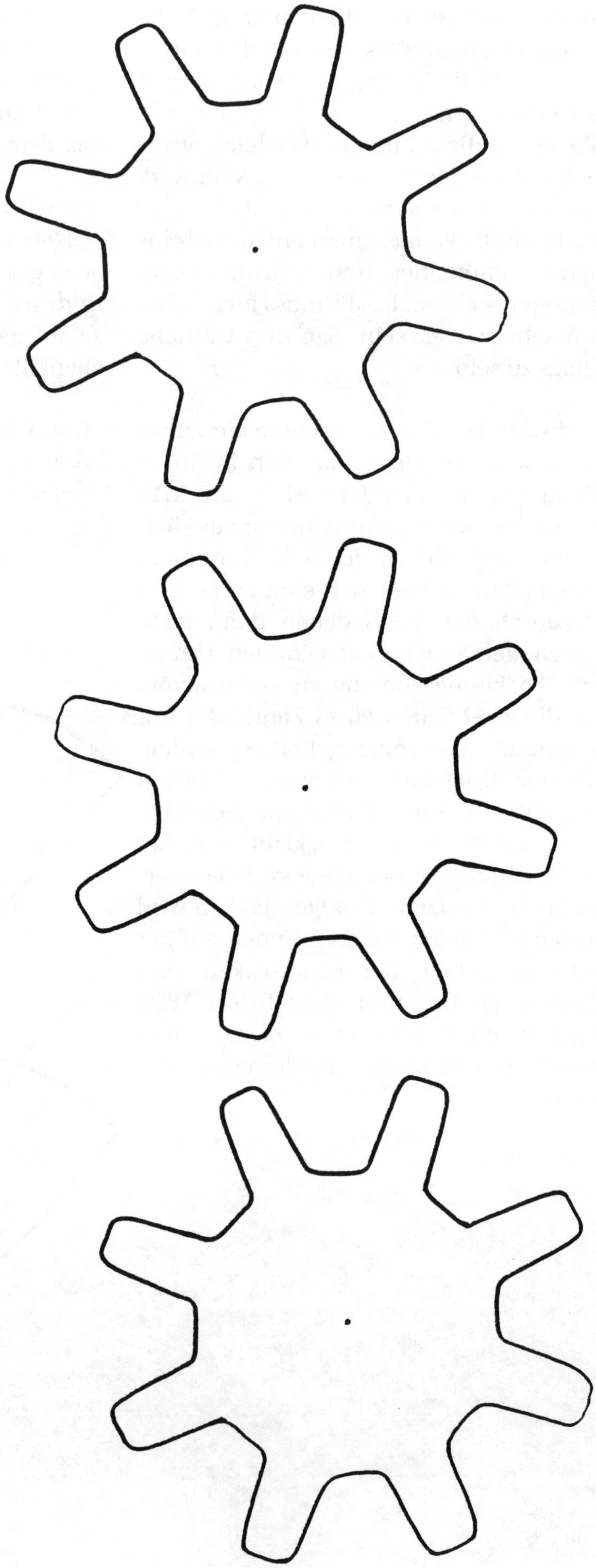

7.5. Christen in aller Welt kennen lernen: Wie evangelisch-lutherische Christen in Tansania leben

➪ **Didaktischer Hinweis.** »Mission« war jahrhundertelang weitgehend vom fatalen Missverständnis geprägt, dass mit dem Evangelium auch die Kultur der weißen Völker in andere Erdteile zu tragen sei. Der Respekt vor der Eigenständigkeit z.B. afrikanischer christlicher Gemeinden und die Achtung ihrer spezifischen Kultur gelten noch nicht sehr lange in europäischen oder amerikanischen Kirchen. Ganz besonders muss dies aber Leitgedanke vorliegender Unterrichtseinheit sein.

Material. Eine Frucht oder ein kunstgewerblicher Gegenstand aus Afrika, Stofftasche, Rasselinstrumente, Weltkarte, Steine, Blumen, Bibel, Früchte aus Afrika, hellblaues und grünes Tonpapier (pro Kind je ein DIN A5-Bogen), Scheren, Kleber.

Tast-Rätsel. Eine Frucht oder ein kunstgewerblicher Gegenstand aus Afrika wird in eine Stofftasche gesteckt. Die Kinder tasten mit den Händen in der Stofftasche und versuchen den Inhalt ohne Hilfe der Augen zu identifizieren.

Gespräch: Mit einer Weltkarte bestimmen die Kinder die Herkunft des Gegenstandes oder der Frucht. Sie erzählen, was sie sonst alles von Afrika wissen (Tierwelt, Pflanzen, Nahrung, Kultur...).

Illustrierendes Rollenspiel. Pantomimisch spielen die Kinder gemeinsam eine Dorfgemeinschaft in Tansania. (Großfamilie mit Nachbarschaft.): Imaginäre Hütte bauen aus Lehm und mit Stroh gedeckt. Frühstück machen: Einige werden zum Wasser holen geschickt, einige zum Brennholz holen, andere müssen Hirsekörner zermahlen zwischen zwei Steinen. Dann wird ein Teig angerührt und auf heißen Steinen über dem Feuer als Fladenbrote gebacken. Gemeinsames Essen, alle sitzen auf dem Boden. Weil Sonntag ist, wird der älteste Sohn losgeschickt, zum Gottesdienst einzuladen. Es gibt keine Glocken, aber mit Schepperklängen von Rasselinstrumenten wird der Gottesdienst angekündigt. Alle versammeln sich unter einem unsichtbaren Strohdach zum Gottesdienst. Einige Kinder legen aus Steinen ein Kreuz in die Mitte, andre Kinder schmücken dieses Kreuz mit Blumen.

Miteinander singen. Alle stellen sich im Kreis um das Kreuz herum, klatschen im Takt und singen das Lied »Msifu bwana« aus Tansania. Über die Vorsänger-/Nachsängertechnik wird das Lied eingeübt.

Aus Tansania

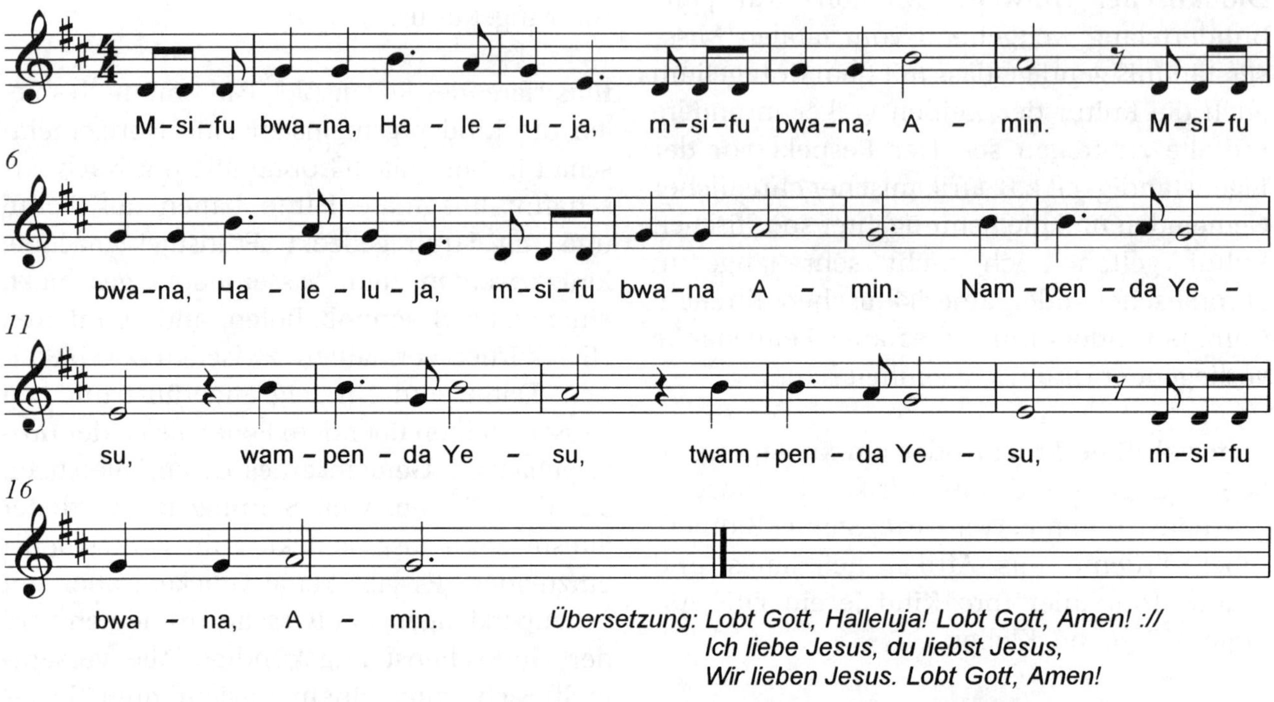

Definiertes Rollenspiel. Vier Kinder als Teilnehmer der afrikanischen Gottesdienstgemeinde sprechen nacheinander ein Gebet:

»Gott, dir gehört alles. Ich bitte dich, gib mir, was ich nötig habe, denn ich leide. Auch meine Kinder leiden. Das ganze Land leidet. Ich bitte dich um ein gutes und glückliches Leben. Ich bitte dich um ein gesundes Volk, damit es gesunde Kinder zur Welt bringt. Gib uns Ziegen, Vieh, Nahrung und Honig. Halte von uns alle Schwierigkeiten und Nöte fern. Ich bitte dich, Herr.«

Erzählung. Nun spielt L. die Pfarrerrolle und hält eine kurze Predigt. (Tiere in der Steppe treffen sich. Jedes brüstet sich vor dem anderen, dass es besser sei und von Gott mehr geliebt. – Giraffe der Größe wegen, Löwe der Macht wegen, Gepard der Schnelligkeit wegen... – Eine Maus merkt, dass sie da nicht mithalten kann, läuft fort in eine Menschenhütte, setzt sich in die Ecke und weint. Ein Mädchen kommt, füttert die Maus mit Krümeln und sagt: »Komm her, du kleine Maus! Dich mag ich gerne. Die Kleinsten und Schwächsten, die hat auch unser Jesus am liebsten.«)

Anschließend liest ein Kind aus der Bibel 2 Kor 12,9 laut vor:

Jesus Christus sagt zu uns:
Lass dir an meiner Gnade genügen, denn meine Kraft ist in den Schwachen mächtig.

Miteinander singen und klatschen.
Nun folgt entweder das Lied vom Anfang, oder die Kinder hören einen Chor aus Tansania (vom Tonträger), den sie mit Klatschen begleiten.

Miteinander essen. Die Kinder essen gemeinsam Früchte aus Afrika (Bananen, Kokosnuss…), weil die Gemeinde nach dem Gottesdienst noch beisammen bleibt. Ein Tuch wird in die Mitte gelegt, auf dem zuvor die Kinder gemeinsam die Früchte zubereiten und anrichten.

Miteinander singen und tanzen. Das Spiel eines afrikanischen Gottesdienstes wird abgeschlossen mit einem Singtanz zu einfachen Seit-Anstellschritten und Händeklatschen. (Beispiel »Ojeje, majuba magasi« nach Dorothee Kreusch-Jakob[42])

Gespräch. Tilly meldet sich zu Wort: »Also, das wundert mich jetzt aber, wieso wissen die von Jesus, der ist doch nie in Tansania gewesen? Ich hab immer gedacht, die Afrikaner glauben an Geister, also so an den Regengeist und den Donnergeist und den Feuergeist und so. Und jetzt gibt's dort Gottesdienste. Wie gibt's denn das?« (Erinnerung an die letzte Unterrichtseinheit des Petruszyklus). L. könnte auch den Wandel des Missionsverständnisses ansprechen von einer Mission der Weißen, die auch ihre Kultur für besser hielten und die afrikanische Kultur teilweise verurteilten, bis hin zum partnerschaftlichen Verständnis europäischer und afrikanischer Kirchen und dem heutigen Respekt vor der afrikanischen Kultur.

Heftwerkstatt. Über eine Doppelseite wird eine Weltkugel gestaltet: Aus hellblauem Tonpapier wird eine Scheibe geschnitten. (Schüssel als Schablone). Aus grünem Tonpapier werden Länder ausgeschnitten und auf die Weltkugel geklebt. Um die Weltkugel herum wird geschrieben: »*Geht hinaus in alle Welt und helft dazu, dass das Evangelium Freunde findet in allen Völkern. Tauft sie und erzählt ihnen alles, was ich euch anbefohlen habe und woran sie sich halten können. Und merkt auf: Ich bin bei euch alle Tage bis ans Ende der Welt.*«

(Nach Mt 28, 19-20.)

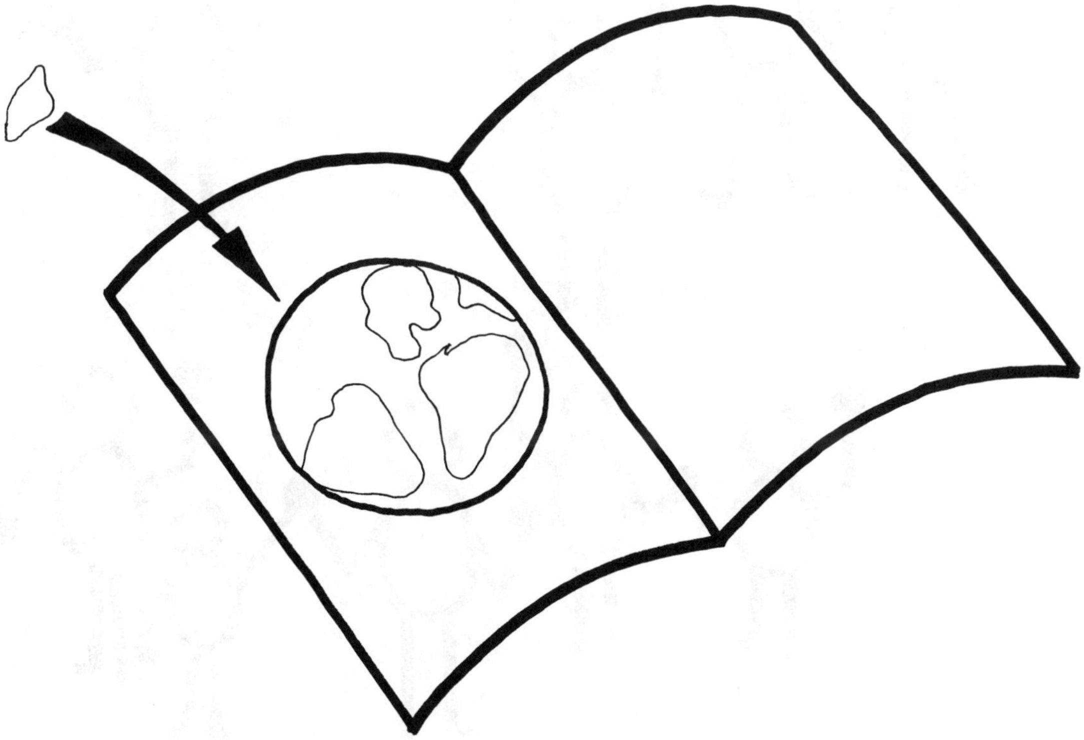

8. Regeln – Gebote – Verbote: Herausforderungen für die Freiheit

8.1. In der Familie sind Menschen aufeinander angewiesen. Gott schützt das Zusammenleben in der Familie mit seinem Gebot

Material. Ein grünes Band (Kreppppapier, Geschenkband…) oder Tuch; für jedes Kind mindestens zwei kleine leere Kärtchen; Tonträger; fröhliche Musik, die sich fürs Spazieren eignet; langsame sinfonische Musik ohne dramatische Atmosphäre (z.B. J. S. Bach, Konzert für Oboe und Violine BWV 1060: Adagio; oder J.S. Bach, Klavierkonzert g-Moll BWV1043: Andante); Kastagnetten oder Schlaghölzchen; Familienfotos, die die Kinder mitbringen und von L. fotokopiert werden für die Verarbeitung in der Heftwerkstatt-Phase; Bibel. Für jedes Kind ein DIN A4-Blatt farbiges Tonpapier, Kleber, Scheren.

Bewegungsspiel zum Einstieg. Jedes Kind erhält ein kleines Kärtchen, auf das es die Bezeichnung eines Familienmitgliedes schreibt. (Oma / Opa / Mutter / Vater / Kind / Ur-Oma…) Nun spazieren alle Kinder zu einer beliebigen Musik durchs Klassenzimmer, jedes Kind hält sein Kärtchen in der Hand. Immer wieder hält L. die Musik an und ruft z.B. »Kleinfamilien«. Nun müssen sich jeweils ein Elternpaar und maximal zwei Kinder zusammenfinden. Alle restlichen Familienmitglieder setzen sich auf den Boden, bis die Musik wieder beginnt. In dieser Weise werden nacheinander verschiedenste Familienformen benannt und gebildet: Großfamilie; Familie mit nur einem Elternteil; Kinderheim-Familie; Altenheim …

Kleinfamilie

Familien mit nur einem Elternteil…

Großfamilie

Gespräch. Je nach Vertrauensverhältnis der Kinder untereinander und zu L. können sich alle darüber austauschen, in welcher Art Familie ein jedes jeweils lebt. Möchten die Kinder das nicht erzählen, kann man auch einfach sich darüber austauschen, welche Familienarten man kennt.

Illustrierendes Rollenspiel. Die Kinder teilen sich in Gruppen auf. Jede Gruppe wählt für sich eine Familienform (Großfamilie, Kleinfamilie, Familie mit einem Elternteil, Kinderheim, Altenheim etc.) und teilt die Spielrollen einer solchen Familienart unter sich auf. Nun überlegt sich jede Spielfamilie eine Aktion, mit der ein besonders gemütliches oder festliches Beisammensein gestaltet werden könnte. (Geburtstag feiern, gemeinsame Wanderung, abends Vorlesen am Bett, Tischgespräche usw.). Anschließend spielen die »Familien« ihre selbst entworfenen Aktionen vor und lassen die übrige Klasse erraten, um welche Aktion es sich handelt.

Erzählung (rollenspielartig) mit Gespräch. L. schlingt sich ein grünes Band oder Tuch um den Kopf und schlüpft in die Rolle einer Schildkröte. (Die Schildkröte erzählt, dass sie ihre Eltern nicht kenne, ihre Mutter habe nur das Ei im Sand verbuddelt. Alleine sei sie ausgeschlüpft und alleine sei sie groß geworden. Sie wundere sich nur, warum am Strand bei den kleinen Menschen immer große Menschen dabei seien. Sie frage sich, warum die Menschen nicht auch einfach ihre Babys sich selbst überlassen und wozu die Menschen sich so offensichtlich gegenseitig brauchen würden.) Allmählich wird die Erzählung in ein Gespräch übergehen, in dem sich die Schildkröte, die weiterhin »dumme« Fragen stellt, von den Kindern aufklären lässt.

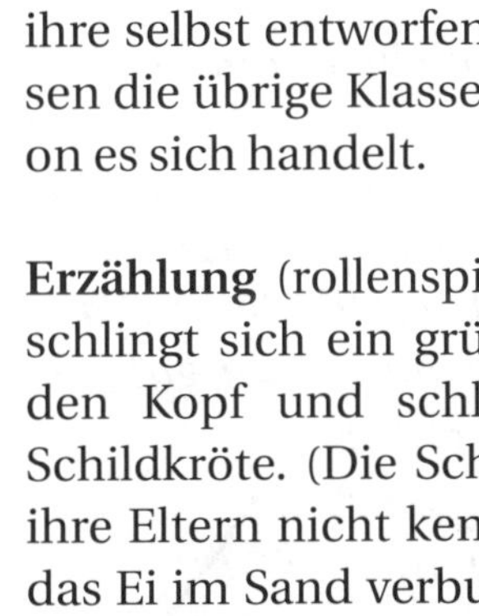

Introspektion. Falls es in der Klassensituation möglich ist: Zu einer getragenen sinfonischen Musik erhalten die Kinder Gelegenheit, über schwere Zeiten oder Situationen nachzudenken, die sie manchmal in ihren Familien erleben. Jedes Kind ist für sich, kann den Kopf auf die Bank legen und die Augen schließen.

Gebete formulieren und miteinander singend sich bewegen. Nach einer Weile sagt L. in die Musik hinein: »Jesus sagt: Selig sind, die Leid tragen, denn sie sollen getröstet werden. Wir dürfen Gott all unseren Kummer sagen, denn Gott nimmt uns ernst.«

Auf leere kleine Kärtchen schreiben die Kinder nun kurze Gebete, in denen sie Angst oder Kummer innerhalb von Familien zu formulieren versuchen. (Beispiele: »Lieber Vater im Himmel, wir haben Angst, wenn unsere Eltern sich streiten.« / »Lieber Vater, wir sind traurig, wenn unsere eigenen Väter so wenig Zeit für uns haben.«)

L. könnte als Hilfestellung einige Beispiele vorschlagen mit der Ermutigung, persönliche Sorgen anonym aufzuschreiben oder belastende Beobachtungen an persönlich bekannten Familien in einem Gebet aufzunehmen.

Alle Gebetskärtchen werden in einer Schachtel eingesammelt und gemischt. Die Kinder stellen sich im Kreis auf. L. liest nun jeweils zwei der Gebete vor. Im Anschluss daran gehen die Kinder jedes Mal dann im Kreis nach rechts, schwingen dazu leicht die Arme im Taktmaß (pro 3/4 Takt ein Schritt und ein Armschwung) und singen gemeinsam unten stehenden Liedvers aus dem EG 171:

Bewahre uns Gott, behüte uns Gott,
sei mit uns in allem Leiden.
Voll Wärme und Licht im Angesicht
sei nahe in schweren Zeiten. (EG 171,2)

(Text: Eugen Eckert, 1987, aus: 2-CD »Zweifach«, Band HABAKUK, Frankfurt am Main)

Rhythmische Begleitung kann durch zwei Kinder geschehen, die in der Kreismitte auf dem Boden sitzen und mit Kastagnetten oder Schlaghölzchen spielen.

Erzählung. L.: »Wir versetzen uns zurück in die Zeit, als Mose und das Volk Israel durch die Wüste gewandert sind. Erinnert ihr euch, dass sie damals von Gott die wichtigen Lebensregeln bekamen – die 10 Gebote? Das Volk Israel, das waren Familien, und zwar Großfamilien. …« L. erzählt von zwei Kindern aus zwei verschiedenen Familien des wandernden Volkes Israel. Ein Kind erlebt, wie die Familie zusammenhält (Da pflegte die Mutter die kranke Tante. Der Onkel brachte dem Neffen das Pfeifchen-Schnitzen bei. Abends saß man zusammen, hat sich Geschichten erzählt und miteinander gelacht…), und das andere Kind macht innerhalb seiner Familie bittere Erfahrungen (Morgens schon schrie man sich an, die Kinder wurden auf die Seite geschubst, der alte Opa wurde schikaniert und man sprach ganz offen davon, dass er ein lästiger, unnützer Esser sei, der hoffentlich bald sterben werde…).

Die Erzählung mündet in ein **Gespräch**:
L.: »Gott wollte, dass es in den Familien liebevoll zuging, ohne Verachtung und Unterdrückung. Erinnert ihr euch an die Lebensregel, die er für die Familien gemacht hat, damit sie in Frieden zusammenleben können?« Tilly meldet sich zu Wort: »Aber es gibt doch auch Eltern, die schlecht zu ihren Kindern sind. In dem Haus bei uns gegenüber wohnt eine Frau, die den ganzen Tag Schnapsflaschen leer trinkt und abends ihre Kinder schlägt. Ich kann mir nicht vorstellen, wie ihre fünfjährige Tochter sie achten kann.« Tilly wendet sich an L.: »Warum gibt es kein Gebot in deiner Bibel, dass Eltern ihre Kinder nicht misshandeln dürfen?« L. schlägt seine Bibel auf und lässt ein Kind Mk 12,31 vorlesen. Die Kinder überlegen, wie sich dieses Liebesgebot Jesu zwischen Eltern und Kindern auswirken kann, wenn es ernst genommen wird. Auch Eph 6,4 könnte betrachtet werden. (L. sollte aber die Kinder auch darüber aufklären, dass das 4. Gebot zunächst einmal für Erwachsene ihren alt gewordenen Eltern gegenüber gilt.)

Heftwerkstatt. Die Kinder bringen Fotos aus ihrer Familie mit, die L. für sie fotokopiert. Die Kinder schneiden ihre eigenen fotokopierten Fotos aus und fügen sie in ein Fenster ein, das sie aus Tonpapier gestalten und ins Heft kleben. Darunter schreiben sie das 4. Gebot und vielleicht auch noch eine Interpretation, die aus den Unterrichtsgesprächen hervorgegangen sein könnte.

(Beispiel: *Gott will, dass in einer Familie Groß und Klein, Alt und Jung in Frieden miteinander leben können. Allen soll es gut gehen, deshalb ist es wichtig, dass sie füreinander sorgen. Gott schenkt uns das 4. Gebot: Du sollst deinen Vater und deine Mutter ehren, damit es dir gut geht und du lange lebst auf der Erde.*)

8.2. Gott schenkt uns unser Leben. Er schützt es mit seinem Gebot: Du sollst nicht töten

Material. Handtrommel. Großer Papierbogen. Bunte Wachsmalstifte, auch weiße. Schwarze Papierstreifen (ca. 10 cm × 30 cm) Einmachglas mit Wasser gefüllt, in dem einige Salzkrebschen schwimmen (Die Krebseier gibt es billig in Zoohandlungen. In jodfreiem Salzwasser schlüpfen sie in zwei bis drei Tagen. Staubförmiges Futter gibt es ebenfalls in Zoohandlungen. Salzkrebschen werden zur Anzucht als Aquarienfischfutter empfohlen. Geschlüpft sind sie etwa ein Millimeter groß.). Man kann aber auch Teichwasser nehmen, in dem immer einige winzige Lebewesen sichtbar herumschwimmen. Leere Diagläser, einige bunte Folienstifte, Diaprojektor, Tonträger, Tonkonserve mit behäbiger Jazzmusik, Softpop oder Ähnlichem. Rassel, Xylophon, Altmetallophon. Kopien von M18 in der Anzahl der Kinder und einmal M19.

Wahrnehmungsspiel. Die Kinder sitzen oder liegen ganz still. Mit den Händen an Brust und Hals spüren sie ihren Pulsschlag. Sie spielen ihn leise auf der Handtrommel mit ihren Händen nach.
Später legen sie die Hände auf den Bauch und spüren den Atem. (Wichtig ist der Hinweis: »Lasst den Atem selber atmen, ihr müsst dabei nichts selber tun.«) Mit den Händen streichen sie dann über das Fell der Handtrommel und ahmen den Atemrhythmus nach:

Ein Pause ein Pause ein Pause ein Pause ein

aus aus aus aus aus

In einer späteren Phase massieren die Kinder intensiv die Fußsohle nur eines Fußes (Schuhe ausziehen) – Zehen, Zehenballen, Außenkanten der Fußsohle, Ferse, zum Schluss erst das Fußgewölbe. Nun vergleichen sie, wie verschieden sich ihre beiden Füße nun anfühlen. Dann wird auch der andere Fuß ebenso intensiv massiert. L.: »Auch der andere Fuß darf sich gleich genauso lebendig fühlen wie der erste. ...Fühlt ihr jetzt das Leben in beiden Füßen, kribbelnd? Fühlt ihr bei beiden jetzt klarer, wie sie geformt sind?« (Bei diesem Spiel geht es nicht um Reflexzonenmassage. Es geht ausschließlich um Sensibilisierung der Eigenwahrnehmung und damit um das Fühlen der eigenen Lebendigkeit.)

Gespräch. L.: »Wir leben! Es gibt viele Gelegenheiten, wo wir das ganz deutlich spüren können. Ich merke das besonders, wenn ich renne. Alles, was wir finden, wobei wir uns lebendig spüren können, schreiben wir auf unseren großen Papierbogen mit bunten Wachsmalstiften. Ich lege den Bogen in unsre Mitte.«

Wahrnehmungsspiel. L. hat ein Einmachglas mitgebracht, in dem im Wasser einige Salzkrebschen schwimmen. Die Kinder sehen sich nacheinander die winzigen Tierchen an, wie sie im Glas herum flitzen. (Wenn man genügend Salzkrebschen hat, kann man sie in Salzwasser schwimmend auch in mehrere Trinkgläser verteilen, sodass mehrere Kinder sich gleichzeitig die Tiere ansehen können.) Sie vergleichen damit die vergrößerte Abbildung, die L. als Fotokopien (M18) mitgebracht hat.

Kopiervorlage M18

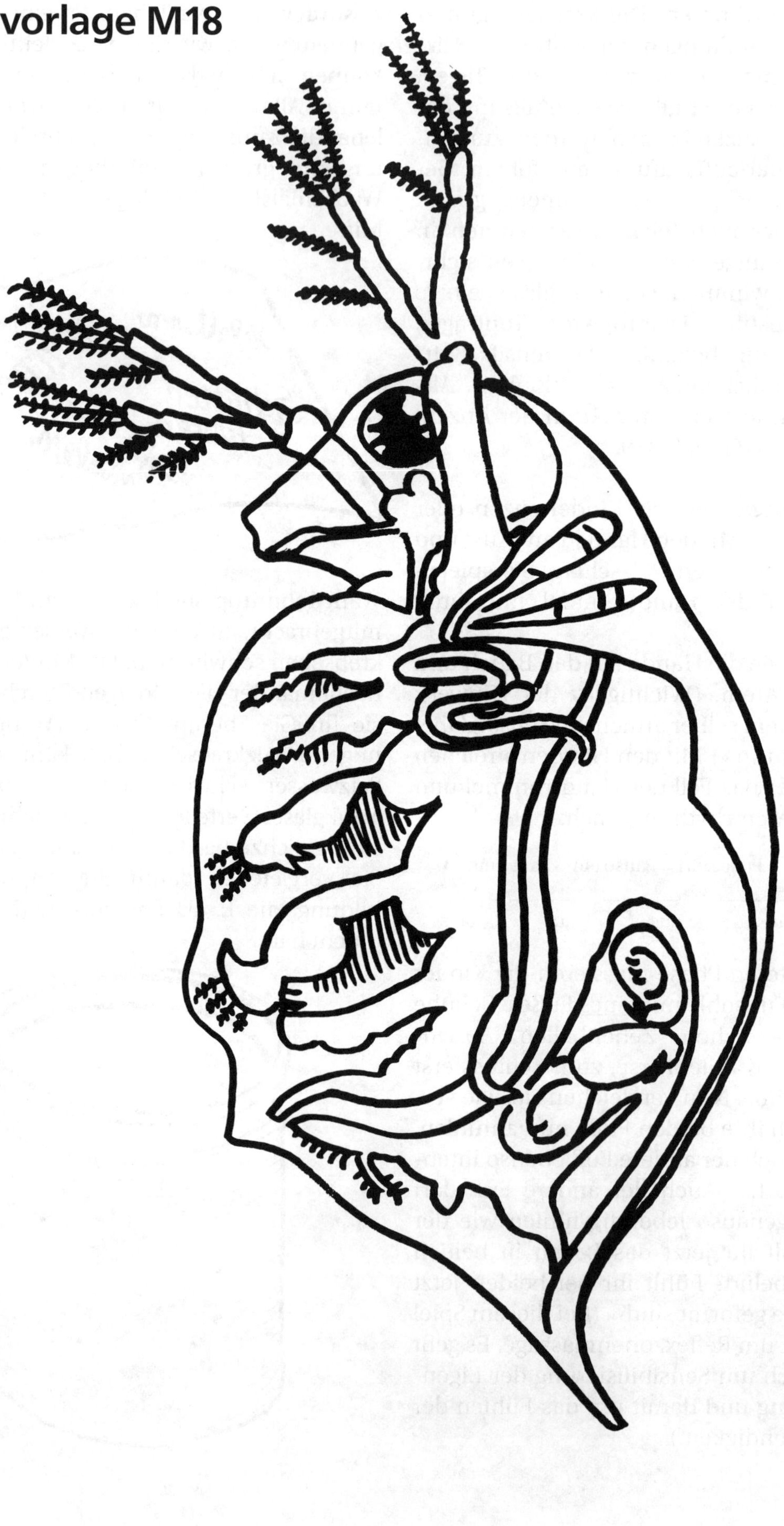

Gespräch. L.: »Was habt ihr gesehen? Konntet ihr Körperteile erkennen? Was meint ihr, was können die Salzkrebschen alles? Atmen sie? … Hm, ob wohl manche Wissenschaftler schon versucht haben, ein solches Lebewesen selbst herzustellen? Bis jetzt ist es ja noch niemandem gelungen. Wissenschaftler können zwar in winzige Körperzellen, also in Bausteine von Lebewesen eingreifen. Aber sie können kein neues Lebewesen wirklich so bauen, dass es von selber lebt. Warum ist das eigentlich so, was meint ihr? …«

Miteinander singen und musizieren. EG 515 (Laudato si) wird erst vom Refrain her erarbeitet und dann mit ausgewählten Versen gesungen zu folgender Begleitform mit Xylophon und Altmetallophon:

Gespräch. L.: »Es ist also zu schwer für uns Menschen, Leben selber herzustellen. Leben kaputt zu machen ist leicht. Mein Glas mit den Salzkrebsen musste ich hüten, damit es zu Hause niemand von meiner Familie in den Abguss gießt. Dann wären die kleinen Tiere sofort gestorben. Oder wenn ein bisschen Seifenwasser hineingeraten wäre – sofort wäre es aus gewesen mit ihnen.«
L. legt in die Mitte des Gesprächskreises wieder den Papierbogen, der mit Lebensäußerungen beschrieben wurde. Nun sammeln die Kinder Gefahren und Bedrohungen, die menschliches Leben zerstören können. Jede dieser Äußerungen wird nun mit weißer Wachsmalkreide auf schwarze Papierstreifen geschrieben, die kreuz und quer über die Lebensäußerungen gelegt werden.

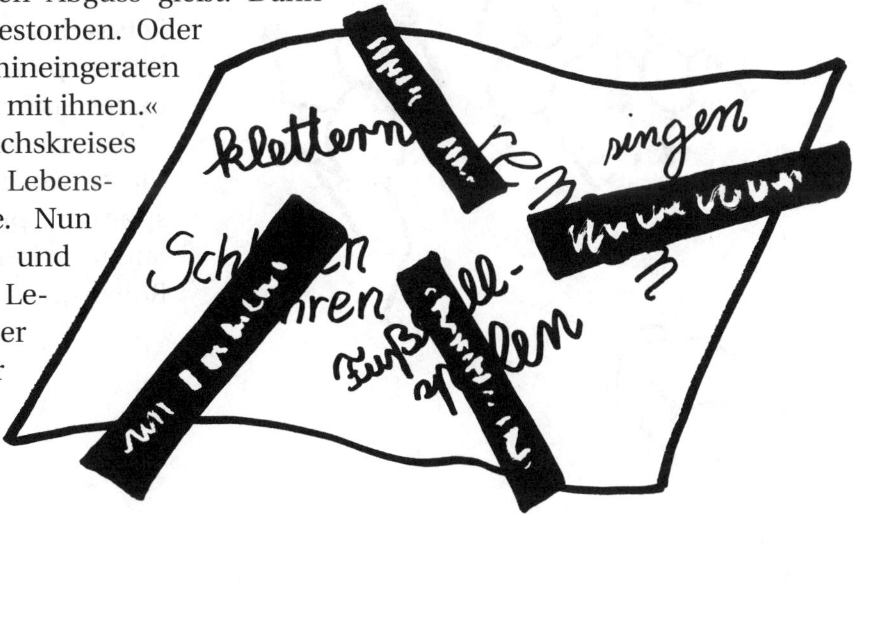

Symbolspiel. Einige Kinder bemalen leere Diagläser mit bunten Folienstiften in lebhaften, lebendigen Musterstrukturen. Dann wird der Raum verdunkelt und die bunten Dias in den Raum projiziert. Nacheinander werden jeweils vier bis fünf Kinder aufgefordert, sich zu eingeblendeter Musik (behäbiger Jazz, ruhiger Softpop oder Ähnliches) im bunten Dialicht zu bewegen. Sie können das Schwimmen der Salzkrebse nachahmen, sie können sich so bewegen, als würden sie wie Astronauten einen Weltraumspaziergang machen oder sie können tanzen wie Wolken im Wind. Nach einer Weile unterbricht ein anderes Kind mit einem Rasselsignal das Spiel, die Musik wird angehalten, der Diaprojektor ausgeschaltet. Das Kind mit der Rassel spricht nun laut eine Lebensbedrohung aus, während die spielenden Kinder erstarrt stehen. Die übrigen Kinder antworten mit dem gesprochenen Vers:

Gott, du hast das Leben gemacht,
Menschen haben schon oft Leben umgebracht.
Hilf uns, dass wir Leben bewahren,
dass wir umsichtig unser Leben erfahren.

Damit wird die Erstarrung der tanzenden Kinder gelöst, Musik und Farbenlicht werden wieder eingeschaltet. Eine kurze Zeit wird die Bewegung noch ausgekostet, dann fordern die Tänzer vier bis fünf andre Kinder auf, die sich ablösen und das Spiel beginnt von vorne.

Alternative: Jeweils vier bis fünf Kinder setzen sich auf den Boden und legen ihre Hände zu einer Fläche zusammen – die Handflächen nach oben. L. hält den Diaprojektor so, dass die Bilder direkt auf die Handflächen dieser Kinder gestrahlt werden können. Dafür geeignet sind Diagläser, die jeweils mit einem ganz einfachen und schematischen Naturmotiv bemalt wurden: Fische, Blumen, Schmetterlinge, Igel… Die Kinder »halten« in diesem Spiel symbolisch das Leben in den Händen.

Erzählung. Die Geschichte vom barmherzigen Samariter wird weiter gesponnen: Der Priester, der an dem zusammengeschlagenen Mann vorbeigegangen war, sitzt neben dem Samariter in einem Wirtshaus. Der Priester brüstet sich, was er für ein untadeliger Mensch sei: »Mir kann keiner was Schlechtes nachsagen. Ich habe Gottes Gebote immer gehalten. Ich habe noch keinen umgebracht. Das Gebot: ‚Du sollst nicht töten!' beachte ich immer ganz genau. Ich bringe nicht einmal eine Fliege um. Schau mich an, du dahergelaufener Mann aus Samaria, da siehst du mal einen rechtschaffenen Menschen…«

Gespräch. Die Kinder überlegen eine Fortsetzung der Geschichte. (Was der Samariter dem Priester geantwortet haben könnte, oder was sie selbst dem selbstgerechten Mann antworten würden.)

Selbst inszeniertes, thematisch angestoßenes Rollenspiel. Einzelne Kinder ziehen einen Zettel mit einer vorgegebenen Situation (M19). Sie spielen die Situation jeweils der Klasse vor, andere Kinder dürfen dazu dann spontan spielen, wie man in einer solchen Situation helfen könnte. Sie steigen also in das Rollenspiel mit ein.

Kopiervorlage M19 (Aufgabenkärtchen)

Von einem Altenheim in deiner Nähe hat sich eine alte Frau verlaufen. Sie kennt sich nicht mehr aus und irrt hilflos durch die Gegend. Spiele sie.

Ein alter Mann schleppt schwere Taschen auf der Landstraße zwischen zwei Dörfern. Er droht fast zusammenzu-brechen. Viele Autos fahren vorbei. Spiele den alten Mann.

Im Fernsehen siehst du Menschen, die in einem fremden Land vor Soldaten fliehen müssen. Du siehst ein Kind, das ohne Schuhe und fast verhungert den Weg entlangstolpert. Spiele das Kind.

Ein Vogel, der noch nicht ganz flügge ist, ist aus dem Nest gefallen und liegt auf der Straße. Spiele den Vogel.

Ein Erstklässler wurde von drei Viertklässlern verprügelt. Er sitzt auf der Treppe und blutet. Spiele den Erstklässler.

Heftwerkstatt. Die linke Hälfte einer doppelten Heftseite färben die Kinder mit Buntstiften blau ein. Das Blau könnte noch leicht auf die rechte Seite hinübergezogen werden. Sie kleben die ausgeschnittenen Abbildungen von Salzkrebsen (M18) auf die linke Seite auf. Auf die rechte Seite schreiben sie in großer Schrift:

Gott schenkt uns unser Leben. Er schützt es mit seinem Gebot: Du sollst nicht töten.

Um den Rand der Doppelseite schreiben sie:

»Liebe deinen Nächsten wie dich selbst.«

Gespräch. Tilly: »Also, hab' ich des jetzt richtig verstanden? Wenn ich wegschau' und weiter geh', statt jemanden zu retten, dann is' des irgendwie auch Töten? Also, wenn ein kleines Kind in den Gartenteich fällt und ich hol's nicht raus, hab ich dann vielleicht getötet? Mann, des is' mir ja selber mal passiert! Da war ich erst drei Jahre alt und ich bin in so 'nen Seerosenteich gefallen. Gott sei Dank hat mein Bruder mich gleich am Schopf gepackt und wieder rausgezogen! Sonst gäb's mich jetzt gar nimmer. Was, euch is' so was auch schon passiert?«

8.3. Gott schenkt uns, was wir zum Leben brauchen. Er schützt es mit seinem Gebot: Du sollst nicht stehlen

Didaktischer Hinweis. Das Verhältnis des Kindes zum Besitz hängt an seinen frühen Erfahrungen, ob es eigenen Besitz haben durfte, ob sein Besitz geachtet wurde und welche Erfahrungen es mit den Besitzverhältnissen anderer machen konnte.

Kinder erleben auch, dass ihr Eigentum von Geschwistern oder Eltern nicht respektiert wird. Kränkungen und verlorenes Vertrauen sind die Folge. Im Extremfall kann das dazu führen, dass das Kind seinen Besitz wegsperrt. Deshalb ist der Vertrauensaspekt, der im 7. Gebot enthalten ist, besonders herauszuarbeiten. Besitz wird als Teil der Identität gesehen, als räumliches Außen, das aber als zur Leiblichkeit gehörig empfunden wird. Darum stelle ich im folgenden Unterrichtsentwurf den »Besitz« innerhalb eines räumlichen Kreises dar, der vom Kind als »Person-Umraum« besetzt wird. Damit wird Diebstahl auch als Eingriff in die leibliche Persönlichkeit des anderen dargestellt. Den »Person-Umraum« kann ich einer Person meines Vertrauens öffnen. Aber auch nur einer solchen. Eine Erziehung, die vom Kind grundsätzlich das Teilen fordert, missachtet das Selbstbestimmungsrecht und das Recht auf Heimat des Kindes. Wer den »Person-Umraum« gewaltsam öffnet, macht das Kind ein Stück in sich heimatlos. Ein Kind ist angewiesen auf Fürsorge, es muss erst einmal versorgt sein und sich umsorgt fühlen dürfen. Das ist die Basis, auf der sich soziale Reifung vollziehen kann. Aus einem Defizit heraus kann niemand großzügig abgeben.

Was Jesus in der Bergpredigt so radikal fordert, fordert er von Erwachsenen, nicht von Kindern. Religiöse Erziehung des Kindes muss darum berücksichtigen, dass von Kindern nicht das Gleiche verlangt werden darf wie von mündigen erwachsenen Christen. Allerdings kann auch für Kinder die Radikalität des Liebesgebotes durchscheinen, wenn sie mit dem Handeln Jesu bekannt werden.

Material. Kreide, Musik, die sich fürs Spazierengehen eignet. Pro Kind ein DIN A4-Blatt Papier. Ein Stück Stacheldraht. Stoffstreifen oder Bänder in verschiedenen Farben (auch Chiffontücher sind geeignet). Bunte Wollfäden. Kleber, Scheren.

Symbolspiel. Die Kinder sitzen verteilt am Boden. Mit Kreide malt jedes einen Kreis um sich. Nun hat jedes Kind seinen Bereich, der ihm gehört. Zu Musik spazieren die Kinder durch den Raum. Wenn die Musik endet, läuft jedes Kind zu seinem Kreis zurück und setzt sich hinein.

In einer späteren Phase malt oder schreibt jedes Kind auf ein Blatt Papier (DIN A4) geheim sein Lieblingsspielzeug oder irgendeinen anderen Gegenstand aus seinem Besitz, der ihm sehr viel bedeutet. Das Blatt Papier legt es zusammengefaltet in seinen Kreis hinein.

Gespräch. L.: »Ich bin stolz auf das, was ich habe und das mir ganz alleine gehört. Wie ist es, wenn uns das irgendjemand wegnimmt?« …

Symbolspiel. Nun darf jedes Kind einmal ein anderes Kind seines Vertrauens oder L. in seinen Kreis einladen und ihm sein Bild oder sein Geschriebenes zeigen. Es ist auch o.k., wenn ein Kind meint: »Nein, hier ist niemand, dem ich so gut vertraue. Ich kann niemand hereinbitten und mein Bild zeigen.« »Das kann ich auch verstehen«, sagt dann L., »stecke es in deine Hosentasche und verwahre es gut, denn es bleibt dein Geheimnis.«

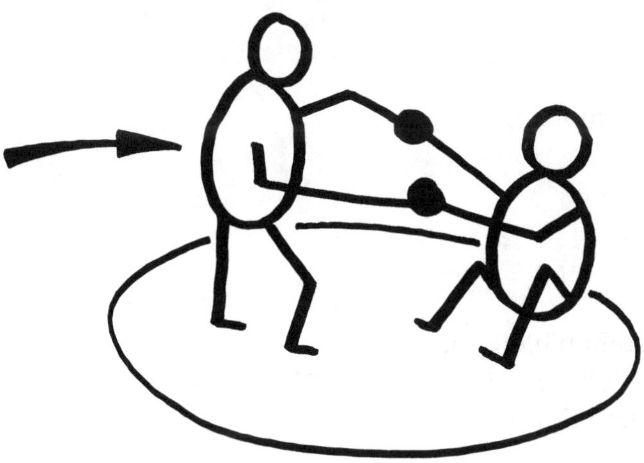

Gespräch. Tilly erzählt: »Meine zwei besten Freundinnen kommen übers Wochenende zu mir, sie übernachten auch mit in meinem Zimmer. Ich freue mich schon riesig! Mein Bruder hat sich darüber beschwert: ‚Ich darf dein Zimmer nicht mal betreten, weil du wie ein Wachhund über deine CD-Sammlung wachst und jetzt darf da ein ganzes Weibervolk sogar drin übernachten!' Ich hab' zu ihm gesagt: ‚Tja, weißt du, meinen Freundinnen kann ich schließlich auch vertrauen.'« L. ergänzt: »Wir sind gern mit Menschen zusammen, denen wir vertrauen, auf die wir uns verlassen können und die uns nichts neiden oder wegnehmen wollen. … Habt ihr Menschen um euch, denen ihr hundertprozentig vertrauen könnt? … Wer etwas stiehlt, der verliert etwas viel Bedeutenderes, als es das Gestohlene wert ist. Wir wollen überlegen, was das sein könnte.« … (Vertrauen, Freundschaft, Achtung…)

Erzählung. 2 Samuel 12,1a-4 (Es ist die Geschichte, wie ein reicher Mann das einzige Lamm eines armen Mannes wegnahm, um damit einen Gast zu bewirten. Von seinen eigenen Tieren zu nehmen, war er zu geizig. Diese Geschichte ist aus Nathans Strafrede nach Davids Ehebruch. Die Rahmenhandlung, in die diese Geschichte hineingehört, sollte hier aber weggelassen werden. Das 6. Gebot gehört mit Recht nicht in den Lehrplan für Grundschulkinder, da sie für dieses Gebot nicht als Handelnde angesprochen werden können. Für das 7. Gebot ist diese Geschichte aber höchst reizvoll.)

Definiertes Rollenspiel. Einzelne Kinder versuchen, in die Rolle des armen Mannes hineinzuschlüpfen und seine Trauer, seine Verzweiflung oder seinen Zorn auszudrücken in Gestik, Körperausdruck und sprachlichem Ausdruck.

Symbolspiel. L. hat ein Stück Stacheldraht mitgebracht und erzählt, dass dieses Stück von einem Zaun stammen könnte, den ein sehr ängstlicher Mensch um sein Grundstück gebaut hat. Dieser Mensch hat große Angst vor Einbrüchen oder Diebstahl. Er hat vielleicht noch eine Überwachungskamera am Haus und einen scharfen Hund. Dieser Mann lässt keinen herein.

Das Stück Stacheldraht geht reihum. Die Kinder fühlen an den Händen die Abwehrhaltung dieses Menschen hautnah.

Miteinander tanzen und rhythmisch sprechen.
Aus Krepp-Papierbändern stellen die Kinder kleine bunte Büschel her.

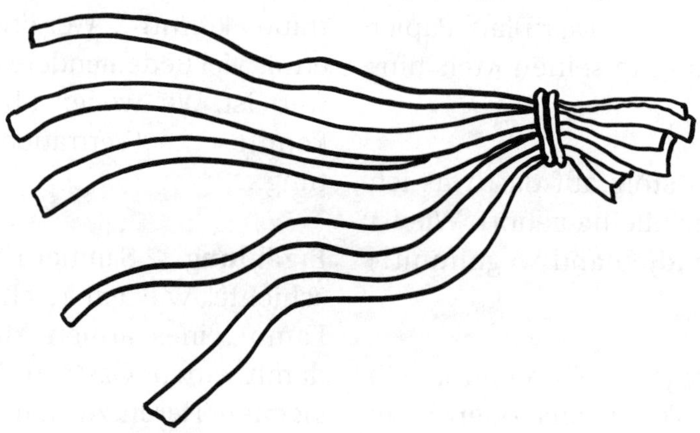

Alle stehen im Kreis. Jedes Kind hält sein Bänderbüschel mit beiden Händen vor der Brust. Die Kinder sprechen folgenden Spruch und tanzen dazu:

Während der ersten Zeile dreht sich jedes Kind mit vier Schritten um die eigene Achse (der erste Schritt zum Wort »Spiel«). Zu »schwind, schwind, schwind« wird dreimal mit den Füßen aufgestampft mit Blick zur Tanzmitte. Die zweite Zeile wird wie die erste gestaltet, nur dass die Drehung jetzt gegengleich ausgeführt wird:

Mein Spiel dreht sich geschwind, schwind, schwind,
Drehung  dann Gesicht zur Mitte, drei Stampfer

viel schneller als der Wind, Wind, Wind,
Drehung,  wieder Gesicht zur Mitte, drei Stampfer

wie eben, nur gegengleich

Ich dreh mein Fähnchen rund im Kreis,
und raschle mit den Bändern leis.
Ich spiel' mit mir allein,
mein Spiel, das ist geheim.

stehen bleiben:
Mit beiden Händen den Büschel vor dem Körper kreisen lassen.

Doch wenn ich mich umschaue *und wenn ich dir vertraue,*	Pantomimisch sich umschauen.
dann lad' ich dich zum Spielen ein,	Je »zwei und zwei« haken sich die Kinder unter,
komm, lass' uns zusammen sein.	drehen sich flott miteinander um ihren gemeinsamen Mittelpunkt und lassen die freien Arme mit den Bänderbüscheln fliegen.

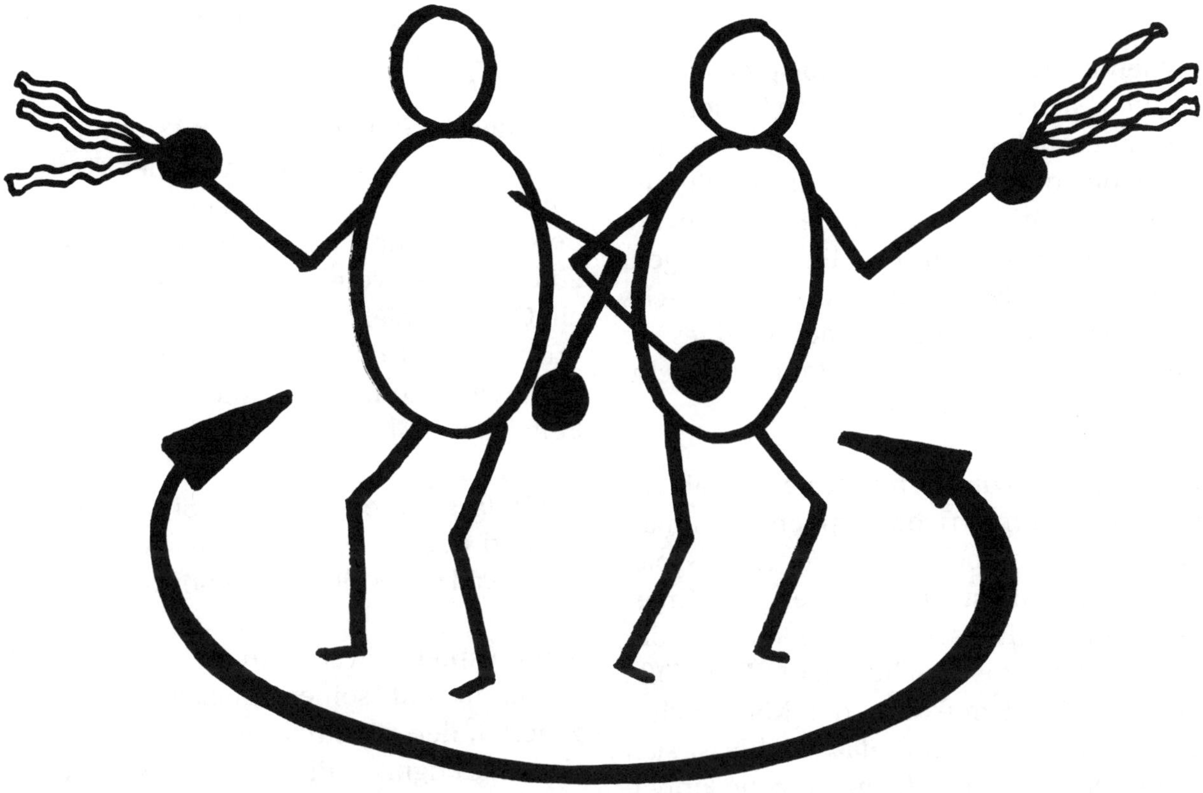

Heftwerkstatt. Unter die Beschriftung »*Gott will, dass wir alles haben, was wir zum Leben brauchen. Er schützt es mit seinem Gebot: Du sollst nicht stehlen!*« malen die Kinder zwei Tänzer. Mit kleinen Stückchen der Kreppbänder, die die Kinder beweglich dazu kleben, vervollständigen sie die bildliche Darstellung des zuvor räumlich gestalteten Bändertanzes. Den Text des Tanzes könnte man dazu schreiben. Und unten, an die untere Kante der Heftseite schreiben die Kinder dann: »*Wir achten gegenseitig unser Eigentum. Und wir können miteinander teilen.*«

8.4. Gott schützt unser Zusammenleben mit dem Gebot: Du sollst nichts Falsches gegen deinen Nächsten aussagen

Material. Ein Gymnastikseil. Pro Kind eine Fotokopie von M20. Pro Kind ein Stück farbiges Tonpapier und ein Wollfaden. Scheren, Kleber.

Wahrnehmungs- und Symbolspiel. Jedes Kind sucht sich aus der Klasse eine Person, der es vertraut. Auch L. steht als Spielpartner und als Person des Vertrauens zur Verfügung. Gleichzeitig können nun mehrere Spielpaare agieren: Jeweils ein Kind schließt die Augen. Von der Person des Vertrauens wird es durchs Zimmer geführt. Immer wieder wird es zu Gegenständen oder Orten im Raum gebracht, die es betasten und erraten soll.

Wahrnehmungs- und Symbolspiel. In zahlenmäßig kleinen Unterrichtsgruppen kann man auch folgendes bekannte Vertrauensspiel durchführen: Alle stehen ganz eng im Kreis, ein Kind steht mit geschlossenen Augen in der Mitte mit labilem Gleichgewicht. Die Füße bleiben am Boden fixiert, die Körperachse bleibt in einer Linie. Aber das Kind lässt sich nach hinten, zur Seite oder nach vorne kippen und wird von den Kindern im Kreis aufgefangen und wieder in die Senkrechte zurück gedrückt.

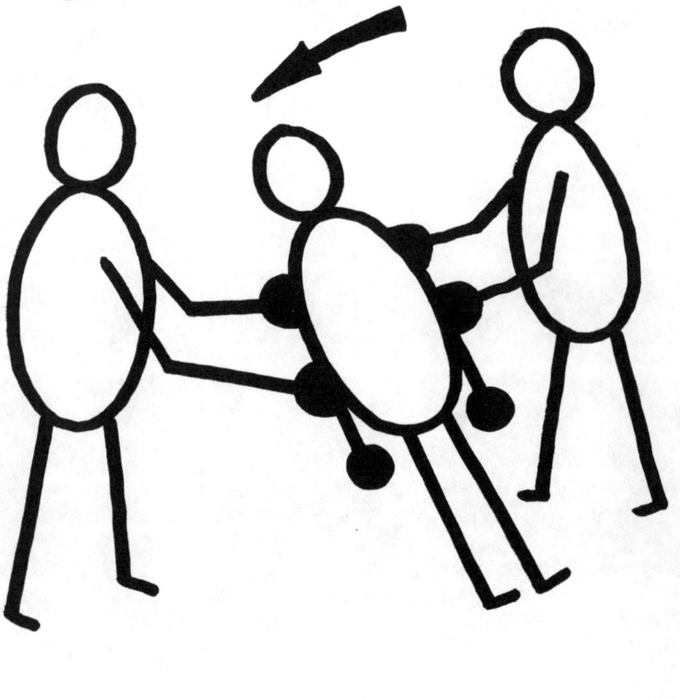

Schreibaktion und Gespräch. Jedes Kind bekommt eine Kopie des Lebenszeugnisses (M20) und füllt sie aus. Anschließend stellen sie ihr Zeugnis vor. Man kann aber auch alle Zeugnisse von L. einsammeln lassen. L. stellt jedes Zeugnis mit seinen ausgefüllten Eigenschaften ohne Namen vor und die Kinder versuchen, sie den Klassenkameraden jeweils zuzuordnen.

Definiertes Rollenspiel. Ein Stuhl im Kreis bleibt leer. Jeweils ein Kind aus der Klasse wird von allen mit seinen besten Eigenschaften beschrieben und für die fiktive Aufnahme in einem Fußballverein, eine Theatergruppe, für ein Gartenprojekt o.Ä.. empfohlen.
Anschließend darf sich das geehrte Kind auf den freien Stuhl setzen und wird mit großem Beifall begrüßt.

Erzählung. L. erzählt eine Situation, in der jemand über L. einmal gesagt hat: »Ich habe schon viel Gutes über Sie gehört.«

Symbolspiel. Jeweils ein Kind, das möchte, bekommt auf seinen Rücken einen Zettel geheftet, der mit einer der Aussagen aus dem »Lebenszeugnis« dieses Kindes beschriftet wurde. Das Kind weiß nicht, was auf dem Zettel steht. Nun geht es eine Runde durchs Klassenzimmer, sodass die übrigen Kinder der Klasse die Aufschrift sehen können. Dann zeigen alle pantomimisch, was auf dem Rücken des Kindes steht bis das Kind es erraten hat. (Mehrere Durchgänge mit jeweils anderen Kindern.)

Gespräch. L.: »Was war das eigentlich für ein Gefühl für euch, nicht zu wissen, was auf dem eigenen Rücken geschrieben steht? Hat es am Rücken gekribbelt? … Jetzt konntet ihr mir ja vertrauen, dass ich wirklich etwas Richtiges von euch auf den Zettel geschrieben hatte, etwas aus eurem eigenen Lebenszeugnis. Stellt euch vor, jemand, der euch nicht mag, hätte was Falsches über euch geschrieben. Zum Beispiel: ‚Der Andreas trifft nie ins Tor!‘

oder ‚Der Christoph hat Angst vor Hunden.' oder ‚Die Olga kann noch nicht Rad fahren.' Was hättet ihr da wohl gesagt? Und was für ein Gefühl wäre das gewesen? …«

… Später:

L.: »Bei den zehn Geboten – Erinnert ihr euch? –, da gibt es ein Gebot, das den guten Ruf eines jeden Menschen schützen will, damit keiner in der Meinung anderer zum Absturz gebracht wird. Wisst ihr noch wie dieses Gebot heißt?« L. lässt es von einem Kind an die Tafel schreiben.

Symbolspiel. Im Klassenzimmer werden einige Stühle in eine Reihe gestellt. Jeweils zwei Kinder spielen »Bergtour«. Das vordere Kind ist der Bergführer, das nachfolgende Kind vertraut sich dem Bergführer oder der Bergführerin an. Beide seilen sich an – d.h. sie schlingen sich jeweils ein Ende desselben Gymnastikseils um die Hüfte. L.: »Unsere Bergführer sind sehr erfahren. Sie sind verantwortungsbewusst und sie bringen jeden Bergwanderer sicher durchs Gebirge. Keiner wird abstürzen.« So steigt jedes Bergwanderer-Paar über die Reihe Stühle, knüpft das Seil am Ende ab und die nächsten Zwei seilen sich an.

Gespräch. Tilly: »Also, des is' mir klar: Wenn hinter meinem Rücken erzählt würde, dass ich beim Fußball schon oft jemand durch Foul schwer verletzt hätte, des wär' mein Absturz. Da würde ich im Verein vielleicht nicht mehr für Punktespiele aufgestellt. Aber zum Glück kann ich mich auf meine Fußballkameraden echt verlassen. Die sind wie Bergführer, die einen nicht abstürzen lassen. Oder habt ihr das vielleicht sogar selber schon erlebt, dass jemand hinter eurem Rücken was Falsches über euch erzählt hat? Was, echt, dir is' so was schon passiert? Erzähl'!«

Heftwerkstatt. Aus farbigem Tonpapier schneiden die Kinder zwei kletternde Menschen aus. Sie malen von oben nach unten die Silhouette einer zerklüfteten Felswand. Mit einem Wollfaden verbinden sie die beiden Kletterfiguren, dass sie erkennbar nun miteinander angeseilt sind. Die Figuren werden so an die Felswand geklebt, dass sie in ihrer Kletteraktion zu sehen sind. Diese Gestaltung versehen die Kinder mit folgendem Text: *Menschen sind aufeinander angewiesen und voneinander abhängig. Wenn jemand etwas Falsches über uns erzählt, stürzen wir in der Meinung anderer ab. Gott schützt unseren guten Ruf mit dem Gebot: »Du sollst kein falsches Zeugnis gegen deinen Nächsten abgeben.«*

Kopiervorlage M20

Mein Lebenszeugnis

Alter ....

Geschwister? ....

Wohnort ....

Geburtsort ....

Lieblingsfarben ....

Lieblingsessen ....

Dieses Tier (oder diese Tiere) mag ich besonders gerne: ....

....

....

Das spiele ich oft: ....

....

....

....

Mit diesen Kindern spiele ich gerne: ....

....

....

....

Meine Lieblingsschulfächer sind: ....

....

....

....

....

Diese Berufe gefallen mir gut: ....

....

....

9. Nach dem Tod fragen

9.1. Das Leben geht zu Ende

Material. Sanduhr, weiße Papierblätter, Stecknadeln, großes schwarzes Tuch (ca. 4 qm), Tonträger, Renaissance-Musik (z.B. Capella Antiqua Bambergensis, LC 7049, C.A.B. Records Bamberg, C.A.B.-04-CD, Lied Nr. 1 Anonymus, 1580), pro Kind ein schwarzes Tonpapier DIN A5, Scheren, Kleber.

Wahrnehmungsspiel.
L. hat eine Sanduhr mitgebracht. Sie wird reihum gegeben, damit die Kinder das Rieseln des Sandes beobachten können. Während der Sand verrinnt, können die Kinder mit ihren Händen nachahmen, wie der obere Sandkegel langsam stetig abnimmt.

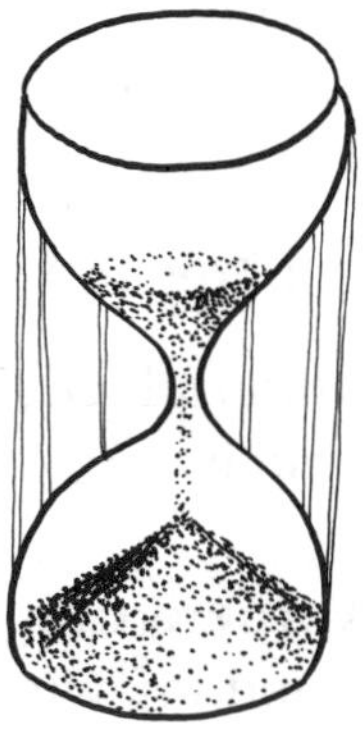

Gestisch-pantomimisches Spiel. L.: »Wenn der Sand durchgerieselt ist, bedeutet das: Eine Zeit ist vergangen. Etwas ist zu Ende. Ein jedes von euch stellt sich nun hin, als wäre es eine Sanduhr. Ich spiele dazu auf meinem Klangstab. Je leiser die Töne werden, umso mehr sinkt ihr zusammen, bis ihr bei völliger Stille regungslos auf dem Boden liegt.«

Gespräch. L.: »Die Sanduhr ist ein Zeichen dafür, dass eine Zeit zu Ende ist. Früher haben die Menschen Sanduhren auf manche Bilder gemalt, weil sie damit zeigen wollten: Auch die Lebenszeit von Menschen ist einmal zu Ende. Überlegen wir gemeinsam, wodurch die Lebenszeit eines Tieres oder eines Menschen zu Ende gehen kann, wodurch Menschen oder Tiere sterben (Alter, Krankheit, Unglücksfälle…).«
Die verschiedenen Beispiele werden auf weiße Papierbögen geschrieben, die in Form einer Sanduhr zurechtgeschnitten sind.

Symbolspiel. Mit Stecknadeln werden die beschrifteten Sanduhren aus Papier von einzelnen Kindern auf ein großes schwarzes Tuch gesteckt, das ausgebreitet in die Mitte des Stuhlkreises gelegt wird.

Miteinander tanzen. L.: »Vor vielen hundert Jahren, im Mittelalter, haben die Menschen viel mehr über den Tod nachgedacht als heute. Manchmal haben sie sich den Tod wie einen Tanzmeister vorgestellt, der Alte und Junge, Arme und Reiche gemeinsam zum Tanz führt. Wir wollen solch einen langsamen Reigentanz ausprobieren:«

Zur oben genannten Renaissance-Musik tanzen die Kinder nun eine Art »Totentanz«. Sie stellen sich im Kreis um das schwarze Tuch und nehmen es am Rand mit beiden Händen auf (Musikvorschlag s.o.).

Vorschlag zur Tanzgestaltung:

8 Schritte nach rechts

stehen mit Front zur Mitte, mit 4 Zählzeiten Tuch langsam zu Boden senken und ablegen
4 Schritte rückwärts, 4 Schritte vorwärts

stehen, Front zur Mitte, mit 4 Zählzeiten Tuch langsam aufnehmen und heben

8 Schritte nach links gehen, von vorne beginnen

Heftwerkstatt. Ein Stück schwarzes Tonpapier wird eingeklebt und darauf die Papiernachbildung eines Stundenglases geklebt. Die Kinder beschriften diese Papiersanduhr mit dem Spruch:

»Herr, hilf uns daran zu denken, dass alle sterben müssen, damit wir klug werden.«

Gespräch. Tilly wundert sich: »Was, wodurch sollen wir klug werden? Wenn wir übers Sterben nachdenken? Was hat denn des mit Klugheit zu tun? In jedem Film im Fernsehen sagt jemand, wenn einer gestorben ist: ‚Du darfst nicht mehr daran denken!' Wieso soll des gut sein, übers Sterben nachzudenken?« …

Symbolspiel. Manchmal finden die Kinder im Schulgarten oder im Pausenhof einen toten Vogel oder eine tote Maus. Gemeinsam könnte man das Tier im Schulgarten beerdigen. (Mit Blumen und einem Stein, den die Kinder mit einer Grabinschrift versehen.)

9.2. Der Tod – ein Abschied

Material. Grablichter, Feuerzeug (Streichhölzer sind im Freien zu windanfällig).

Vorbereitung. Ein Unterrichtsgang auf den Friedhof wird vorbereitet: Die Kinder fragen zu Hause, welche Gräber auf dem Friedhof zur eigenen Familie oder zu guten Bekannten der Familie gehören. Befindet sich ein solches Grab dort, bringt das Kind ein Grablicht mit in die Schule.

Unterrichtsgang. Der Unterrichtsgang wird als Lichterprozession durchgeführt: Am Friedhofstor singen die Kinder das Lied EG 408, »Meinem Gott gehört die Welt«, besonders mit dem letzten Vers »Leb ich, Gott, bist du bei mir, sterb ich, bleib ich auch bei dir…«

Mit den brennenden Grablichtern geht es nun zu den Gräbern, in denen ein Angehöriger der Kinder begraben liegt. Bei jedem dieser Gräber wird ein Grablicht aufgestellt, es wird innegehalten und die Grabinschrift gelesen. Das zugehörige Kind erzählt vielleicht etwas darüber, was es von dem Verstorbenen oder von der Beerdigung weiß.

Die »Prozession« endet wieder am Friedhofstor mit dem Lied vom Anfang.

Handwerkliche Aktion und Gespräch. Aus Zeitungen werden Todesanzeigen ausgeschnitten und auf große schwarze Plakatkartons geklebt (evtl. als Gruppenarbeit). Es wird über die Trauer der Angehörigen gesprochen, die mit den Sprüchen in den Anzeigen zum Ausdruck kommt. Vielleicht entsteht dabei auch ein sehr persönliches Gespräch über Todesfälle aus dem Nahraum der Kinder und die Trauer darüber.

Symbolspiel. L.: »Die Angehörigen werfen Blumen ins Grab und sie pflanzen Blumen in die Graberde. Damit zeigen sie, dass sie den Verstorbenen lieb gehabt haben.«

Die Kinder stellen aus Seidenpapier einfache Blumenrosetten her. Sie legen sie in Spiralform auf den Boden. (Die Spirale oder das Labyrinth taucht als Symbol in der nächsten Unterrichtseinheit wieder auf.) Jeder Blume geben die Kinder eine Bedeutung mit, während sie sie auflegen: z.B. »Die blaue Blume bedeutet, dass ich mich so gerne an das freundliche Gesicht von .... (Name einer verstorbenen Person einfügen) erinnere.« »Die rote Blume erinnert daran, dass .... so gerne getanzt hat.« »Die gelbe Blume erinnert daran, dass ich mit .... oft wandern gegangen bin.« usw.

Miteinander tanzen. L. spielt auf der Blockflöte die Melodie von EG 408. Einzelne Kinder gehen den freien Raum zwischen den Blumen-Spiralwindungen mit langsamen Schritten ab. Die Kinder stehen im Kreis um die Blumenspirale und summen dazu, bis sie an der Reihe sind.

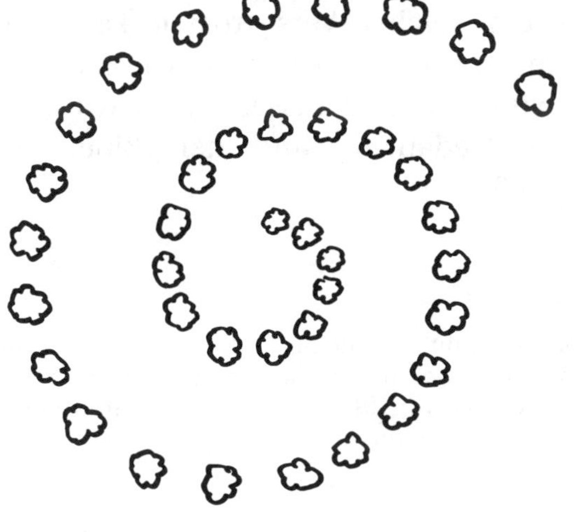

Gespräch. Tilly: »Vor einigen Jahren, da war ich noch ziemlich klein – so vier oder fünf Jahre alt – da ist mein Spielkamerad von einem Auto totgefahren worden. Ich hab' des damals einfach net verstanden, dass der jetzt nimmer lebt. Ich hab ziemlich lang immer wieder auf dem Spielplatz gewartet, ob er net doch endlich wieder kommt und mit mir im Sand buddelt. Ich hab mich auch gar net von ihm verabschieden können, der war einfach dann nimmer da. Jedenfalls hat er mir wahnsinnig gefehlt. Hm, Abschied nehmen von jemand, von dem Menschen, den man gemocht hat oder von einem Tier – des is' verdammt hart. Fällt euch das vielleicht leichter?« …

9.3. Bilder der Hoffnung und des Trostes

Material. Tonträger, schlichte Instrumentalmusik mittleren Tempos, pro Kind schwarzer Fotokarton DIN A4, Scheren, Kleber, heller Fotokarton, Altmetallophon, Hängebecken.

Miteinander tanzen. Zu schlichter Instrumentalmusik mittleren Tempos mit Gehschritten im Metrum schreiten die Kinder in einer Schlange eine Spiralform ab, die sich in die Mitte hineinwindet und wieder herausführt. (Mehrere Durchgänge, bei denen auch die Letzten der Schlange mal die Reihe anführen dürfen, um die Spirale im Mittelpunkt zu erleben.)

Gespräch. L.: »Habt ihr gespürt, wie in der Mitte dieser Spirale der Platz eng geworden ist? Hätten wir uns noch weiter eingedreht, wäre uns bestimmt die Luft weggeblieben....« (Sackgasse – es gibt kein Weiterkommen, der Richtungswechsel ist der Ausweg in die Freiheit.) Im Laufe des Gesprächs bringt L. zur Sprache, dass die Spirale ein altes Symbol der Christen ist für Tod und Auferstehung. (Die Mitte symbolisiert Ende und im Wendepunkt den Anfang neuen Lebens, das in die Weite hinausführt.)

Miteinander tanzen. Nun wird diese Spiralenform noch einmal getanzt. Aber nun wird, wenn man in der Mitte angekommen ist, eine Kerze angezündet, die beim getanzten »Ausweg« vorangetragen wird.

Malaktion. Jedes Kind malt mit deckenden Buntstiften auf einem schwarzen Fotokarton DIN A4, wie es sich vorstellt, was nach dem Sterben kommt.

Gespräch. Die Kinder zeigen ihre Bilder und erzählen über ihre gemalten Vorstellungen. Die Äußerungen der Kinder werden alle ernst genommen und nicht korrigiert!

Erzählung. Autobiografisches Erlebnis von L. (Als Kind einmal verloren gegangen; furchtbare Angst durchlebt; denken, man wäre jetzt allein auf der ganzen weiten Welt; von Vater oder Mutter wieder gefunden; in die Arme genommen worden; alle Angst im Gefühl der Geborgenheit losgeworden...)

Symbolspiel. Die Kinder malen zusammen mit L. auf den Boden mit Tafelkreide oder abwaschbarer Wachskreide (oder man legt mit einer Schnur) eine große Hand, in die viele Kinder hineinpassen. Dann setzen sich immer einige in diese große Hand hinein und andere Kinder lesen Verse aus der Bibel. (Möglichkeiten: Auf die Tafel geschrieben, aus einer präparierten Bibel mit eingerahmten Versen oder von fotokopierten Blättern). Dazu spielen einige Kinder Klangakzente vom Altmetallophon (pentatonische* Motive) oder sanfte Schläge auf dem Hängebecken.

Verse: Jes 66,13/Röm 8,38+39/Offb 21,4-5a/Joh 11,25/Ps 139,8/Ps 31,6

Gespräch. L.: »Welche Verse aus der Bibel haben euch besonders gefallen? Glaubt ihr, dass ein solcher Vers trösten kann, wenn jemand gestorben ist, den wir lieb haben? Wie würde ein Bild aussehen, das wir zu solch einem Gedanken aus der Bibel malen würden?...«

* Eine pentatonische Reihe besteht aus dem Grundton (erster Ton) der Tonart, dem zweiten, dritten, fünften und sechsten Ton. (So entsteht eine Fünftonreihe ohne Quart- und Septimebeziehungen.)

Miteinander singen. Ein Lied, das die Geborgenheit in Gottes Liebe zum Ausdruck bringt, wird mit den Klangakzenten des Symbolspiels begleitet. Liedvorschlag: EG 65,7.

Heftwerkstatt. Die Kinder kleben ihr Gemälde über das Thema »Wie stelle ich mir vor, was nach dem Sterben kommt?« in ihr Heft. Sie schneiden aus hellem Fotokarton eine Hand aus und schreiben aus dem Symbolspiel den Bibelvers hinein, der sie am stärksten angesprochen hat. Diese Hand wird auf die Nachbarseite zu dem »Tod-Bild« geklebt.

Gespräch. Tilly meint: »Also, könnt ihr mir des noch mal erklären, was ihr denkt, was nach dem Sterben kommt? Wisst ihr, ich hab da schon so viel gehört und blick' da überhaupt net durch. Meine Tante sagt, wir werden dann alle kleine Engelchen. Also, des kann ich mir net vorstellen. In euren Bibelversen hab ich nix von rumschwebenden Seelen gehört. Nee, des gefällt mir besser, wenn ich da beim Gott höchstpersönlich gut aufgehoben bin. Was denkt ihr da drüber? … Und des mit der Auferstehung, also, so richtig wieder lebendig sein, … was denkt ihr darüber? …«

9.4. Gott macht Mut, sich für das Leben einzusetzen

Material. Eventuell das Bilderbuch »Franziskus begegnet dem Wolf«, Masahiro Kasuya, Hamburg 1985; Hängebecken, Klöppel, evtl. Kopien von M21.

Miteinander singen. Nach dem Spiritual »He's got the whole world in his hand« singen die Kinder das Lied mit dem deutschen Text »Er hält das Leben in der Hand…« oder »Gott hält die ganze Welt in der Hand…«. Sie begleiten sich mit körpereigenen Instrumenten wie Schnipsen, Klatschen, auf die Beine patschen oder Stampfen. Natürlich erfinden sie gemeinsam auch neue Verse. (Er hält uns Kinder in der Hand/… die Eltern …/… auch kranke Menschen … usw.)

Erzählung. Im kleineren Stuhlkreis liest L. das Bilderbuch »Franziskus begegnet dem Wolf« vor oder erzählt die Geschichte frei. (Zusammenfassung: In einem Dorf ist es still. Kein Kind spielt draußen, kein Mensch ist beim Arbeiten zu sehen, selbst Kühe sind nicht auf der Weide. Alle haben Angst vor dem Wolf. Die Angst lähmt das Leben dieser Menschen. Da kommt Franziskus in das Dorf. Er möchte wie überall so auch hier von Gottes Liebe erzählen. Die Menschen hören ihm nicht zu, sondern erzählen ihm von der Bedrohung ihres Lebens durch den Wolf. Franziskus geht in den Wald, um den Wolf aufzusuchen. »Verwundert schauten ihm die Leute nach. ‚Franziskus hat Mut', sagten die einen. ‚Der Wolf wird ihn fressen', meinten die andern.« Dann stehen sich Wolf und Franziskus Auge in Auge gegenüber. Ruhig spricht Franziskus den Wolf an: »Hast du nicht gewusst, dass Menschen und Tiere Brüder sind vor Gott? Brüder aber töten und fressen einander nicht.« Er bittet den Wolf um Frieden und verspricht ihm, dass die Menschen ihn von nun an füttern würden. Der Wolf begleitet Franziskus ins Dorf und nun wird eine Art Friedensvertrag zwischen Wolf und den Menschen geschlossen. Im Dorf erwacht nun endlich das Leben.)

Gespräch. L.: »Der Wolf hat das Leben der Dorfbewohner bedroht. Wisst ihr noch, wie wir auf unsere Sanduhren geschrieben haben, was alles das Leben von Menschen und Tieren bedrohen kann?« Gemeinsam überlegen die

Kinder, was ihnen von diesen Lebensbedrohungen noch in Erinnerung ist. Man könnte dies in Stichworten noch einmal aufschreiben, z.B. auf einen großen Wolf, der auf einen Papierbogen gemalt ist und in der Mitte des Stuhlkreises liegt.

Selbst inszeniertes, thematisch angestoßenes Rollenspiel. L.: »Die Menschen in unserer Geschichte haben Angst vor dem Wolf. Darum verkriechen sie sich in ihrem Haus. Sie resignieren. Vielleicht sagen sie: Da kann man ja sowieso nichts ändern. Und was geht es mich an, warum soll ausgerechnet ich etwas unternehmen? Sollen doch erst einmal die anderen etwas tun. Denkt Franziskus auch so? Ihr habt Recht. Franziskus macht sich mutig auf den Weg. Natürlich ist das eine märchenhafte Geschichte. Im echten Leben dürfte man nicht einfach auf ein wildes Tier zugehen, z.B. auf einen gefährlichen Hund. Das wisst ihr ja! Aber der Wolf ist ja ein Rätselbild für Bedrohung. Franziskus will, dass sich etwas ändert. Er setzt sich für das Leben ein. Darum macht er sich mutig auf den Weg.«

Nun finden sich die Kinder in Kleingruppen zusammen. Jede Gruppe bekommt ein Aufgabengebiet, mit dem man sich für das Leben einsetzen könnte:

In einer Stadt gibt es einen sehr gefährlichen Schulweg. Wenn sich nichts ändert, könnte eines Tages ein Kind überfahren werden. Was könnt ihr unternehmen, dass sich hier etwas ändert?

In einem Dorf werden jedes Frühjahr Hunderte von Kröten überfahren, wenn sie vom Winterquartier im Wald zu ihrer Hochzeit im See wandern. Was könnt ihr unternehmen, dass sich hier etwas ändert?

In einer Schulklasse ist ein deutsch-russisches Mädchen neu dazugekommen. Einige in der Klasse benehmen sich dem neuen Kind gegenüber sehr hässlich. Das Mädchen hat jeden Tag Angst vor der Schule. Was könnt ihr unternehmen, dass sich hier etwas ändert?

Eine Frau in eurer Nachbarschaft hat keine Verwandten. Ihr wisst, dass sie Weihnachten immer allein ist und auch von niemandem ein Geschenk bekommt. Was könnt ihr unternehmen, dass sich hier etwas ändert?

usw.

Spielorganisation:
Jede Gruppe kommt an die Reihe, das erarbeitete Ergebnis im Spiel vorzustellen. Zuerst wird das Problem vorgelesen. L. spielt anschließend Reaktionen von Leuten, die wie die Dorfbewohner aus der Franziskusgeschichte reagieren. (Beispiel zur ersten Aufgabe: »Ja du liebe Zeit, da müssen die Kinder halt aufpassen, wenn sie zur Schule gehen. Den Verkehr kann doch niemand aufhalten. Unsereiner kann da sowieso nichts dagegen machen…«) Dann schlägt ein Kind auf ein Hängebecken und sagt: »Wie Franziskus wollen wir uns aber für das Leben einsetzen.« Nun spielt die Kleingruppe ihre Ideen vor, wie sie bei ihrer speziellen Aufgabe entgegen resignativen Rückzügen sich aktiv für das Leben einsetzen könnte. Darstellungsmöglichkeiten: Gespieltes Gespräch oder gespieltes Problem mit Lösungshandlungen.

Miteinander singen. Das Lied vom Beginn der Stunde »Er hält das Leben in der Hand« wird noch einmal aufgegriffen. Das Hängebecken, das die Wende im jeweiligen Rollenspiel kennzeichnete, ertönt nun als Klangzeichen an ausgewählten Textstellen im Lied.

Gespräch. L.: »Woher hat Franziskus in unserer Geschichte den Mut, dem Wolf gegenüberzutreten? Woher bekommen manche Menschen den Mut, sich für das Leben einzusetzen? Woher könnten wir solchen Mut bekommen? … Eigentlich haben wir davon gerade gesungen, habt ihr es bemerkt?« Nun können die Kinder den Gedanken bewegen, dass Gott das Leben in der Hand hält: »Damit haben wir den Stärksten auf unserer Seite, wenn wir uns für das Leben einsetzen.«

Heftwerkstatt. Über eine Doppelseite malen die Kinder einen großen Wolf. Kinder, die sich lieber an eine Vorlage halten, können dazu M21 verwenden. Die Lebensbedrohungen unserer Tage werden in seinen Bauch geschrieben. Um den Wolf herum schreiben die Kinder den Satz: *Wenn wir uns für das Leben einsetzen, haben wir den Stärksten auf unserer Seite: Gott ist mit uns.*

Kopiervorlage M21

10. Gottes Schöpfung – Bebauen und Bewahren

10.1. Gott hat uns den schönen Garten Eden geschenkt (1 Mose 2,8.9a und 15, der zweite Schöpfungsbericht!)

Material. Wenn möglich, für eine Pflanzaktion: Einige Pflanzschalen, Blumenerde. Man kann aber auch im Schulgarten kleine Ecken pflanzend gestalten. Kleine Pflänzchen vom Gärtner, (Gewürze oder Blütenpflanzen wie Tagetes, Lobelien, Tausendschönchen etc.). Altxylophon oder -metallophon, kleines Schlagwerk verschiedener Klangfarben, Tonträger, Squaredance-Musik wie z.B. »Oh Susanna« (Verlag Walter Kögler Stuttgart, MC 15310).

Pflanzaktion. In Kleingruppen von 4 bis 5 Kindern entsteht pro Gruppe ein kleiner Miniaturgarten. (Entweder in Pflanzschalen oder im Schulgarten). Jede Gruppe bekommt ca. drei Gärtnerpflanzen, die sie in die Erde einsetzt. Außerdem suchen sich die Kinder auf dem Schulgelände Steine, Sand und Ästchen, um mit den Pflanzen eine kleine Gartenlandschaft zu gestalten. (Wege, Zaun, kleine Bank etc.). Man kann auch kleine Plastikschalen (leere Quarkdosen oder Ähnliches) in die Erde einsetzen, den Innenraum mit Moos verkleiden und den Rand unter Steinchen tarnen. Mit Wasser gefüllt werden sie zu kleinen Teichen. – Zeitbedarf: Ein bis zwei Unterrichtsstunden. –

Gespräch. Die Kindergruppen stellen ihre Gärten vor. Sie erzählen, was an ihrem Garten das Besondere ist. Gemeinsam wird überlegt, wie man diese Gärten nun pflegen wird, damit sie lange erhalten bleiben.

Miteinander singen und musizieren. EG 510, Verse 1 und 3: »Freuet euch der schönen Erde.« Begleitet wird mit einer Bordunfigur vom Altxylophon oder vom Altmetallophon (g und d für G-Dur). Kleines Schlagwerk verschiedener Klangfarben setzt rhythmische Akzente.

Die Kinder könnten zur Liedmelodie gemeinsam noch andere Verse dichten, die verschiedene Pflanzen und Tiere zur Sprache bringen.

Mit geschlossenen Augen zuhören. L. liest aus der »Kinderbibel« von Laubi/Fuchshuber[43] »Wie Gott die Welt erschuf.« L. endet mit den Versen aus der Lutherbibel sinngemäß: »So hat also Gott den Menschen in seinen Garten Eden gesetzt, dass er ihn bebauen und bewahren sollte.«

Miteinander tanzen. L.: »Aus Freude über das Leben in der Natur und über Äpfel, Trauben und Korn haben Menschen in allen Völkern schon immer zu Erntezeiten getanzt. Und so wollen auch wir aus Freude über unsere schönen Gärtchen miteinander tanzen.«

Die kleinen Gärten werden in die Mitte gestellt. Die Kinder tanzen um sie herum. (Oder es wird im Pausenhof beim Schulgarten getanzt.) Sie gehen zu einer Squaredance-Musik jeweils:

1. 4 Takte nach rechts, (pro Takt 4 Schritte)
2. 4 Takte nach links,
3. 4 *Schritte* auseinander mit Klatschen,
4. mit 4 Schritten klatschend Drehung um die eigene Achse,
5. mit 4 Schritten zurück mit Schnipsen
6. mit 4 Schritten schnipsend Drehung um die eigene Achse

3. bis 6. wird wiederholt.

10.2. In Gottes Schöpfung ist alles miteinander verflochten. Zerstören wir einen Teil, dann ist auch alles andere bedroht

Material. Für ein Mobile, das im Unterricht entsteht: Holzstäbe (1/2 cm Durchmesser, 1 × ca. 60 cm lang, 6–8 × 30 cm lang), dünne Schnur, kleine Zettel oder Kärtchen (gelocht). Außerdem: Bunte Krepppapier-Bänder, Tonträger, fröhlich getönte sinfonische Musik, Xylophon, Rassel, Hängebecken, Scheren, Kleber.

Symbolspiel. Die Kinder bauen gemeinsam mit L. ein Mobile aus Holzstäben und Schnur. Als Anhänger werden Kärtchen, die mit Bildern von Pflanzen und Tieren bemalt werden, am Mobile befestigt.

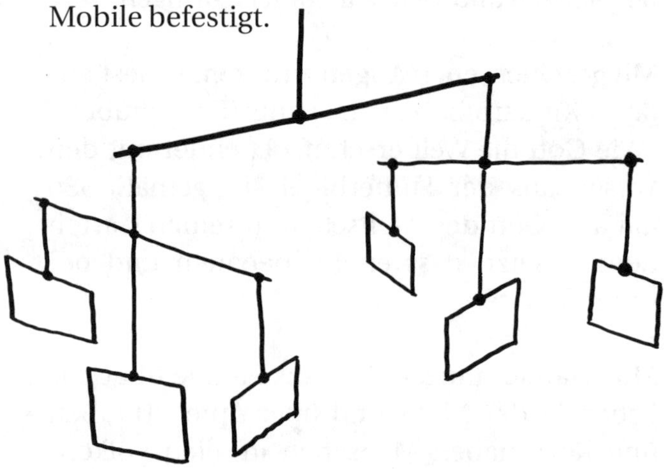

Wenn das Mobile fertig ist und hängt, schneidet L. ein Kärtchen ab, das Mobile kippt nun sofort zur Seite. L.: »Da sehen wir es, ein kleiner Schnitt, und alles gerät aus den Fugen.« Zwei Kinder reparieren das Mobile anschließend wieder.[44]

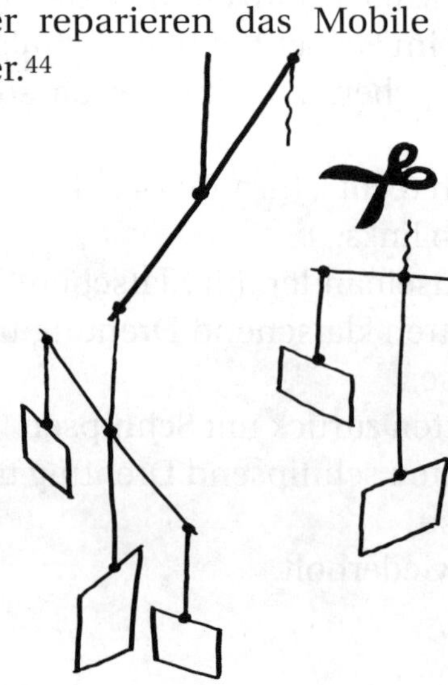

Gespräch. Tilly: »Also, das ist mein Thema! Ihr glaubt gar nicht, wie oft ich mit meinem Vater oder mit meinem Bruder darüber herumstreite! Mein Vater will immer die Maulwürfe in unserem Garten umbringen. Dabei weiß doch jedes Kind, wie wichtig die Maulwürfe sind. Ihr wisst es doch, oder? … Genau. Ohne Maulwürfe kämen noch viel mehr Schnecken, Käfer oder Raupen aus der Erde, die unseren Salat anfressen. Aber mein Vater will es nicht glauben! Es ist zum ‚Aus-der-Haut-Fahren'. Oder mein Bruder erst! Der rast im Frühling mit seinem Motorrad immer die Straße am See entlang. Dabei wandern da immer die Kröten vom Wald zum Wasser. Sie wollen da nämlich Hochzeit machen. Mein Bruder überfährt sie einfach! Mein Bruder wird sich einmal sehr wundern, wenn es mal keine Kröten und Frösche mehr gibt. Ihr wisst ja, was dann passiert!… Jawohl, vor lauter Fliegen und Stechmücken könnte er sich kaum noch retten.« Die Kinder tragen weitere Beispiele zusammen, wie »die Natur zurückschlägt«, wenn man sie stört.

Symbolspiel. Zu sinfonischer Musik flechten die Kinder in Dreiergruppen lange Bänder zu Zöpfen. L.: »So, wie wir unsre Bänder ineinander flechten, so ist in Gottes Schöpfung alles miteinander verflochten. Das wollen wir achten!«

Miteinander singen, sprechen und musizieren. Der folgende Liedruf wird mit einem Stabspiel, einer Rassel und einem Hängebecken begleitet. (Die Rassel schlägt im Metrum, das Hängebecken wird auf die Eins eines jeden Taktes angeschlagen.) Dann sprechen die Kinder wie bei einem Brainstorming Lebensgemeinschaften der Natur aus (Fliegen und Schwalben, Kühe und Gras / Fische und Algen, Wasserschnecken und Muscheln / usw.), es schließt sich wieder der Liedruf an usw.

Text: Traugott Wettach / Melodie: Spiritual

Heftwerkstatt. Aus kleineren und dünneren Krepppapier-Bändern als beim Symbolspiel werden Zöpfe geflochten und ins Heft eingeklebt zu folgendem Text:

Ganz am Anfang in der Bibel finden wir die Geschichte von Gottes Schöpfung.

Im ersten Buch des Mose, Kapitel 2, Vers 15 steht: »Gott, der HERR nahm den Menschen und setzte ihn in den Garten Eden, dass er ihn bebaute und bewahrte.«

Bestimmte Tiere und Pflanzen leben in einer verflochtenen Gemeinschaft. Zerstören wir einen Teil, geht die ganze Gemeinschaft kaputt. Wir Menschen sind dafür verantwortlich, dass das natürliche Gleichgewicht zwischen allen Tieren, allen Pflanzen, Luft, Wasser und Erde erhalten bleibt.

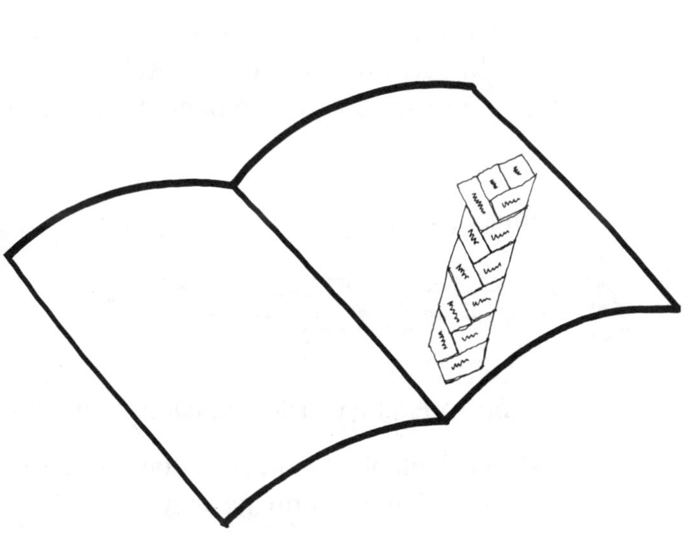

10.3. Wir loben Gott für seine Schöpfung (Psalm 104 in Auszügen)

Material. Text mit ausgesuchten Versen von Psalm 104, Orff-Instrumente: Altmetallophon, evtl. Altxylophon, Hängebecken, Rassel, Handtrommel, Holzblocktrommel, Triangel, leere Diagläser, Folienstifte, Diaprojektor, evtl. weiße Bettlaken.

Klanggestaltung eines Textes. Die Kinder lesen laut nacheinander die einzelnen ausgesuchten Verse des Psalms 104 vor. Nach jedem Vers wird eine akustische Zäsur gesetzt durch einen Klang von Orff-Instrumenten (Hängebecken oder Bordun vom Metallophon etc.).

Bildnerisches Gestalten. Auf leere Diagläser malen die Kinder mit Folienstiften einzelne Elemente aus dem Psalm: Wolken / Meereswellen / Berge und Täler / fliegende Vögel / Wiesen / Bäume / Mond und Sterne usw.

Dias betrachten. Die selbst gemalten Dias können nun auf unterschiedliche Art betrachtet werden:

a) Traditionell an die Wand projiziert.
b) Die Kinder schwingen zu ruhiger, fließender Musik langsam weiße Bettlaken, auf die die Dias projiziert werden.
c) Einzelne Kinder liegen mit dem Rücken auf dem Boden, andere halten über ihnen wie ein Zeltdach weiße Bettlaken. L. steht auf einem Stuhl, hält den Diaprojektor und leuchtet mit den Lichtprojektionen nach unten auf die Tücher. Jedes Kind darf einmal darunter liegen und die Bilder von unten betrachten.

Miteinander singen und musizieren. Das Lied EG 499 (Erd und Himmel sollen singen) wird gesungen. Mit Xylophonen und Metallophonen kann man mit einer pentatonischen Reihe in beliebigen Zusammenklängen begleiten, da die Melodie von EG 499 ebenfalls pentatonisch aufgebaut ist.

Pentatonische Reihe auf f (zum Beispiel):

Die übrigen Tonstäbe werden aus dem Instrument herausgenommen.

Mit Triangel, Holzblocktrommel, Rassel, Handtrommel und Hängebecken werden sparsame, aber deutliche Klangakzente gesetzt.

Miteinander tanzen. Zum Gesang des Liedes EG 499 lässt sich auch folgende Tanzgestaltung durchführen: Die Kinder stehen im Kreis mit Handfassung.

A – Tanzrichtung nach rechts: Schritt rechts, hüpf rechts, Schritt links, hüpf links. Diese Schrittfolge wird dreimal getanzt (3 Takte), dann bleiben die Kinder stehen und stampfen mit den Füßen dreimal am Boden (rechts, links, rechts = kurz, kurz, lang).

B – wie A, aber gegengleich nach links. (Schritt links, hüpf links, Schritt rechts, hüpf rechts…)

C – Zu »Halleluja« bleiben die Kinder stehen und heben die gefassten Hände in die Höhe. Im vorletzten Takt drehen sie sich mit 4 Schritten um die eigene Achse. Im letzten Takt wird wieder dreimal am Platz gestampft (rechts, links, rechts).

11. Juden verstehen lernen

11.1. Die Schabbat-Ruhe

Didaktischer Hinweis. Leider kommt dieses Thema nur in einigen Lehrplänen Deutschlands vor. Judentum als Schwesterreligion des Christentums kennen zu lernen ist aber meiner Meinung nach auch in der Grundschule unverzichtbar. Könnte es nicht sein, dass die Vernichtung jüdischen Lebens und jüdischer Kultur durch den Nationalsozialismus vielleicht sogar noch in Lehrplanlücken nachwirkt?

Die folgenden Unterrichtsentwürfe gruppieren sich um den Erzählzyklus »Jakob und Lisa.« Diese Geschichten habe ich für die Kinder eines Dorfes im Landkreis Bamberg geschrieben: Trabelsdorf beherbergte früher eine der typischen jüdischen Landgemeinden mit einer Synagoge, einer Mikwe und einem jüdischen Friedhof beim Nachbarort. Ende des 19. Jahrhunderts war Trabelsdorfs Bevölkerung zu einem Viertel jüdisch. Die jüdischen Familien wohnten verteilt über das ganze Dorf, es gab keine Ghettoisierung. Jüdische Kultur und jüdisches Brauchtum waren Teil des Dorflebens. Seit 1942 die letzten noch verbliebenen 11 Juden deportiert wurden und in Vernichtungslagern ermordet wurden, erinnert nichts mehr in Trabelsdorf an das jüdische Erbe. Die ehemalige Synagoge ist nicht mehr zu erkennen, keine Erinnerungstafel weist auf die Auslöschung jüdischen Lebens in Trabelsdorf hin. Diese Situation erschien mir symptomatisch für den Stellenwert des Judentums in unserem Land. Das jüdische Museum in Berlin drückt das in seiner Architektur aus: Das ganze Gebäude ist durchzogen von einem Hohlraum, in den man an einigen Stellen hineinblicken kann und in dem sich *nichts* befindet.

Nur den wenigsten Deutschen ist bewusst, dass ein nicht mehr wegzudenkender Teil unserer Kultur in Kunst und Wissenschaft von Juden geschaffen wurde. Die folgenden Geschichten von Jakob und Lisa symbolisieren dieses Miteinander von jüdischem und christlichem Leben und sollen den Kindern Gelegenheit geben, jüdische Bräuche und Symbole kennen zu lernen. Der Holocaust ist in diesen Unterrichtsentwürfen ausgeklammert, darf aber nicht verschwiegen werden, wenn die Kinder danach fragen. Doch zunächst geht es um das Kennenlernen jüdischen Glaubens.

Material. Altmetallophon, Instrumente des kleinen Schlagwerks (Rassel oder Handtrommel oder Schlaghölzchen), eine Tapetenrolle, Klebstreifen, Wachsmalkreiden, sieben Teelichter, Streichhölzer, dünne Wachsplatten, Scheren, Kleber.

Miteinander singen. EG 434 (Schalom chaverim) lernen die Kinder zunächst mit dem hebräischen Text.

L.: »Kennt ihr die Sprache? Was vermutet ihr?«

Man kann versuchen, Teile des Kanons von einigen Kindern immer während als Ostinato dazu singen zu lassen oder mit Altmetallophonen zu begleiten.

Erzählung. Lisa erwachte, als die Katze neben sie aufs Kopfkissen sprang. Es dauerte einen Moment, bis Lisa wieder wusste, wo sie war. Ach ja, richtig – sie lag in Großmutters Bett. Für Lisa war das Bett so groß wie ein Schiff. Sie rollte sich über die Bettkante und ließ sich zu Boden fallen. »Mann über Bord«, schrie sie, aber niemand antwortete. Großmutter war wohl schon im Stall und molk ihre Kuh. Barfuß lief Lisa in die Küche. Sie öffnete die breite Tischschublade, in der immer ein Laib Brot bereit lag und schnitt sich eine Scheibe ab.

Großmutter kam herein, sie trug den Eimer Milch. »Guten Morgen, mein Schatz! Na, wie war die erste Nacht wieder bei mir?« »Ich bin noch ein wenig seekrank, dein Bettschiff schaukelt immer so!« Großmutter lachte und goss etwas Milch in Lisas Schüsselchen. Nun brach Lisa ihr Brot in kleine Stückchen und sie warf die Brocken in ihr Milchschälchen, weil das immer ein bisschen spritzte und weil sich dann das feste Brot besser essen ließ.

Großmutter war schon wieder draußen, um im Garten Unkraut zu jäten. Lisa löffelte ihr eingeweichtes Brot. Ihr Blick ging durchs Fenster. Sie sah aufgetürmte Wolkengebirge am Himmel ziehen. Sie freute sich, dass sie nun viele Ferientage vor sich hatte. Hier in Trabelsdorf, bei Großmutter, holte sie jedes Jahr alles nach, was zuhause in der Stadt Bamberg nicht möglich war: Mit ausgebreiteten Armen über die Wiesen laufen, auf Bäume klettern, durch den Bach waten, Frösche fangen und Großmutters Ziege Berta füttern.

Schnell trank sie den Rest Milch aus dem Schälchen, ebenso schnell schlüpfte sie in ihre Kleider. Und ohne sich zu waschen oder zu kämmen, rannte sie aus dem Haus. Sie hüpfte die Hollergasse hinunter bis an die Aurach, den kleinen Bach. Sie balancierte über das Brückengeländer, sprang mit einem weiten Satz herunter, bog auf den Damm der Karpfenweiher ein und umrundete den großen Inselweiher im Trab. Nun musste sie nur noch die kleine Anhöhe zur Straße nach Neuhausen hinaufklettern. Und dann war sie an ihrem geheimen Lieblingsplatz – da, wo die dicken alten Eichen standen mit ihren fast waagrecht stehenden Ästen. Wie jedes Jahr wollte sie sich zwischen den Astgabeln wieder ein gemütliches Plätzchen einrichten. Lisa schob einen Fuß auf den untersten Ast und wollte sich hochziehen.

Da saß jemand! Lisa fuhr zurück. Auf ihrem höchst eigenen Platz saß ein Junge. »Hallo!«, sagte er. Lisa sah ihn stumm und trotzig an. »Ich bin Jakob! Ich habe dich von hier aus kommen sehen. Bist du zu Besuch in Trabelsdorf? Ich kenne dich noch nicht. Wie heißt du?« Mit finsterem Blick musterte Lisa diesen Jungen, der da so sorglos dahin plauderte. Sie fand, es sei eine Frechheit, ohne zu fragen in ihrer Eiche zu sitzen. »Das ist mein Platz! Verschwinde!«, fauchte sie ihn an. Jakob lachte auf. »Bitte, was? Ich komme seit Wochen fast jeden Tag hierher. Jetzt tauchst du zufällig hier auf und behauptest, es wäre dein Platz!« Lisa ärgerte sich über seinen spöttischen Blick. Sie musste sich eingestehen, dass sie als Feriengast hier wirklich keine Besitzansprüche stellen konnte. Sie wandte sich um und wollte weglaufen.

Aber Jakob sprang vom Baum. Er landete direkt vor ihr und steckte ihr seine Hand hin. »Bleib' doch da, wir könnten doch prima zusammen spielen!« Zögernd nahm sie seine Hand. »Also, wie heißt du?«, fragte Jakob noch einmal. »Lisa«, knurrte sie. Aber sie merkte, wie ihr Ärger verflog. Jakob zeigte nach oben: »Komm, wir klettern auf die hohen Äste hinauf. Warst du schon einmal so weit oben?« »Klar«, sagte Lisa, »schon oft!« Sie stieg auf den untersten Ast, zog sich am nächsten Ast hoch und mit sicheren Griffen und Tritten gelangte sie auf den obersten dicken Ast, der weit über den Weg hinüber ragte. Jakob kletterte nach und bald saßen sie nebeneinander und ließen ihre Beine über dem Abgrund baumeln. »Meine Großmutter würde in Ohnmacht fallen, wenn sie mich jetzt sehen könnte«, bemerkte Lisa stolz.

Dann verstummte sie, denn auf einmal war Pferdegetrappel zu hören. Bald bog um die Kurve ein Reiter. Mit seinem weiten dunklen Mantel und seinem breitkrempigen Hut ritt er unter dem Ast durch, auf dem die beiden Kinder saßen. Er blickte nicht nach oben, und so konnte er nicht sehen, dass da ein Junge sich blitzschnell herab beugte und mit seiner freien Hand ein paar Eicheln in die Hutkrempe des Reiters legte. Lisa presste die Lippen zusammen und erst als der Reiter weit genug entfernt war, prustete sie los. Sie konnte sich kaum noch auf dem Ast halten, so sehr hatte sie der Lachanfall gepackt.

Lisa beruhigte sich wieder und sie warteten eine Weile, ob noch ein Reiter käme oder vielleicht ein Bauer mit seinem Ochsenkarren. Aber da kam wohl so bald keiner mehr. »Man müsste hier doch ein Baumhaus bauen können«, unterbrach Lisa die Stille. Jakobs Augen leuchteten auf: »Man müsste? Wir können!« Er kletterte nach unten, hielt an und sah zu Lisa hinauf. »Worauf wartest du noch? Komm, wir holen Bretter, Nägel, Hammer…« »Stricke und Farben!«, ergänzte Lisa und rutschte ihm eilig nach. Der Weg zurück nach Trabelsdorf geriet fast zu einem Wettlauf. »Und woher nehmen wir das alles?«, keuchte Lisa. »In unserem Schuppen hat mein Vater seine Werkstatt. Da finden wir alles, was wir brauchen«, rief Jakob. »Darfst du die Dinge einfach nehmen?« Lisa bekam fast keine Luft mehr. »He, dazu sind die Sachen doch da, dass man sie benutzt!«

Zu Lisas Überraschung wohnte Jakob ganz in Großmutters Nähe, in einer kleinen Seitenstraße, die von der Hollergasse Richtung Kirche führte. In seinem Schuppen waren Bretter in allen Größen aufeinander getürmt, Schachteln standen herum mit rostigen Nägeln und Haken. Jakob zerrte einen kleinen Handwagen unter einem Haufen Gerümpel hervor. Das gab einen Höllenspektakel, wie wenn ein Stapel Blechdosen umgestürzt wäre. Flink kramte Jakob in Kisten und Schubladen und belud den kleinen Wagen mit allem, was sie für den Bau ihres Baumhauses brauchen würden. Lisa war etwas verlegen an der Tür stehen geblieben. Sie fühlte sich wie ein Eindringling und war froh, als Jakob endlich den Wagen hinausschob. Nun ging es wieder zurück, aber diesmal etwas langsamer. Links zog Lisa und rechts Jakob und so ratterten die beiden Kinder zu ihrer neuen Baustelle.

Während sie hämmerten und sägten, unzählige Male hinauf und hinter kletterten, merkten sie nicht, wie die Zeit verging. Als die Kirchturmuhr fünf Uhr schlug, begann Jakob, alle Werkzeuge zusammenzusuchen und wieder auf den Handwagen zu laden. »So, Lisa, jetzt muss ich heim«, sagte Jakob. »Was, jetzt schon? Wir sind doch noch gar nicht fertig!« Lisa war enttäuscht. »Wir werden ein andermal weiterbauen«, rief Jakob. »Aber jetzt muss ich mich beeilen, um sechs Uhr beginnt der Schabbat. Auf wieder sehen, bis demnächst!« »Und morgen?«, rief Lisa ihm nach, »morgen ist Samstag, da können wir doch weiterbauen!« »Morgen ist den ganzen Tag Schabbat. Da werde ich keine Bretter sägen!«, schrie Jakob zurück. Lisa sah ihm nach, wie er den Weiherdamm entlang eilte und den Handwagen hinter sich her zerrte. Er wurde kleiner und kleiner, bis er schließlich hinter den Büschen verschwand. Kopfschüttelnd kletterte Lisa nach unten. Sie sammelte die verstreuten Nägel und die abgesägten Holzstücke zusammen und legte alles zu einem Haufen zwischen die Wurzeln der Eichen. Man würde sicher noch Einiges davon brauchen können. Und als das Sechsuhrläuten der Kirchturmglocke begann, trat Lisa wieder in Großmutters Küche.

Großmutter war in Dampfschwaden eingehüllt und es duftete herrlich süß. »Mmh, Großmutter, kochst du Erdbeermarmelade ein?« »Ja, mein Kleines, und für dich steht schon ein kleiner Teller davon zum Versuchen bereit.« Lisa setzte sich an den Tisch und sah zu, wie Großmutter für sie eine Scheibe Brot dick mit dem süßen Mus bestrich. »Großmutter?« »Ja, mein Schatz?« »Was ist Schabbat?« »Ach, das weißt du nicht, mein Kind?« »Na ja,« Lisa kaute mit vollen Backen »Jakob ist Hals über Kopf heim gerannt und er will mit mir morgen das Baumhaus nicht fertig bauen. Wegen Schabbat, hat er gesagt.« »Mit Jakob hast du gespielt? Das ist ein tüchtiger Junge. Ja, also, Schabbat, das ist der Feiertag der Juden. Das ist wie unser Sonntag. Jakob ist Jude und sie halten ihren Sonntag am Samstag. Allerdings wird die Schabbat-Ruhe sehr genau eingehalten, es arbeitet da wirklich niemand. Jakobs Mutter kocht zum Beispiel am Schabbat nicht. Sie macht das Essen am Tag vorher und hält es in einer Kiste warm.«

Lisa leckte sich ihre marmeladeklebrigen Finger ab. »Sind Juden also nicht evangelisch wie wir?« »Nein«, sagte Großmutter. »Dann sind sie wohl katholisch?« Großmutter lächelte, während sie für Lisa eine Tasse heißen Brombeerblättertee aufgoss. »Nein, sie sind auch nicht katholisch. Aber sie glauben an den selben Gott wie wir und sie kennen die gleichen Geschichten aus der Bibel von Abraham, von Noah oder von Mose.« »In welche Kirche geht Jakob dann?«, fragte Lisa. Großmutter gab einen Löffel Zucker in Lisas Tasse und rührte um. »Neben Jakobs Haus, Lisa, da ist ihre Synagoge. So heißt das Haus, in dem sie gemeinsam beten und zum Beispiel von Mose vorlesen.« Lisa nickte. Ihr war tatsächlich aufgefallen, dass das Haus gegenüber von Jakobs Schuppen besondere Fenster hatte, eben wie die Fenster einer Kirche. Sie hatte nur nicht weiter darüber nachgedacht.

Später, als Lisa wieder im großen Bett lag, kam Großmutter zum Gutenachtgebet noch einmal herein. »Jakob ist mein bester Spielkamerad!«, murmelte Lisa schlaftrunken. »Schiff ahoi«, sagte Großmutter, »gute Fahrt ins Traumland!«

Miteinander tanzen. Das Lied EG 434 aus Israel, »Schalom chaverim«, lässt sich auch mit einem häufigen Tanzschritt israelischer Tänze in Bewegung übertragen:

Die Kinder stehen im Kreis mit Handfassung.
Blick zur Mitte.

Mit **rechtem** Fuß Seitschritt,
linken Fuß anstellen, **rechter** Fuß Seitschritt,
mit **linkem** Fuß ein Kick in die Luft
(leicht schräg vor den rechten Fuß gehalten),
linker Fuß nach links zum Seitschritt,
mit **rechtem** Fuß ein Kick in die Luft
(leicht schräg vor den linken Fuß gehalten).

Der Ablauf beginnt immer wieder von vorne.

Reizvoll ist, dass eine sechsteilige Schrittfolge ein Lied im Viervierteltakt-Schema überlagert und sich dadurch immer während die Schwerpunkte verschieben. Der erste gesungene Ton bleibt als Auftakt ohne Bewegung, die erste Fußbewegung setzt erst beim zweiten Ton ein. (Bewegung im Viertelgrundmetrum: ♩♩♩♩).

Gestisch-pantomimisches Spiel. L.: »Könnt ihr euch ein Leben vorstellen, das nur von Arbeit bestimmt ist ohne Ruhepausen?« … »Ein bisschen versuchen wir uns das vorzustellen mit unserem Spiel. Danach werden wir gut verstehen können, warum Juden der Schabbat so wichtig ist.«

Jedes Kind wählt sich einen Beruf aus, den es mit einer Abfolge mehrerer pantomimischer Bewegungen charakterisiert. Es ist sinnvoll, diese Abfolgen mit ganzkörperlichem Einsatz darzustellen, also nicht ausschließlich mit Handbewegungen (z.B. etwas vom Boden aufheben, es in ein hohes Regalfach ablegen. Auf dem Rücken liegend Schraubenmuttern fest drehen, aufstehen und den Wagenheber montieren usw.). L. und die Kinder schätzen, wie viele Minuten sie diese »Arbeit« aushalten, ohne müde zu werden. Die Bewegungsabläufe begleitet L. mit Instrumenten des kleinen Schlagwerks (Rassel oder Handtrommel oder Schlaghölzchen). Erst, wenn sich allmählich ein leichter Erschöpfungsgrad bemerkbar macht, wird das Spiel beendet.

Gespräch. L.: »Nur sieben Minuten (oder andere Zahl nennen) haben wir durchgehalten. Stellen wir uns vor, wir stehen beim Morgengrauen auf, also so um 5 Uhr in der Früh. Dann arbeiten wir durch, bis die Sonne untergeht. Zwischendurch haben wir vielleicht ein Butterbrot im Stehen gegessen. Ja, und dann geht das so weiter: Montag, Dienstag… » (Die Kinder zählen weiter auf.) L. fällt wieder mit ein: »Samstag, Sonntag, Montag… Also ohne Feiertag. Wie findet ihr das?« … »Ja, aber man verdient jedenfalls mehr Geld, als wenn man sich einen Tag ausruht.« … »Ich merke schon, euch fällt eine Menge ein, was dabei zu kurz kommt, was ja genauso zum Leben gehört. Gespräche mit der Familie zum Beispiel. Ihr wisst ja noch mehr?« Nach einer Weile packt L. eine Bibel aus und schlägt das Sabbatgebot auf: 2 Mose 23,12: »Für Juden sind die Mosegeschichten ganz besonders wichtig. Einen Vers daraus wird uns ein Kind jetzt vorlesen: ‚Sechs Tage sollst du deine Arbeit tun; aber am siebten Tag sollst du feiern, auf dass dein Rind und Esel ruhen und deiner Sklavin Sohn und der Fremdling sich erquicken.‘ Und noch eine weitere Stelle lässt L. aus der Bibel vorlesen (oder als Text verteilen): 2 Mose 20,8-11. Dazu könnte man auch zwei Kerzen in die Mitte des Sitzkreises stellen und mit den Kindern das Kerzenanzünden am Schabbat anfügen: Nachdem in den meisten Fällen die Frau des Hauses die Schabbatkerzen anzündet, übernimmt das älteste Mädchen der Klasse diese Rolle. Sie bekommt ein Kärtchen mit dem Text des Schabbat-Segensspruches.

Gelobt seist Du, unser Gott, König der Welt, der du uns durch deine Gebote geheiligt hast und uns geboten hast, das Licht des Schabbats anzuzünden.

L.: »Jede dieser beiden Kerzen hat einen Namen. Die eine heißt Shamor, die andere Sachor. Das bedeutet: ‚Gedenke und Halte‘, also: Denke daran, dass Gott möchte, dass du dich ausruhst und halte die Schabbat-Ruhe ein. Melissa (entsprechenden Namen einsetzen) wird uns nun beide Kerzen anzünden und den Spruch des Kärtchens vorlesen. Jüdische Frauen können den Spruch natürlich auswendig und bedecken auch die Augen mit den Händen. Also Melissa!«

Bildnerisches Gestalten. Von einer Tapetenrolle werden sieben Bahnen je in einer Länge von etwa einem Meter abgeschnitten. Die Klasse teilt sich in sieben Arbeitsgruppen. Jede Gruppe erhält eine Bahn und bemalt sie mit einer Gestaltung der sieben Schöpfungsabschnitte:

- »Es werde Licht!«
- Wasser und Land werden voneinander getrennt und darüber wölbt sich der Himmel.
- Gras und Kraut mit Blüten und Samen,
- Bäume mit Früchten…
- Sonne, Mond und Sterne.
- Tiere im Wasser, Vögel am Himmel
- Tiere auf der Erde, Menschen als Mann und Frau.
- Gott ruhte am siebten Tag und segnete diesen Tag der Ruhe und des Atemholens.

Anschließend werden die Bahnen nebeneinander auf den Boden gelegt mit jeweils etwas Abstand zueinander. Eine neue Bahn wird abgeschnitten und quer ans untere Ende der sieben Bilderbahnen gelegt. So entsteht ein siebenarmiger Leuchter. Aus weiteren zwei Bahnen werden nur noch Stiel und Fuß des Leuchters gebildet. Das ganze Gebilde wird mit Klebstreifen zusammengefügt, dass es nicht mehr verrutschen kann.

L. erzählt dazu einiges darüber: Früher stand im Tempel in Jerusalem ein solcher siebenarmiger Leuchter (Menora). Er ist zu einem Wahrzeichen des jüdischen Volkes geworden. Man findet die Menora in Synagogen und jüdischen Schulen, in Israel steht eine große Menora der Knesset, dem Parlamentsgebäude, gegenüber. Viele Bedeutungen enthält dieser siebenarmige Leuchter. Das Licht der Schöpfung / das Licht, das uns Gott in dunklen Zeiten bringt / der blühende Baum, der sich entwickelt, entfaltet und wächst, der Baum des Garten Edens / die Zahl sieben: Am siebten Tage sollst du ruhn, alle sieben Jahre sollen sich die Felder ausruhen…

Miteinander singen. Gespräch. EG 434 wird wieder gemeinsam zur Metallophon-Begleitung gesungen (Schalom chaverim). Nacheinander stellt dabei ein Kind aus jeder der sieben Gruppen ein Teelicht auf die Spitze des selbst gestalteten Leuchterarmes und entzündet es. Danach setzen sich die Kinder um diese Menora auf den Boden. L.: »Wenn Menschen wirklich zur Ruhe kommen, entsteht Frieden. In der jüdischen Sprache, die auch die meisten deutschen Juden kennen, heißt Frieden ‚Schalom‘. Schalom ist alles Gute, das Menschen Frieden erleben lässt. Wir überlegen gemeinsam, wie es in einer Familie, in einer Schule, in einem Land sein muss, dass man sagen kann: Hier ist Schalom!«

Heftwerkstatt. Die Kinder gestalten eine Menora, also einen siebenarmigen Leuchter in ihr Heft: Der Leuchter selbst wird gemalt. Die Kerzen werden aus dünnen Wachsplatten geschnitten und auf die Enden der Leuchterarme geklebt. In hebräischen Buchstaben schreiben die Kinder dazu das Wort »Schalom« (siehe Illustration). Außerdem schreiben sie: *Juden glauben an den selben Gott wie wir, der Himmel und Erde geschaffen hat. Im jüdischen Glauben sind Gottes Gebote sehr wichtig. Gottes Ruhetag, der Schabbat, wird im jüdischen Glauben besonders geehrt.*

11.2. Die Mesusa

Material. Xylophon, Großer Pappkarton (Waschmaschinen- oder Kühlschrankverpackung…), ein Stück Tapetenrolle, pro Kind ein Papierstreifen, Scheren, Kleber. Außerdem pro Kind ein Bogen grünes Papier (DIN A5), evtl. Tanzmusik von »Hashual«, Walter Kögler, Tanzschallplatten Stuttgart.

Miteinander singen. EG 433 (»Hevenu schalom alejchem«) wird auf Hebräisch und Deutsch gesungen zu einer Bordunbegleitung vom Xylophon (d und a als Borduntöne, wenn das Lied in d-Moll gesungen wird.).

Erzählung. »Du verwöhnst unsere Ziege, Lisa!« Es war Mittwoch. Großmutter saß vor dem Haus und sie putzte Bohnen. »Was soll werden, wenn du wieder fort bist? Dann ist sie mit Gras und Blättern nicht mehr zufrieden!« Aber Lisa bot weiterhin kleine Apfelstückchen auf der flachen Hand an und die Ziege fraß davon mit Appetit. Das weiche Maul kitzelte auf Lisas Handfläche.

»Großmutter, darf ich die Ziege mitnehmen?«, fragte Lisa. Sie setzte sich auf die Bank neben Großmutter und drückte sich an ihre runde Schulter. »Was willst du in der Stadt mit einer Ziege?«, wunderte sich Großmutter. Lisa sprang auf und lachte. »Doch nicht zu mir nach Hause!«, rief sie. »Ich will die Ziege mitnehmen, wenn Jakob und ich zu unserem Baumhaus gehen. Wir würden sie dort anbinden und es wäre für uns alle sehr lustig.« »Na, meinetwegen. Bring' sie mir nur heil wieder zurück!« Die Bohnen waren fertig geschnitten, Großmutter stand auf und trug die Schüssel in die Küche.

Lisa nahm die Ziege am Strick: »Komm, gute Berta, es wird Zeit, dass du mal wieder in die weite Welt hinauskommst.« Fröhlich trabte die Ziege mit, als sie Großmutters Hof durch das kleine Tor verließen. Wo Lisa war, gab es immer Leckerbissen. Weit war es nicht bis zu Jakobs Haus. Heute ging es besonders schnell, denn die Ziege drängte sich so stürmisch an Lisas Beine, dass sie rennen musste. Nur so konnte sie verhindern, dass ihr die Ziege auf die Füße stieg. Als Lisa vor Jakobs Haus ankam, gab es dann auch einen kleinen Zusammenstoß, denn die Ziege konnte so plötzlich nicht bremsen.

Lisa setzte sich auf die Treppenstufen und ließ den Strick für Berta etwas lockerer. In fremden Häusern wurde Lisa immer etwas schüchtern und so wollte sie draußen auf Jakob warten. Sie sah an der Haustür hoch und ihr Blick blieb an einem kleinen Holzkästchen hängen, das an der Innenseite des rechten Türpfostens genagelt war. Das Kästchen hing leicht schräg. Lisa stand auf und streckte vorsichtig die Hand aus, um über die geschnitzten Verzierungen zu streichen.

Da öffnete sich die Tür, Jakob sah durch den Spalt und rief: »Ah, du bist ja schon da!« Erschrocken war Lisas Hand zurückgezuckt. Jakob sah Lisas Verlegenheit. »Du fragst dich wohl, was das für ein Kästchen ist. Nun, das ist eine *Mesusa*. Jede jüdische Familie hat so etwas an der Haustür und in der Wohnung an jeder Zimmertür, wenn das Zimmer bewohnt wird.« Jakob trat jetzt ganz heraus und öffnete das Kästchen. Ein Pergamentstreifen befand sich drinnen aufgerollt und Jakob zog ihn nun heraus.

Lisa sah, dass der Streifen mit unbekannten Schriftzeichen bemalt war. »Ist das eine Geheimschrift?«, fragte sie. Jakob schüttelte den Kopf: »Nein, das ist Hebräisch. Willst du wissen, was der Spruch hier auf Deutsch heißt?« Lisa nickte stumm. Da legte Jakob einen Finger an das rechte Ende des Pergaments und übersetzte die Schriftzeichen von rechts nach links: »Höre, Israel, der HERR ist unser Gott, der HERR allein. Und du sollst den HERRN, deinen Gott, lieb haben von ganzem Herzen, von ganzer Seele und mit aller deiner Kraft.« Nun rollte Jakob den Streifen wieder ein, steckte ihn in das Kästchen zurück und verschloss es wieder.

»Und jetzt kommt, ihr zwei!«, rief Jakob und sprang die Treppe hinunter. Er lief auf bloßen Füßen voraus, Lisa folgte mit der Ziege und so ging es den gewohnten Weg entlang: Die Hollergasse hinunter bis an die Aurach, mit ausgebreiteten Armen über das Brückengeländer – die Ziege überquerte den Bach ordnungsgemäß auf der Mitte der Brücke –, dann lief man den Weiherdamm entlang – he, weiter du Ziege, jetzt wird nicht gefressen, woanders gibt's auch frische Blätter, was bist du so stur, jetzt geh weiter! – bis auf die andere Seite des Inselweihers, die kleine Anhöhe zur Straße nach Neuhausen hinauf und endlich war man bei den alten Eichen und in ihren Wipfeln versteckt lag das Baumhaus.

Die Ziege wurde unten am Baum angebunden. Junges, zartes Gras hatte sie hier im Überfluss. Eine Zeit lang saßen die beiden in ihrem hohen Versteck, schnitzten Weidenpfeifchen oder warfen Eicheln in den Weiher. »Warum hängt ihr so ein Kästchen an eure Türen?«, fragte Lisa irgendwann. Jakob nickte. »Immer, wenn man durch die Türe geht, sieht man das Kästchen. Und dann denkt man daran, was da drinnen geschrieben steht. Das soll uns helfen, dass wir Gott nicht vergessen.« Lisa schwieg, sie schnitt eine Zickzacklinie als Verzierung in ihr Weidenpfeifchen.

Doch plötzlich legte sie das Pfeifchen zur Seite und sprang auf. »Warte«, sagte sie, »ich möchte etwas holen. Bitte sieh solange nach der Ziege.« Flink kletterte sie die Eiche hinunter und rannte los. Die Zöpfe flogen und die Schürzenbänder flatterten im Wind. Ohne Ziege ging es jetzt schnell. Bald war Lisa bei Großmutters Haus. Sie lief in die Kammer und warf den Deckel ihres Koffers zurück. Und ungeduldig durchwühlte sie Hemden, Röcke, Strümpfe und Zopfschleifen. Da, ganz unten in der Ecke lag es –, ihre Hand stieß auf das Kästchen, nach dem sie gesucht hatte. Sie kippte den Inhalt des Kästchens – die Briefmarken und die gepressten Kleeblätter –, aus und klemmte das Kästchen unter den Arm. Nun kramte sie aus einer Küchenschublade einen Bleistiftstummel hervor und dann fand sie noch ein altes Rechenheft. Sie schnitt einen Streifen Papier heraus, legte Bleistift und Papier ins Kästchen und nun flitzte sie den ganzen Weg wieder zurück.

Schließlich setzte sie sich keuchend neben Jakob. Der hatte die ganze Zeit geduldig im Baumhaus gewartet und von oben der Ziege beim Kauen zugesehen. Lisa hielt Jakob das Kästchen hin. »Da«, sagte sie, »das nageln wir an den Eingang unseres Baumhauses. Ich will auch so eine – wie heißt es?« »Mesusa!«, half Jakob. »Ja«, nickte Lisa »eine Mesusa will ich am Eingang haben. Schreibst du bitte mit diesen hebräischen Buchstaben den gleichen Spruch hinein wie bei euch?«

Sie hatten noch vieles zu tun an diesem Nachmittag. Sie übten Weitsprung vom untersten Ast in den Weiher. Sie sammelten eine Schürze voll Himbeeren, sie fütterten Enten und Karpfen mit den Resten von Jakobs Streuselkuchen. Und irgendwann mussten sie ja auch wieder Eicheln in die Hutkrempen von ahnungslosen Reitern legen – hoch oben von ihrem Versteck aus.

Schließlich war es Zeit heimzugehen. Die Ziege! Sie hatten Berta völlig vergessen! Sie war nicht mehr da, wo sie sie angebunden hatten. Der Strick musste sich gelöst haben! »Berta, Berta, komm, feines Futter gibt es!« Lisa rief und lockte. Jakob lief die Straße entlang, bis er um die Kurve sehen konnte, er kletterte bis in die oberste Baumspitze, des besseren Überblicks wegen. Aber da war keine Berta zu sehen. Lisa war es zum Weinen zumute, aber sie schämte sich vor Jakob. Der kam gerade wieder hastig herunter geklettert. »Komm, wir sehen noch im Felsenkeller nach. Lisa, keine Sorge, wir finden Berta bestimmt!« Und er zog Lisa am Arm mit zum Felsenkeller.

Tatsächlich, die schwere Holztür stand offen. Jakob beugte sich in die Dunkelheit hinein. »Berta?«, fragte er und seine Stimme hallte dumpf zurück. Dann lächelte er, öffnete die Türe weit und mit einer Verbeugung und einer einladenden Handbewegung hieß er Lisa eintreten: »Gestatten, gnädiges Fräulein, bitte einzutreten in die Schlafgemächer der hochwohlgeborenen Berta von und zu Ziege.« Und da saß Berta, mit halbgeschlossenen Augen käute sie wieder, was sie alles den Tag über gefressen hatte. Aber vorbei war es nun mit der gemütlichen Ruhepause. Lisa trieb sie auf: »He, Schluss mit Faulsein. Jetzt geht's nach Hause.«

Den ganzen Heimweg über hüpfte Lisa, so erleichtert war sie, auf dem linken Fuß zwei Sprünge und auf dem rechten Fuß zwei Sprünge. Berta trabte folgsam mit. Ausnahmsweise wollte auch sie jetzt eilig zurück, denn das ganze Gehopse ging ihr auf die Nerven.

Handwerkliches Gestalten. Aus einem großen Pappkarton wird ein »Baumhaus« gebaut, das auf einen Tisch gestellt wird. Ein Stück Tapetenrolle wird als Baumstamm von der Tischplatte bis zum Boden reichend angeklebt, eventuell mit »Wurzelausläufern«. Außerdem schneidet jedes Kind aus grünen Papierblättern Baumblätter aus.

Gespräch. Jakobs und Lisas Leben werden miteinander verglichen. Elemente jüdischen Glaubens, die die Kinder inzwischen kennen gelernt haben, werden auf die grünen Baumblätter aus Papier aufgeschrieben. Verteilt im Gespräch klettern dann einzelne Kinder zum Baumhaus hinauf und kleben die Papierblätter außen an das Baumhaus. Geschichten aus dem alten Testament, die sowohl Jakob als auch Lisa in ihrem Religionsunterricht kennen gelernt haben, schreiben Kinder mit dicken Plakatschreibern auf den Baumstamm. Im Gespräch kann so zur Sprache kommen, dass Juden und Christen das alte Testament gemeinsam haben und dass Jesus Jude war.

Miteinander tanzen. Hier könnte sich ein israelischer Kreistanz anfügen um das Baumhaus herum:

Hashual

(Walter Kögler, Tanzschallplatten Stuttgart)

Tanzbeschreibung vereinfachte Form: Kreisaufstellung, Handfassung, Blick in Tanzrichtung.

Teil A: Sieben Schritte nach rechts, rechter Fuß beginnt. 

Front zur Mitte: linker Fuß zur Seite, rechten Fuß anstellen (Insgesamt viermal)

Blick in Tanzrichtung.

Sieben Schritte nach links 

Front zur Mitte: rechter Fuß zur Seite, linken Fuß anstellen (insgesamt dreieinhalbmal)

Teil B: Fassungen lösen. Sich leicht ducken (Den Fuchs in die Enge treiben). Mit vier kleinen Wechselschritten Richtung Mitte, wobei die Hände das heimliche Pflücken von Trauben andeuten, dessen man den Fuchs verdächtigt.

Mit vier Schlusssprüngen (mit geschlossenen Beinen hüpfen) zurück auf die Kreisbahn, dabei zwischen jedem Sprung einmal Klatschen, um den Fuchs aufzuscheuchen.

Teil B wird wiederholt. Dann folgt wieder *Teil A*.

Weiterführende Möglichkeiten. Das Baumhaus könnte einige Wochen im Klassenzimmer verbleiben. Wenn es die regionalen Bedingungen erlauben, kann man Exkursionen zu einer jüdischen Gemeinde und ihrer Synagoge durchführen und zu einem jüdischen Friedhof. Weitere Symbole und Elemente kann man dann anschließend an der Außenwand des Baumhauses oder im Inneren anbringen.

Auch würde sich das Thema »Laubhüttenfest« anbieten, um das Baumhaus weiter zum Einsatz zu bringen.

Heftwerkstatt. Die Kinder malen eine Haustüre in ihr Heft. Auf einen Papierstreifen schreiben sie: *Höre, Israel, der HERR ist unser Gott, der HERR allein. Und du sollst den Herrn, deinen Gott, lieb haben von ganzem Herzen, von ganzer Seele und mit aller deiner Kraft.*

Den beschrifteten Streifen rollen sie ein und kleben ihn, sodass er sich jederzeit aufrollen lässt, an den Türpfosten. Die Mesusa wird im obersten Drittel des rechten Türrahmens angebracht mit einer leichten Neigung nach links. (So wird die Neigung des Oberkörpers beim Eintreten nachgeahmt.)

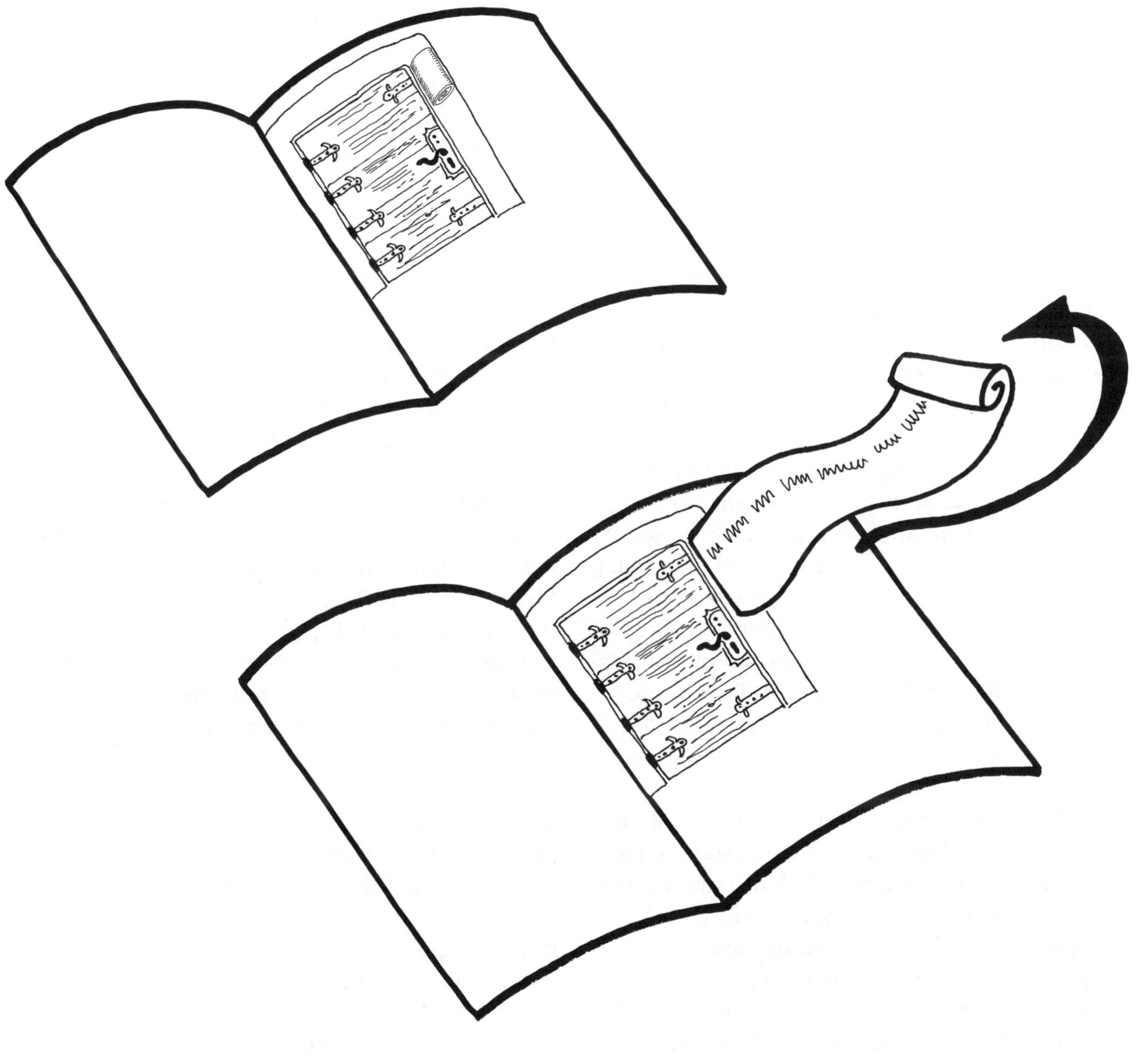

12. Muslimen begegnen

➪ **Didaktischer Hinweis.** Eine fremdartige Welt begegnet uns, wenn wir Muslime kennen lernen. Wir wissen wenig übereinander und wir tun uns schwer, die anderen Denkwege und Ordnungen nachzuvollziehen. Es gibt unüberbrückbare Grenzen und es gibt unterschiedliche Wahrnehmungen, die sich nicht einebnen lassen. Es gibt aber wesentliche Grundlagen, mit denen wir uns als Geschwister in Gottes Familie verstehen können: Wir nehmen unser Leben als Geschenk des einen Schöpfergottes an. Wir können dankbar Gottes Barmherzigkeit spüren. Wir können mit Gott im Gebet sprechen. Der Islam ist eine der drei großen Abrahamsreligionen gemeinsam mit dem Judentum und dem Christentum. Und wesentliche Grundelemente, die uns verbinden, sind auch die zehn Gebote und die Fürsorge für Arme.

Auf den Spuren des Jesus, der immer Grenzen überschritten hat, der auf Fremde oder Außenstehende zugegangen ist, sind auch wir aufgefordert, Muslimen mit Respekt zu begegnen.[45] Wir sind aufgefordert, uns von gängigen Vorurteilen zu verabschieden. So, wie sich muslimischer Glaube häufig durch Volksfrömmigkeit verzerrt darstellt, so möchten auch wir nicht, dass man das Evangelium der Christen verwechselt mit Parteien, die den Begriff »christlich« im Namen tragen, mit fundamentalistischen protestantischen oder katholischen Sekten wie das Engelwerk, mit protestantischen oder katholischen Terroristen in Nordirland oder mit der Inquisition des Mittelalters. Sich begegnen heißt also auch, Missverständnisse auszuräumen.

Um mit Grundschülern über Elemente des muslimischen Glaubens nachzudenken, braucht es reale Begegnungen mit Moslems. Finden sich an der Schule keine Kinder, die dem Islam angehören, sollte man zumindest Kontakte zu muslimischen Gemeinden der Region knüpfen. Dabei wird sich die Gestaltung des Unterrichtsthemas danach richten, aus welchem Teil der Welt jene Muslime stammen, deren Bekanntschaft man schließen konnte. Ein Begegnungsunterricht mit türkischen Kindern wird sich anders darstellen als mit marokkanischen oder indonesischen Kindern. Das »kleine Fest« zum Ende des Ramadan wird zum Beispiel je nach Kulturkreis von anderen Speisen, anderen Liedern oder Tänzen geprägt sein.

Dieser Unterrichtsentwurf will ebenso wenig wie die Arbeitsanregungen zum Thema Judentum in diesem Band einen systematischen Überblick über diese Weltreligion anbieten. Es geht stattdessen darum, Ängste oder Vorurteile abzubauen durch die Begegnung mit einzelnen Elementen des Islam. So kann Offenheit entstehen und die innere Freiheit, auf Fremde zuzugehen und mit ihnen in einen Dialog einzutreten. Dieser Dialog wird dann in den höheren Jahrgangsstufen differenziert und erweitert werden müssen um Grundlagenkenntnisse und um wichtige kritische Fragen. Dann kann auch das wesentliche Eigene des christlichen Glaubens im Unterschied zum Islam bewusst werden.

Material. Ein Kästchen oder eine Schuhschachtel mit Deckel. Mehrere verschiedene kleine Gegenstände beliebiger Art. (Z.B. eine kleine Porzellanfigur, ein Wecker, ein Eislöffel oder ein Fingerhut…), Instrumente des kleinen Schlagwerks, Xylophon, Bücher mit islamischen Bildern und arabischen Schriftzeichen (Bildbände), eine Tapetenrolle, Scheren, Wachsmalkreiden.

Symbolspiel. Fünf bis zehn Kinder stellen sich dicht an dicht zu einem geschlossenen Kreis vor die Klasse (Blick nach innen). In den Kreis hinein stellt L. ein Kästchen oder eine geschlossene Schuhschachtel. Zuvor wurde von L. unbemerkt *ein* Gegenstand hinein gelegt. Die Kinder in dem engen Kreis öffnen die Schachtel und blicken hinein, ohne lauthals auszurufen, was sie sehen. Von außerhalb des Kreises sollte kein Blick in die Schachtel möglich sein. Dann wird die Schachtel wieder verschlossen und alle setzen sich wieder.

L.: »Wir anderen, wir konnten nur die Rücken sehn. Keine Ahnung, was im Inneren des Kreises passiert ist. Was vermutet ihr? Fünf Mal dürft ihr raten.«

Nun wird das Symbolspiel mit anderen Kindern wiederholt. Man kann dafür im Verborgenen einen anderen Gegenstand in die Schachtel legen. Man kann aber auch, wenn die vorherige Spielgruppe »dicht gehalten« hat, den Gegenstand beibehalten.

Gespräch. Tilly erzählt: »In die Wohnung unter uns ist letztes Jahr eine türkische Familie eingezogen. Da tönt so fremde Musik aus der Wohnung. Drin war ich noch nie. Wenn die Tür mal einen Spalt offen ist, sehe ich nur lauter Schuhe stehen. Da sehe ich genauso nur alles von außen wie ihr jetzt in euerem Spiel. Ich wüsste gerne, wie sie da drinnen so leben. Meine Mama sagt, sie tragen in der Wohnung keine Straßenschuhe. Und sie gehen Freitags immer zur Moschee, so heißt ihre Kirche, sagt meine Mama. Ihre Religion heißt Islam, sagt meine Tante. Wisst ihr vielleicht mehr darüber als ich?« …

Miteinander singen. Am schönsten ist es, wenn die Klasse direkt von muslimischen Kindern Lieder lernen könnte. Ist das nicht möglich, könnte man dieses türkische Kinderlied miteinander singen:

Traditional aus der Türkei

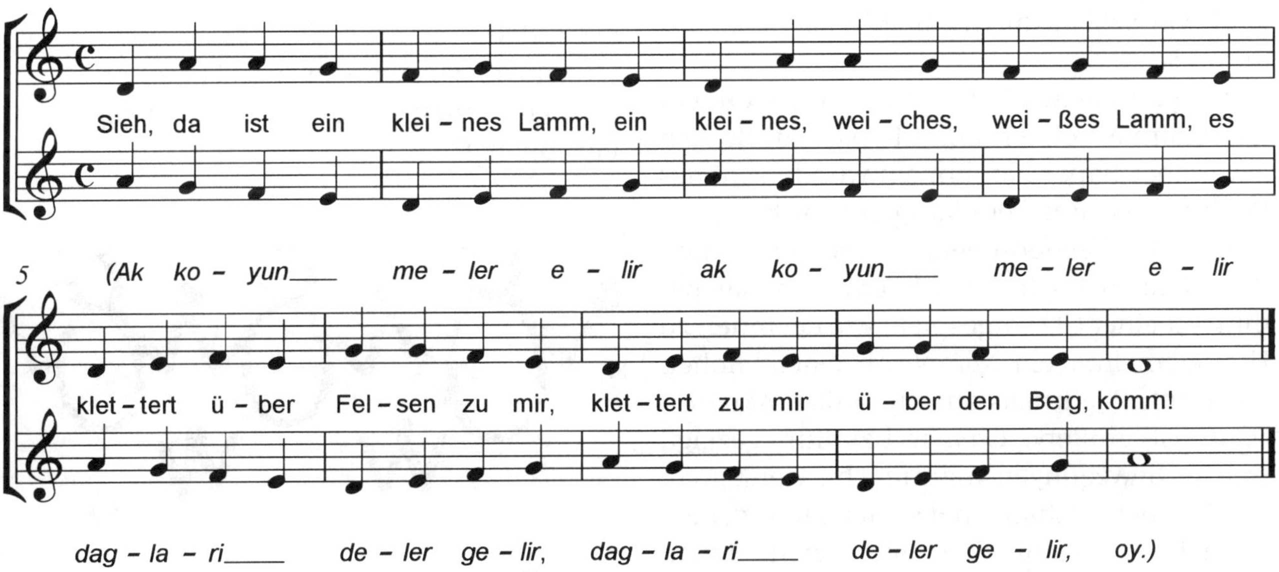

Dazu kommt eine rhythmische Begleitung durch Rasseln und Trommeln zum angegebenen Ostinato vom Xylophon.

Erzählung. Philippe geht nicht nach Hause. Das Basketballtraining fällt zwar heute aus. Aber er bleibt da und dribbelt mit dem prellenden Ball durch die Turnhalle. Er ist nicht allein. Sein iranischer Freund Chapar leistet ihm Gesellschaft und bald entwickelt sich ein schnelles Spiel, sie werfen sich den Ball zu und versuchen, so oft wie möglich in den Korb zu treffen. Schließlich beenden sie ihr Spiel. »Ein andres Mal wieder«, meint Philippe und geht zur Umkleidekabine. Den Ball nimmt er mit. Chapar folgt ihm. »Der Ball gehört in den Schrank«, sagt Chapar. »Ne, ne«, antwortet Philippe, »den Ball nehme ich mir. Die Schule hat mehr Geld als ich, die können sich leicht wieder einen kaufen.« Chapar nimmt ihm den Ball aus der Hand und sieht ihn ruhig an. Dann sagt er: »Alles, was du tust, tust du für Allah. Aber was du gerade tust, ist gegen das Gesetz Gottes. Wenn du so weitermachst, wird es dir später einmal schlecht gehen.«

Philippe sieht zu, wie Chapar den Ball in den Schrank zurücklegt. Er schüttelt den Kopf und sagt: »Chapar, Chapar, du nimmst alles so ernst! Was ist schon dabei, wenn man sich etwas nimmt. Es darf halt keiner merken.« »Allah sieht es«, sagt Chapar. Er wirft sich die Schultasche über den Rücken und geht zum Ausgang. Philippe läuft ihm nach. »Woher willst du das wissen, Chapar? Was, wenn es keinen Gott gibt, euren Allah oder unseren Christengott?« Abrupt bleibt Chapar stehen, dass Philippe fast auf ihn prallt. Chapar zeigt in den Himmel, wo gerade ein Schwarm Stare seine Kreise zieht. »Das alles hat er werden lassen. Gleich, ob du ihn Allah oder Gott nennst. Wer glaubt, der Kosmos und die Erde sind von selbst, durch Zufall entstanden, ist dumm!«

Einige Monate sind seither vergangen. Oft ist Philippe seither bei Chapar zu Besuch gewesen. Chapar hat ihm ein wunderschönes Buch gezeigt mit fremdartigen Schriftzeichen und vielen Verzierungen, es war der Koran, das Glaubensbuch der Moslems. Chapar hat ihm mit einer CD vorgespielt, wie bei ihnen zu Hause im Iran ein Mann von einem hohen Turm ruft. Mehrmals am Tag: »Allah Akbar« – »Gott ist größer«. Chapar hat ihm gezeigt, welche Bewegungen man macht, wenn man zu Allah betet. Chapar hat seinen Freund auch einmal zu einem Fest eingeladen. Einen Monat lang hatten Chapars Eltern und erwachsene Geschwister tagsüber nichts gegessen und getrunken. Diesen Fastenmonat nannten sie Ramadan. Und als es zu Ende war, wurde drei Tage lang gefeiert, gegessen, gesungen und getanzt. Man erzählte sich Geschichten, die Philippe nicht verstand, weil er kein arabisch konnte. Aber wenn alle lachten, lachte Philippe mit. Und die Süßigkeiten, die Chapars Mutter gebacken hatte, fand Philippe herrlich.[46]

Miteinander tanzen. Vielleicht kann man sich von muslimischen Kindern zu einem Tanz anleiten lassen. Man könnte aber auch eine beliebige Musik aus dem türkischen oder dem arabischen Kulturkreis verwenden für folgenden Grundschritt, der im Halbkreis getanzt wird mit federnden Fußgelenken. Handfassung ist die W-Fassung: Ellbogen zeigen nach unten, die Unterarme sind an den Ellbogen senkrecht nach oben abgewinkelt und man hakt sich bei den Nachbarn mit den kleinen Fingern ein (Die abgewinkelten Arme je zweier benachbarter Tänzer bilden somit ein W).

<u>Grundschritt:</u>

Front zur Mitte. Tanzrichtung geht nach rechts.

Rechter Fuß zur Seite, linken Fuß beistellen.

Rechter Fuß zur Seite, linken Fuß ohne Gewichtsverlagerung neben dem rechten auftippen.

Linken Fuß zur Seite, rechten Fuß ohne Gewichtsverlagerung neben dem linken auftippen.

Gespräch und Handwerkliches Gestalten. L.: »Vor vielen hundert Jahren, als der muslimische Glaube entstanden ist, glaubten damals in der arabischen Welt die meisten Leute an viele verschiedene Götter. Man verkaufte Götterbildchen und Statuen aus Holz oder Gold für viel Geld. Und diese Figuren haben die Leute angebetet. Damals lebte ein Mann, der hieß Mohammed. Dieser Mohammed hatte von Christen und von Juden gehört, dass sie an einen einzigen Gott glauben, der Himmel und Erde gemacht hat. Das hat Mohammed sehr beeindruckt. Er hatte die Überzeugung, dass dieser einzige Gott ihn ausgesucht hatte, um seinen Mitmenschen davon zu erzählen, dass es keine vielen Götter gibt, sondern einen einzigen.

Damit das möglichst viele hören können und dass das keiner vergisst, was für eine Möglichkeit fällt euch da ein. Wenn man will, dass keiner überhören kann: »Gott ist größer« – wie kann man das machen?« …

»Ich verrate es euch: In allen islamischen Ländern, bei jeder Moschee, also jedem Gebetshaus der Moslems, steht ein hoher Turm. Der Turm heißt Minarett. Und mehrmals am Tag, immer wenn die Muslime ihre regelmäßigen Gebete sprechen, ruft ein Mann so laut er kann oben von diesem Turm herunter: ‚Allahu akbar!', das heißt: Gott ist größer, größer als alles, das man sich vorstellen kann. Wir gestalten ein solches Minarett für unser Klassenzimmer. Wir legen die Tapetenrolle am Boden aus und schneiden sie in Form mit rundem Dach und Fensterchen. Ich habe Bücher mitgebracht mit islamischen Schriftzeichen und Bildern, damit wollen wir unseren Turm verzieren. Und wir schreiben senkrecht darauf, von oben bis unten: »Gott ist größer«.

Weiterführende Möglichkeiten. Auch hier sollte der Unterricht ergänzt und belebt werden durch Exkursionen zu einer Moschee oder einem aufgeschlossenen islamischen Zentrum. Man könnte gemeinsam mit den Eltern der muslimischen Schüler einen Abend gestalten mit Speisen, Märchen und Musik aus dem islamischen Kulturkreis der jeweiligen Schüler. Man könnte auf diesen Exkursionen und bei einem solchen Fest Fotos anfertigen, die später in die Fensterchen des Minaretts im Klassenzimmer geklebt werden.

Heftwerkstatt. Auch im Religionsheft entsteht ein Minarett: Auf ein Zeichenblatt wird ein hoher Turm gezeichnet im Stil eines Minaretts. Ausgeschnitten wird er dann nur an seinem unteren Rand ins Heft geklebt. Bevor das Heft geschlossen wird, wird der Turm nach unten geknickt und so wieder ins Heft eingeklappt. Neben das Minarett malen die Kinder nach Vorbildern aus den Bildbänden eine Moschee. Auf den Turm schreiben sie senkrecht:
Der Muezzin ruft vor den regelmäßigen Gebeten: Allahu akbar – Gott ist größer.
Die ganze Gestaltung wird darüber hinaus mit folgendem Text beschriftet:
Im Islam glauben die Menschen an den einen Schöpfergott. Sie bemühen sich, ganz für Gott zu leben. Darum heißen sie auch Muslime. Das heißt: »Menschen, die sich Gott hingeben.«

III Anhang

Nachwort

Ich danke allen, die mich bei der Arbeit an meinem religionspädagogischen Konzept und bei der Ausarbeitung dieses Buches unterstützt haben:

- Prof. Dr. Dr. Rainer Lachmann, Universität Bamberg, für Ermutigung und wesentliche Impulse,
- Reinhold Albert, real-Gestaltung Sand am Main, für die Illustrationen,
- Wolfgang Buck für alle Unterstützung, Joachim Müller für technische Beratung bei Papierfalt-Arbeiten der Heftwerkstatt, Gertraude Becher für das Korrekturlesen.
- Den Kindern aus Lisberg, Neuhausen, Priesendorf, Trabelsdorf und Trossenfurt, die alle Experimente mitgemacht und viele Ideen beigesteuert haben.
- Dr. Wolfgang Schulz † verdanke ich wichtige Anregungen.

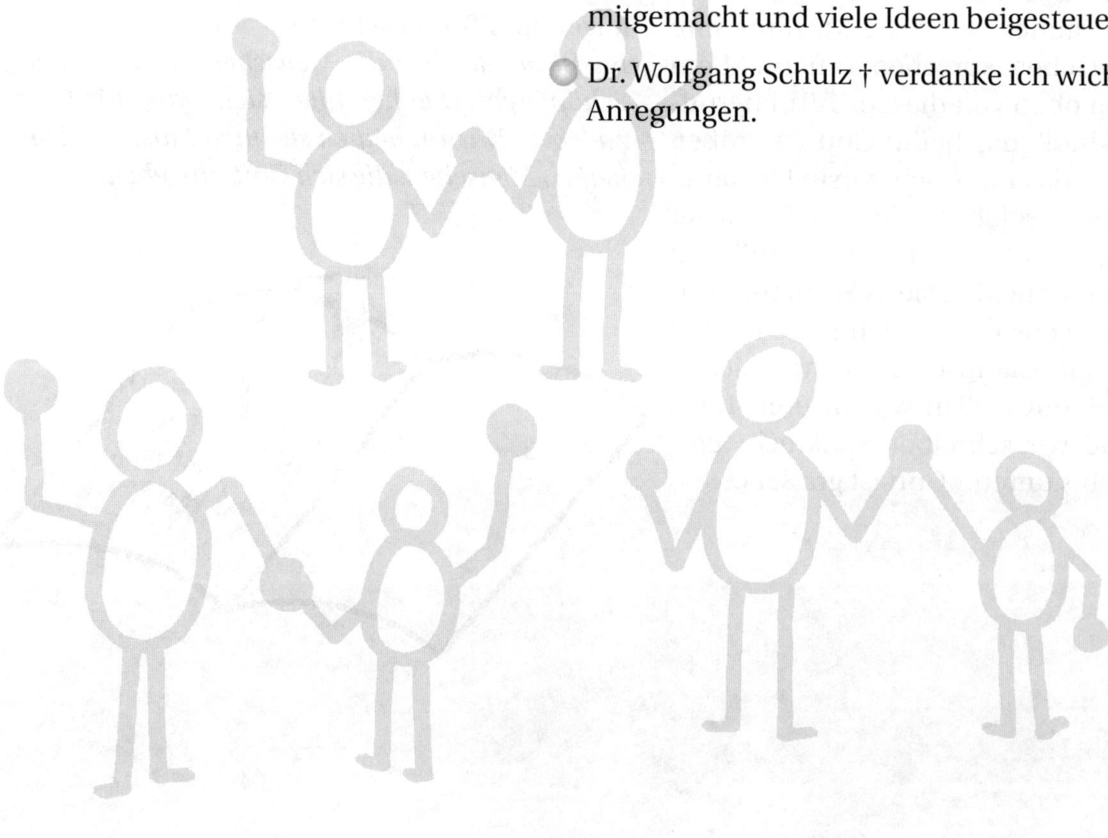

Abkürzungsverzeichnis

Apg	Die Apostelgeschichte	Joh	Das Evangelium nach Johannes
EG	Evangelisches Gesangbuch	1 Kor	Der 1. Brief an die Korinther
Eph	Der Brief an die Epheser	L.	Die Lehrerin, der Lehrer
1 Mose	Das 1. Buch Mose	Lk	Das Evangelium nach Lukas
2 Mose	Das 2. Buch Mose	Mk	Das Evangelium nach Markus
Jes	Das Buch Jesaja	Mt	Das Evangelium nach Matthäus
Jona	Das Buch Jona	Ps	Die Psalmen

Anmerkungen

1 Giel, K., Die Halbierung des Kindes, S. 118.

2 Mendelssohn de, P., Unterwegs mit Reiseschatten, S. 21–30.

3 Aus dem unveröffentlichten Vorlesungsmanuskript: Elisabeth Buck, Musik- und Bewegungserziehung in der Grundschule, Otto-Friedrich-Universität Bamberg, Lehrstuhl für Musikpädagogik und Musikdidaktik (Prof. Weyer), WS 98/99.

4 Hierbei sind besonders die Checklist motorischer Verhaltensweisen (CMV) von F. Schilling und der Körperkoordinationstest (KTK) von Schilling und Kiphard hervorzuheben.

5 Kiphard, E. J., Mototherapie Teil I, S. 121.

6 Ebd. S. 175.

7 Liefländer, I., Der goldene Plan der Traumfabrik.

8 Brandt, K./ Eggert, D./ Jendritzki, H./ Küppers, B., Untersuchungen zur motorischen Entwicklung von Kindern im Grundschulalter in den Jahren 1985 und 1995, S. 101–107.

9 Ebd. S. 104.

10 Siehe Breitenbach, E./Brand, I., Von der Schwierigkeit, das Schreiben zu lernen – motorische Probleme beim Schriftspracherwerb, in: Praxis der Psychomotorik, 14. Jahrgang, S. 61–66.

11 Radigk, K., Kognitive Entwicklung und zerebrale Dysfunktion, Kapitel: »Die besondere Stellung des motorisch-kinästhetischen Analysators«, S. 72ff.
Außerdem: In der »Süddeutschen Zeitung« vom 9.11.1999 schreibt Peter Struck, Professor für Erziehungswissenschaft an der Universität Hamburg: »Rechenschwäche ist vor allem auf Bewegungsmangel, auf Mangel an räumlichen Erfahrungen beim Spielen, auf Mangel an Umgang mit verschiedenen Materialien, Formen und Farben und auf die fehlende Kompensation durch psychomotorische Übungen in Kindergärten und Schulen zurückzuführen.« (S. 13)

12 Vlcek, R., Workshop Improvisationstheater, S. 186.

13 Johnstone, K., Improvisation und Theater, S. 8.

14 Ebd. S. 30f.

15 Z.B. Vlcek, R., Workshop Improvisationstheater.

16 Siehe besonders bei Lachmann, R., Wege der Unterrichtsvorbereitung, in: Adam, G./Lachmann R. (Hrsg.) Religionspädagogisches Kompendium, S. 222ff.

17 Dieses Bewegungsspiel haben die Teilnehmerinnen eines Fortbildungsseminars im PTI Kiel im Frühjahr 2000 entworfen.

18 Siehe bei Ayres, J., Bausteine der kindlichen Entwicklung.

19 Vor nahezu 70 Jahren schrieb Elfriede Feudel in Ihrem Buch »Rhythmisch – musikalische Erziehung«: »Beim vorschulpflichtigen Kind beobachten wir noch die ungeteilte Sinnestätigkeit. Jeder Sinneseindruck löst eine Bewegungsantwort aus. Mit dem Bewegungssinn erobert sich das Kind die Welt. Der Schuleintritt bedeutet einen tiefgreifenden Einschnitt. An die Stelle des selbstverständlichen Miteinander von gei-

stiger und leiblicher Betätigung tritt nun ein Lernen, das sich im Wesentlichen im Stillsitzen vollziehen muss, während dem Bewegungsbedürfnis in Sonderstunden Rechnung getragen wird. Damit erleidet die Einheit des kindlichen Wesens einen bedenklichen Bruch…« (S.175f.)

20 Kiphard, E. J., Mototherapie Teil II, S. 75.

21 Buck, Bewegter Religionsunterricht S. 34ff.

22/22a Die Namen sind geändert.

23 Klöppel, R./ Vliex, S., Helfen durch Rhythmik, verhaltensauffällige Kinder – erkennen, verstehen, richtig behandeln, S. 61.

24 Kommt und spielt I, Vandenhoeck & Ruprecht, Göttingen, 2. Aufl. 2000.

25 Damit werden die unbedingt berechtigten Ansätze aus Psychologie und Psychotherapie zum Aufbau eines Selbstbewusstseins keinesfalls ausgeschlossen.

26 Gebrüder Grimm.

27 Kurz oder lang gesprochene Silben sind wie folgt gekennzeichnet: Punkt für »kurz« und Strich für »lang«. Pausen sind mit ° markiert. Die Betonungsschwerpunkte sind durch fettgedruckte Silben markiert.

28 Erweiterter Text zu: Buck, E., Bewegter Religionsunterricht, S. 43 f.

29 Wild, M., Der Heiland ist geboren, S. 73ff.

30 Oberpfälzische Krippenschnitzer nahmen sich für ihre Holzfiguren oft Bekannte als Vorbild. Der Spruch »ich schnitz dich in die Krippn« wurde als Neckerei im Alltag dann mit folgender Bedeutung verwendet: »Du bist ein solches Original, du setzt mich so in Erstaunen.« Oder »Du hast mich so sehr geärgert, dass du verewigt werden müsstest in einer plastische Bilddarstellung, die alle Leute betrachten können.« Kurz: »Du wirst ausgestellt.«

31 Lachmann, R., Sünde, in: Lachmann, R./ Adam, G./ Ritter, W. H., Theologische Schlüsselbegriffe, S. 357.

32 Diese Idee stammt von Norbert Koch, PTI Kiel.

33 In jeder Stunde ist ein anderes Kind als Assistentin oder als Assistent eingeteilt, um besondere Aufgaben zu übernehmen. Siehe auch Buck, Kommt und spielt I, S. 17.

34 Weitere wichtige Aspekte in der »Behandlung« von Wundergeschichten finden sich in: Lachmann, R., Wunder, in: Lachmann, R./Adam, G./Ritter, W. H., Theologische Schlüsselbegriffe, S. 381.

35 Lachmann, R., Neutestamentliche Wundergeschichten in hermeneutischer und didaktischer Sicht, in: Schulfach Religion 13/1994 Nr. 3–4, S. 123f.

36 Lähnemann, J., Evangelische Religionspädagogik in interreligiöser Perspektive, S. 259.

37 Lähnemann, J. / Hahlbohm, U., Jesus Christus, S. 51.

38 Jefferys-Duden, K., Das Streitschlichterprogramm, Mediatorenausbildung für Schülerinnen und Schüler der Klassen 3 bis 6.

39 Das Comic-Heft in Originalform vorzulesen, empfehle ich nicht. Erstens würde es eine sehr viel größere Zeitspanne beanspruchen als Aufmerksamkeitskapazitäten der Kinder vorhanden wären. Und zweitens lässt sich die Verschränkung von Text und Bild einer größeren Gruppe Zuhörer nicht vermitteln.

40 Zitiert in: Evangelisches Gesangbuch, Ausgabe für die Evangelisch-Lutherischen Kirchen in Bayern und Thüringen, München, Weimar, S. 166.

41 Aus: Riecker, O. (Hrsg.), Jesu Name nie erklinget, Neuhausen-Stuttgart, S. 230.

42 Kreusch-Jacob, D., Das Liedmobil, S. 24f.

43 Laubi, W. / Fuchshuber, A., Kinderbibel, S. 7 und 8.

44 Idee: Maximilian Dorsch, Lehrer an der Grundschule Trabelsdorf bei Bamberg.

45 Siehe dazu: Lähnemann, J., Weltreligionen im Unterricht, Teil II Islam, Kapitel 2.5.2. »Christologische Besinnung im Felde der Religionsbegegnung«, S. 146ff.

46 Inspiriert wurde diese Erzählung durch »Gott ist der Größte« von Martin Knobbe in »Jetzt«, die Jugendbeilage der Süddeutschen Zeitung, Nr. 3, 1999, S. 6ff.

Literatur

Adam, G./Lachmann R. (Hrsg.) Religionspädagogisches Kompendium, 5., neu bearbeitete Aufl., Göttingen 1997.
Dies. (Hrsg.) Methodisches Kompendium für den Religionsunterricht, Göttingen 1993.
Adam, G., Glaube und Bildung (Studien zur Theologie Band 6), 2. Aufl., Würzburg 1994.
Adam, G., Religiöse Bildung und Lebensgeschichte (Studien zur Theologie Band 10), Würzburg 1994.
Affolter, F., Wahrnehmung, Wirklichkeit und Sprache, Villingen-Schwenningen 1987.
Alexander, G., Eutonie – Ein Weg der körperlichen Selbsterfahrung, München 1978.
Arbeitskreis Kirchenmusik und Jugendseelsorge im Bistum Limburg (Hrsg.), Vom Leben singen, Neue geistliche Lieder, München, Berlin 1994.
Ayres, J., Bausteine der kindlichen Entwicklung, Berlin 1995.
Brandt, K./ Eggert, D./ Jendritzki, H./ Küppers, B., Untersuchungen zur motorischen Entwicklung von Kindern im Grundschulalter in den Jahren 1985 und 1995, in: Praxis der Psychomotorik, 22. Jahrgang, Dortmund, 2/1997.
Bratfisch, O., Frostigs Test der motorischen Entwicklung FTM, Handanweisung, AOB Studium AB, Stockholm/Stuttgart 1985.
Breitenbach, E.,/ Brand, I., Von der Schwierigkeit, das Schreiben zu lernen – motorische Probleme beim Schriftspracherwerb, in: Praxis der Psychomotorik, 14. Jahrgang, Dortmund, 2/1989.
Brooks, Ch. V. W., Erleben durch die Sinne – Sensory Awareness, München 1991.
Brennan, R., Alexander – Technik, Braunschweig 1993.
Brüggebors, G., Einführung in die Holistische Sensorische Integration, Dortmund 1992.
Buck, E. / Biasin, U., Wolkenspiel und Trommeltanz – Musikalische Bewegungsspiele zur Sensibilisierung der Sinne, Mainz 1997.
Buck, E., Bewegter Religionsunterricht, 3. Aufl., Göttingen 2001.
Buck, E., Kommt und spielt I, 2. Aufl. Göttingen 2001.
Buck, E., Rhythmik – Prozessorientierte Pädagogik, in: Rhythmik in der Erziehung 2/91, 17.Jg., Wolfenbüttel 1991.
Buck, E., Spielendes Gestalten gegen Lernstörungen, in: Pädagogische Welt 9/91, 45. Jg., Donauwörth 1991.
Decker-Voigt, H.-H. (Hrsg.), Texte zur Musiktherapie, Lilienthal / Bremen 1975.
Die Mundorgel, fidula, Bopphard 1982.
Dittmann, M., Entfaltung aller Sinne, Weinheim/ Basel 1997.
Dropsy, G. / Sheleen, L., Maitrise Corporelle und menschliche Beziehungen, in: Petzold., H. (Hrsg.), Psychotherapie und Körperdynamik, Paderborn 1974.
Eggert, D., Theorie und Praxis der psychomotorischen Förderung, Dortmund 1994.
Evangelisches Gesangbuch, Ausgabe für die Evangelisch – Lutherischen Kirchen in Bayern und Thüringen, Weimar 1995.
Feldenkrais, M., Das starke Selbst, Frankfurt 1989.
Feudel, E., Rhythmisch-musikalische Erziehung, Wolfenbüttel, 1956.
Fleischmann, J., Mesusa 1 – Spuren jüdischer Vergangenheit an Aisch, Aurach, Ebrach und Seebach, Mühlhausen/Erlangen 1998.
Frostig, M., Bewegungserziehung – neue Wege der Heilpädagogik, München 1980.
Giel, K., Die Halbierung des Kindes, in: Rhythmik in der Erziehung, 18. Jahrgang, Wolfenbüttel 4/1992.
Golzio, K.-H., Judentum, Gütersloh, 2000.
Grimm, Märchen, München 1975.
Gschwend, G., Die Bedeutung des Körper- und Raum-Schemas für die Motorik und ihre
Störungen, in: Praxis der Psychomotorik, 22. Jg., Heft 2, S. 92 ff, Dortmund 1997.
Guth, K., Jüdische Landgemeinden in Oberfranken (1800-1942), Bamberg 1988.
Hausmann, B./ Neddermeyer, R., Integrative Bewegungs- und Leibtherapie, Paderborn 1996.
Holzheuer, R., Musik- und Bewegungserziehung in Kindergarten und Grundschule, Bad Heilbrunn/ Obb. 1980.
International Frostig – Society, Bewegungserziehung nach Marianne Frostig, Dortmund 1991.
Jefferys-Duden, K., Das Streitschlichterprogramm, Mediatorenausbildung für Schülerinnen und Schüler der Klassen 3 bis 6, Weinheim und Basel 1999.
Johnstone, K., Improvisation und Theater, 2. Aufl., Berlin 1995.
Keller, W., ludi musici Band 3, Sprachspiele, Bopphard/Rhein 1973.

Kiphard, E. J., Mototherapie Teil 1 und 2, Dortmund 1994.
Kiphard, E. J., Pantomime Therapy with Inhibited and Aggressive Children. 5th National Conferece on Physical Activity, Los Angeles 1976.
Klöppel, R., / Vliex, S., Helfen durch Rhythmik, Freiburg / Basel / Wien 1992.
Kreusch-Jacob, D., Das Liedmobil, München 1987.
Lachmann, R., Adam, G., Ritter, W. H., Theologische Schlüsselbegriffe, Göttingen 1999.
Lachmann, R., Neutestamentliche Wundergeschichten in hermeneutischer und didaktischer Sicht, in: Schulfach Religion 13/1994 Nr. 3-4.
Laubi, W., Kinderbibel, 3. Aufl., Lahr 1993.
Lähnemann, J., Evangelische Religionspädagogik in interreligiöser Perspektive, Göttingen 1998.
Lähnemann, J., Weltreligionen im Unterricht, Teil II Islam, 2. Aufl., Göttingen 1996.
Lähnemann, J. / Hahlbohm, U., Jesus Christus, Frankfurt a.M./Aarau, 1980.
Lehr, W., Musik und Kreativität, München 1983.
Lowen, A., Bioenergetik, Hamburg 1990.
Mendelssohn de, P., Unterwegs mit Reiseschatten, Frankfurt o.J.
Morris/Goscinny, Familienkrieg in Painfull Gulch, Lucky Luke Band 26, Stuttgart 1980.
Radigk, W., Kognitive Entwicklung und zerebrale Dysfunktion, Dortmund 1991.
Revers, W.J., / Harrer, G., / Simon, W.C.M. (Hrsg.), Neue Wege der Musiktherapie, Düsseldorf / Wien 1974.
Riecker, O. (Hrsg.), Jesu Name nie verklinget, Neuhausen-Stuttgart, 2. Aufl. 1975.
Schnabel, M., Bewegung: Tor zum Lernen, in: Praxis der Psychomotorik, 22.Jrg. Heft 4, Dortmund 1997.
Stemberger, G., Jüdische Religion, München, 1995.
Vlcek, R., Workshop Improvisationstheater, München 1997.
Weth, I., / de Korth, K., Neukirchener Kinderbibel, Neukirchen-Vluyn 1991.
Wild, M., Der Heiland ist geboren, Bern o.J.
Zacharias, T., Radierungen zur Bibel, Stuttgart 1993.

Lehrpläne

Baden Württemberg:
Amtsblatt des Ministeriums für Kultus und Sport Baden Württemberg, Ausgabe C, Lehrplanheft 1/1994, Stuttgart 1994.
Bayern:
Lehrplan für den Evangelischen Religionsunterricht an Grundschulen in Bayern, Hrsg.: Katechetisches Amt Heilsbronn, Neuendettelsau 1993.
Hessen:
Rahmenplan Grundschule, Hessisches Kultusministerium, Frankfurt am Main 1995.
Mecklenburg – Vorpommern:
Rahmenplan Grundschule, Evangelischer Religionsunterricht, Klassenstufen 3–4, Erprobungsfassung, Kultusministerium Mecklenburg-Vorpommern, Schwerin 1994.
Niedersachsen:
Rahmenrichtlinien für die Grundschule, Evangelische Religion, Niedersächsisches Kultusministerium, Hannover 1984.
Nordrhein-Westfalen:
Richtlinien und Lehrpläne für die Grundschule in Nordrhein-Westfalen, Evangelische Religionslehre, Düsseldorf 1985.
Österreich:
Lehrplan für den evangelischen Religionsunterricht in Österreich an der Volksschule / Grundschule, Hrsg.: Evangelischer Oberkirchenrat A. und H.B. in Österreich, A – 1180 Wien, 1996.
Sachsen:
Lehrplan Grundschule, Evangelische Religion Klassen 1-4, Sächsisches Staatsministerium für Kultus, Dresden 1996.
Schleswig-Holstein:
Lehrplan Grundschule, Evangelische Religion, Ministerium für Bildung, Wissenschaft, Forschung und Kultur des Landes Schleswig-Holstein, Kiel 1997.
Thüringen:
Lehrplan Katholische Religionslehre des Landes Thüringen.